STREET ART MANUAL

BILL POSTERS

MIDAS

STREET ART MANUAL
Die besten Techniken, Taktiken und Tools

ISBN: 978-3-03876-183-9

Übersetzung: Martina Panzer
Lektorat/Korrektorat: Friederike Römhild
Fachliche Beratung: Steffi Krueger
Buchdesign: Alexandre Coco
Cover: Matt Bronner
Projektleitung: Gregory C. Zäch
Die englische Originalausgabe ist 2020 erschienen
bei Laurence King Publishing Ltd, London

HAFTUNGSAUSSCHLUSS:
Der Midas Verlag fördert, duldet, unterstützt oder befürwortet in keiner Weise illegale Aktivitäten wie Vandalismus oder Sachbeschädigung. Alle in diesem Buch beschriebenen Aktivitäten sollten auf rechtlich zulässige Weise durchgeführt werden. Jede noch so gute Anleitung ersetzt keinen gesunden Menschenverstand.

INHALT

EINLEITUNG

Straßen gestalten unseren Lebensraum. Wir leben in einem Zeitalter großer politischer, wirtschaftlicher, sozialer und ökologischer Umbrüche. Auf der ganzen Welt ist eine rechtslastige Politik auf dem Vormarsch, die von entsprechenden Medienplattformen gefördert wird. Und auch die Erderwärmung lässt sich nicht mehr aufhalten. Die vom Finanzkapitalismus (Neoliberalismus) versprochenen Vorteile für die weniger privilegierten Mitglieder der Gesellschaft wurden nicht umgesetzt, sodass wir gerade das größte Ungleichgewicht erleben, dass in der modernen Geschichte denkbar ist. Street Art ist – in all ihren Ausprägungen – eine Waffe im Kampf gegen Unterdrückung, gegen soziale und ökologische Ungerechtigkeit und Konformität. Als höchst einflussreiche, nicht kommerzielle Kunstrichtung enthüllt sie die Risse im System des Kapitalismus, um uns neue Perspektiven aufeinander, auf den städtischen Raum und die Welt, in der wir gemeinsam leben, zu geben. Wie bereits die Gründer der modernen Street-Art-Bewegung müssen auch die heutigen Street-Art-Künstler gegen den Status quo der Konsumgesellschaft rebellieren und mehr vom Leben einfordern, um nicht klein beizugeben. Dieses Buch rüstet dich mit allen kreativen und theoretischen Informationen aus, die du brauchst, wenn du dieser Haltung in den Straßen auf der ganzen Welt Ausdruck verleihen möchtest, um sie bekannt zu machen. Der Begriff »Street Art« umfasst in diesem Handbuch alle Formen nicht genehmigter visueller (und in manchen Fällen auch skulpturaler) Kunst im öffentlichen Raum. Zwar sind nicht alle in diesem Buch genannten Kunstwerke ausdrücklich »verboten«. Aber alle diese Kunstformen manifestieren kreative Formen von Widerstand gegen unterschiedliche Bedrohungen wie z. B. den Klimawandel, den Verlust der Biodiversität, gegen Rassismus (und die allgegenwärtige Angst vor »dem anderen«) und Ungleichheit, die unser Verständnis von dem, was im Leben wirklich wichtig ist, einschränken.

Weil Kunst im öffentlichen Raum *unerlaubt* entsteht, erhält Street Art die Macht, die Eigenwahrnehmung einer Gesellschaft zu verändern. Zusammen mit anderen kulturellen Bewegungen ist es die Aufgabe von Street Art, die Gesellschaft zu verändern. Daher ist deine Street Art ein Geschenk für die Gesellschaft.

Vielleicht bist du ein junger Mensch oder studierst Kunst und möchtest dein Kunstwerk mit anderen Menschen teilen, die sich im öffentlichen Raum bewegen. Auch als Aktivist oder Kämpfer kannst du Bewusstsein für ein bestimmtes Problem wecken, wenn du mit deiner Kreativität eine

»Die Zukunft wird nur das enthalten, was wir jetzt in sie reinstecken.«

Persisches Graffiti, Mai 1986

öffentliche Zielgruppe ansprichst. Aber vielleicht möchtest du deine Umgebung auch nur mit ein wenig frischer Farbe oder einer Videoprojektion (*Urban Projection*) verschönern. Du lässt ein geschmackvolles Banner (*Banner Drop*) vom Dach eines Supermarktes herunterhängen, der die inhabergeführten Geschäfte verdrängt. Egal, welchen Beweggrund du für deine Street Art hast, eines ist sicher: eine Stadt mit öffentlichen Kunstwerken und einer Vielfalt von Stimmen ist ein gesünderer und charakteristischer Lebensraum für die Menschen, die in ihm leben, arbeiten, trödeln, essen, trinken und träumen.

Die Künstler, Teams und Künstlerkollektive, die in diesem Buch vorgestellt werden, arbeiten in den Straßen von Städten und werden häufig nicht einmal von Passanten bemerkt. Die meisten Street-Art-Projekte dieses Buches sind sozial, ökologisch und damit politisch motiviert. Die Kunstwerke überragen den einzelnen Künstler, denn sie sind größer als seine Persönlichkeit. Die Beispiele, die ich ausgewählt habe, geben der Gesellschaft etwas zurück, aber nicht unbedingt etwas Schönes. Außerdem haben viele der vorgestellten Künstler aus der ganzen Welt ein großes persönliches Risiko auf sich genommen, um ihre kreative Vision und die poetischen Formen von Widerstand zu teilen. Einige von ihnen leben in Ländern, in denen der Ausdruck von Freiheit massiv unterdrückt wird; du solltest also nicht unterschätzen, welche Gefahren ihnen seitens des Staates oder der Politik drohen.

Dieses Buch soll keine reine Anleitung für die Schaffung eines Kunstwerkes auf der Straße sein, sondern ein Leitfaden und eine Anregung dazu, wie du Kontakt mit der Öffentlichkeit aufnimmst und ihr neue Visionen für soziale, kulturelle, ökologische und politische Veränderungen aufzeigst. Die Installation von Kunst im öffentlichen Raum ist eine radikale Tätigkeit, das soll nicht verschwiegen werden. Sie ist voller Hindernisse, die du auch selbst erfahren wirst. Daher sollen dir die Tipps und Anleitungen in diesem Handbuch helfen, viele dieser Hindernisse zu umgehen und die Macht der Street Art genau da zu nutzen, wo sie herkommt: auf der Straße.

Um eines möchte ich dich jedoch bitten: Sei nicht unfair! Verwende keine rassistischen, sexistischen oder abfälligen Äußerungen gegen eine andere Kultur, ein anderes Geschlecht, eine andere Ethnie oder Religion in den Räumen, die du gestaltest. Dafür ist schon die Werbung im öffentlichen Raum zuständig. Wir können das besser!

Bill Posters, 2019

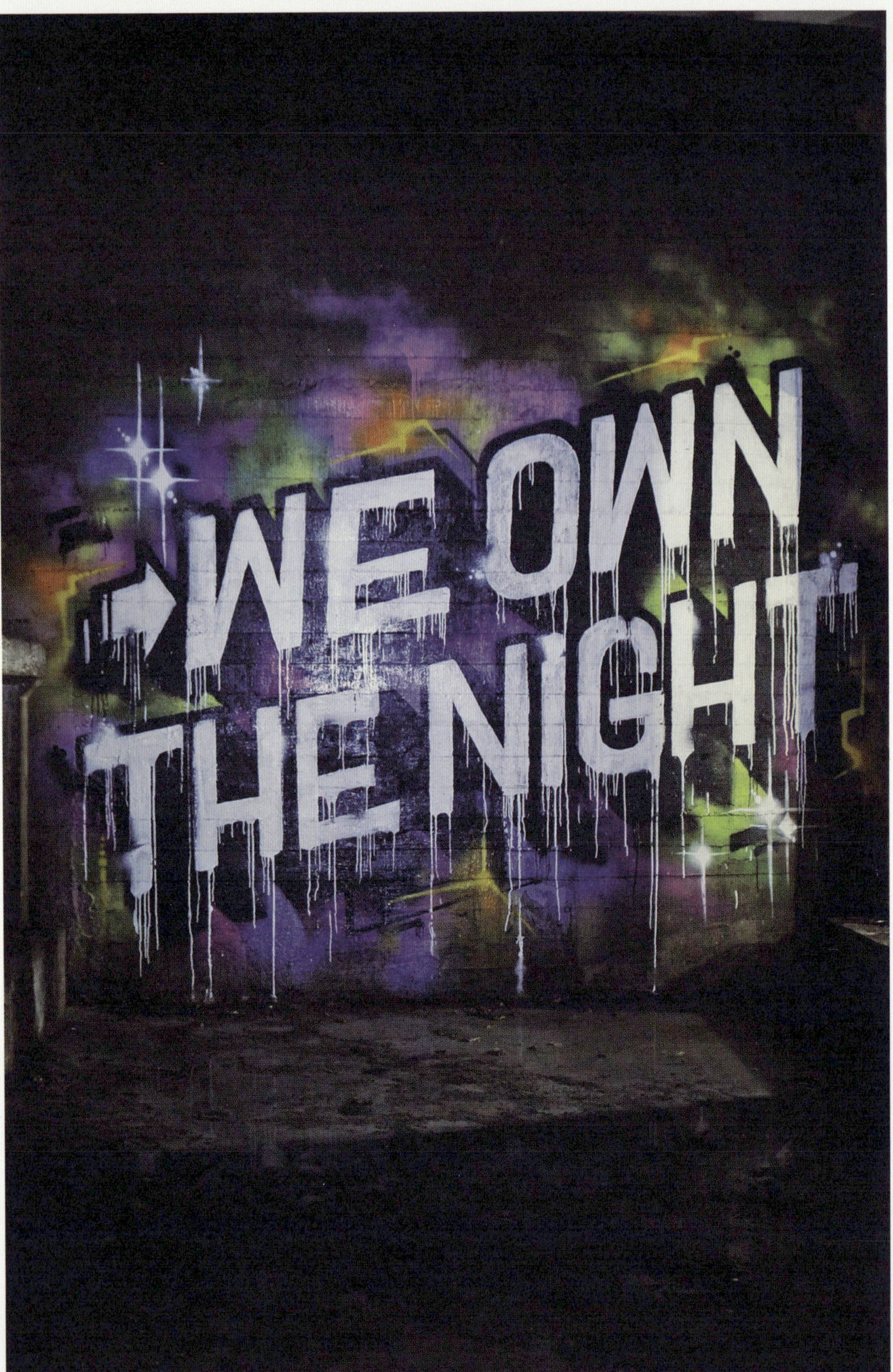
WE OWN
THE NIGHT

Hacking im öffentlichen Raum

Seit die Menschheit erkannt hat, dass das einsame Leben in einer Höhle zu hart ist, und sich Stämme, Gemeinschaften und Nationen zusammengefunden haben, gibt es unter ihnen Rebellen, Dissidenten und Träumer, die den Status quo aufzubrechen versuchen. Dieser »Status quo« besteht in den vorherrschenden Regeln, Normen, Verhaltensweisen und Werten einer Kultur – und auch *unserer* Kultur von heute. In diesem Buch erfährst du, wie du den öffentlichen Raum hacken kannst, um neue Sichtweisen auf die Stadt zu entwickeln. So wirst du Kunstwerke an Stellen erschaffen, die die Erwartungen der Menschen an das öffentliche Leben infrage stellen und Kultur von Grund auf neu definieren. Wir haben ein fundamentales Recht darauf, den öffentlichen Raum, in dem wir leben, unabhängig von der Größe unserer Gemeinschaft, zu verändern und zu gestalten. In der Wissenschaft wird dies als das »Recht auf Stadt« bezeichnet. Dieses Kapitel gibt dir das Wissen an die Hand, mit dem du deine Stadt zurückerobern kannst. In der Geschichte gibt es zahlreiche Beispiele, in denen sich Menschen gegen Konformität aufgelehnt haben, indem sie etwas Bedeutungsvolleres geschaffen haben. Street Art wie auch ihr Vorgänger, das Graffiti, sind zwei Kunstrichtungen, die genau dieses Ziel umsetzen. Sie dienen als kreative Form des Widerstands gegen die »Show-Gesellschaft« (wie sie von Guy Debord, dem französischen Philosophen und Gründer der Situationistischen Internationalen, einer Avantgarde-Bewegung kreativer Sozialrevolutionäre von Anfang der 1950er bis Anfang der 1970er, bezeichnet wurde) – also gegen die Konsumgesellschaft. Nach dem Zweiten Weltkrieg erfuhr das Konsumverhalten einen großen Aufschwung; mit neuen Fabriken und Industriegebieten bauten die USA ihre Wirtschaft aus und sicherten sich ihre Position als Weltmacht. Die Ideologie des Konsumdenkens, bei der die emotionalen Bedürfnisse und Wünsche des Menschen psychologisch genutzt werden, um ihnen sinnloses Zeug zu verkaufen, wurde in die globalen Märkte exportiert. Und schnell wurde der Sinn des Lebens dadurch gemessen, wie viele Produkte ein Mensch besitzt oder in den Augen anderer scheinbar besitzt. Das eigentliche Dasein und die Erfahrungen des Lebens spielten eine untergeordnete Rolle.

Als Reaktion auf die Ungerechtigkeiten des Kapitalismus – und seines glamourösen Nebeneffekts, des Konsumverhaltens – haben sich einzelne Künstler aufgelehnt und in manchen Fällen auch ganze Kunstformen entwickelt: vom Situationismus bis zum Punk Rock und von den Abertausenden von Kleinstkulturen, die sich im Zuge der Bewegung gegen den Vietnamkrieg entwickelten, bis zu den heutigen Formen der Subkultur wie Graffiti, Grime und Trap (in der Musik). Sie alle unterscheiden sich zwar grundlegend, haben aber eines gemeinsam: Die Künstler drücken ihren Widerstand gegen die herrschenden sozialen und politischen Bedingungen ihrer Zeit aus. Mit anderen Worten: Sie sind nicht länger *Verbraucher* der Kunst, sondern kreative *Erzeuger*. Nicht selten erfahren sie dabei extreme Unterdrückung und Ausgrenzung.

Ab 2009 haben die US-amerikanischen Künstler Jordan Seiler und Logan Hicks heimlich andere Künstler in einer nicht genutzten U-Bahn-Station in New York eine verborgene Untergrundgalerie aufbauen lassen.

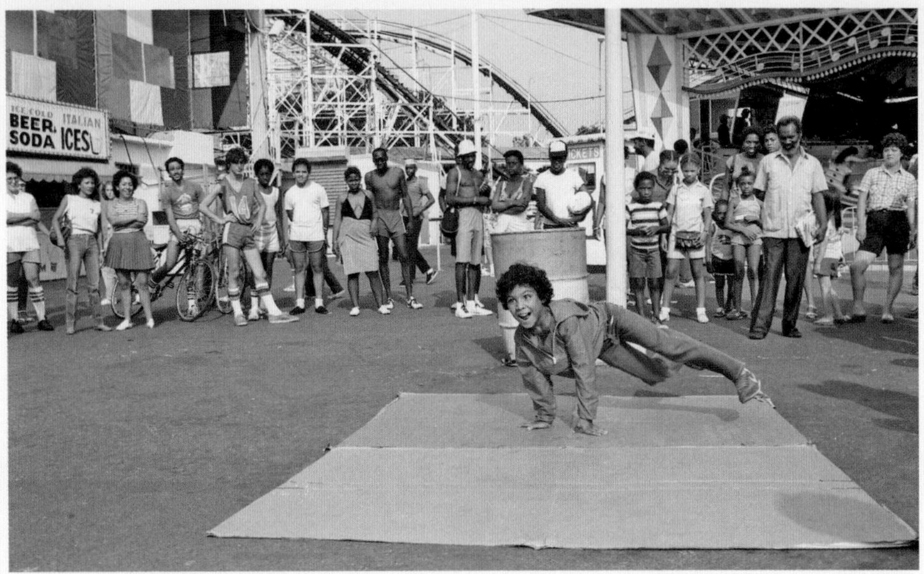

Die ersten Graffiti-Künstler der 1980er Jahre waren in gewisser Weise Vorreiter für Urban Hacking (auch als »Place Hacking« bezeichnet). Sie verschafften sich unbefugten Zutritt zu Gleisanlagen, Tunneln und verlassenen Gebäuden, um dort ihre Bilder anzufertigen. In den 1990er Jahren wurde Urban Hacking immer beliebter. In Nordamerika gründete sich der »Hacktivismus« um Gruppen wie Adbusters (aus Kanada), die große Kampagnen gegen amerikanische Unternehmen organisierten.

»Kunst ist eine Tätigkeit, die sich entwickelt. Die Form von Kunst und ihre gesellschaftliche Rolle verändern sich ständig. Kunst ist nie statisch. Es gibt keine Regeln.«

Raymond Salvatore Harmon,
Autor von »Bomb: A Manifesto of Art Terrorism«

Auch in Europa fanden sich zahlreiche rebellische Menschen, die bereit waren, subversive Strategien zu nutzen. Die sogenannten Urban Explorer (»Urbexer«) wenden ähnliche Prinzipien an wie Computerhacker: Sie dringen in ein System ein und schauen sich dort um, um den Sinn oder die Grenzen dieses Systems zu verändern, zu unterminieren oder zu erweitern.

Street Artists widersetzen sich auch der erlaubten Nutzung urbaner Strukturen und Räume und versuchen, unerlaubte Kunst in der Stadt zu erschaffen. In diesem Kapitel erfährst du, wie du städtischen Raum hackst, um ein kritisches Nachdenken über die symbolischen, sozialen und wirtschaftlichen Vorgänge und Entscheidungen in der Stadt anzuregen. Kritisches Denken ist nur dann möglich, wenn wir die Dinge nicht einfach passiv hinnehmen, sondern die Landschaften und Strukturen einer Stadt infrage stellen, durchleuchten und kritisieren. Dazu müssen wir uns Zutritt zu verbotenen Bereichen verschaffen. Ästhetische und kritische Unterbrechungen und Vorstöße in den städtischen Raum sind ein Schlüsselmoment des Urban Hacking.

GEGENÜBER: In der Hip-Hop-Kultur und der Heiligen Dreifaltigkeit von Graffiti, Rapping und Breakdance fanden junge Menschen aus den marginalisierten und wirtschaftlich benachteiligten Slums in New York wie dieser junge B-Boy auf einem Gehweg von Coney Island eine kreative Form, sich auszudrücken (1995).

Du wirst es gleich bei deinem ersten Street-Art-Werk erfahren: Die Schaffung von Kunst im öffentlichen Raum ist eine intensive Erfahrung, die deinem Leben eine neue Bedeutung verleiht und dich von den langweiligen Routinen des modernen Alltags erlöst. Deine Sinne werden geschärft, du nimmst die Veränderungen in der Stadt und das Genörgel deiner Eltern anders wahr und bekommst einen neuen, positiven Blick auf das Leben. Frei nach dem Motto: Du kannst es nie allen Menschen recht machen. Aber auch du solltest dich nicht mit allem abfinden, vor allem nicht mit dem Klimawandel und dem Kapitalismus, der unserem Leben durch beschissene Jobs jeglichen Sinn nimmt. In dunklen Zeiten muss man träumen und sich die Welt nach seinen eigenen Wünschen vorstellen. Street Art ist eine Möglichkeit, das zu tun.

UNTEN: Die Street Artists Blu (aus Italien) und OSGEMEOS (Zwillinge aus Brasilien) arbeiteten an diesem Wandbild in Lissabon, Portugal, zusammen. Es stellt den Kampf der indigenen Bevölkerung gegen mächtige Unternehmen dar, die die Ressourcen der Erde förmlich »aussaugen«.

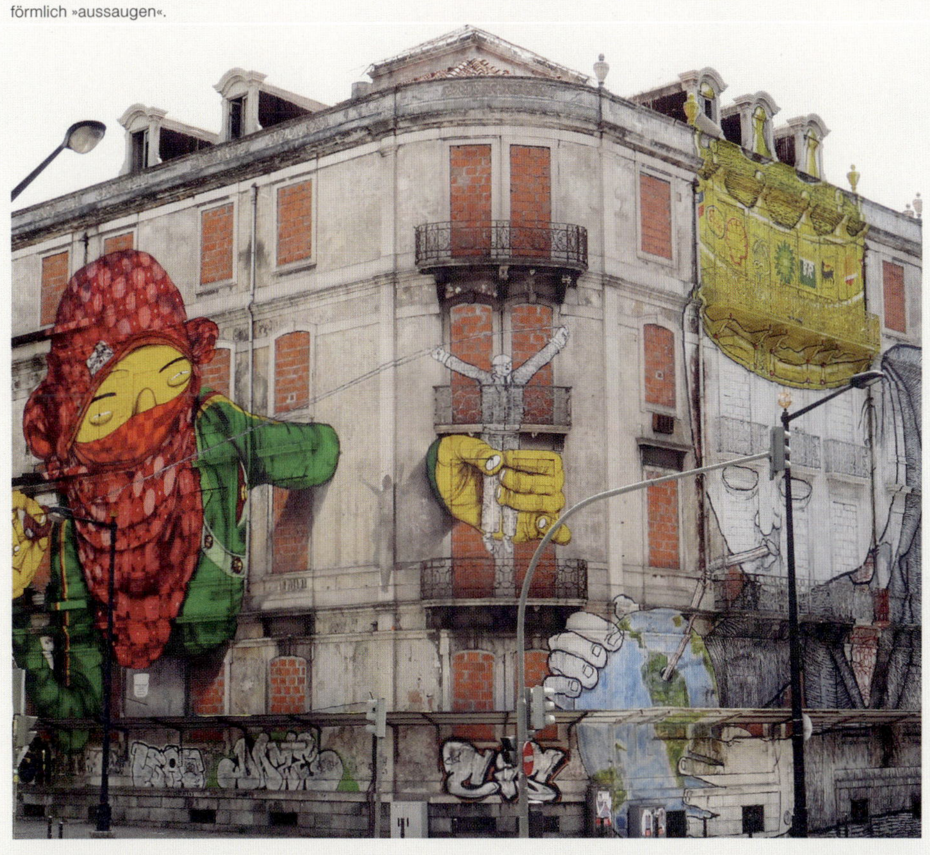

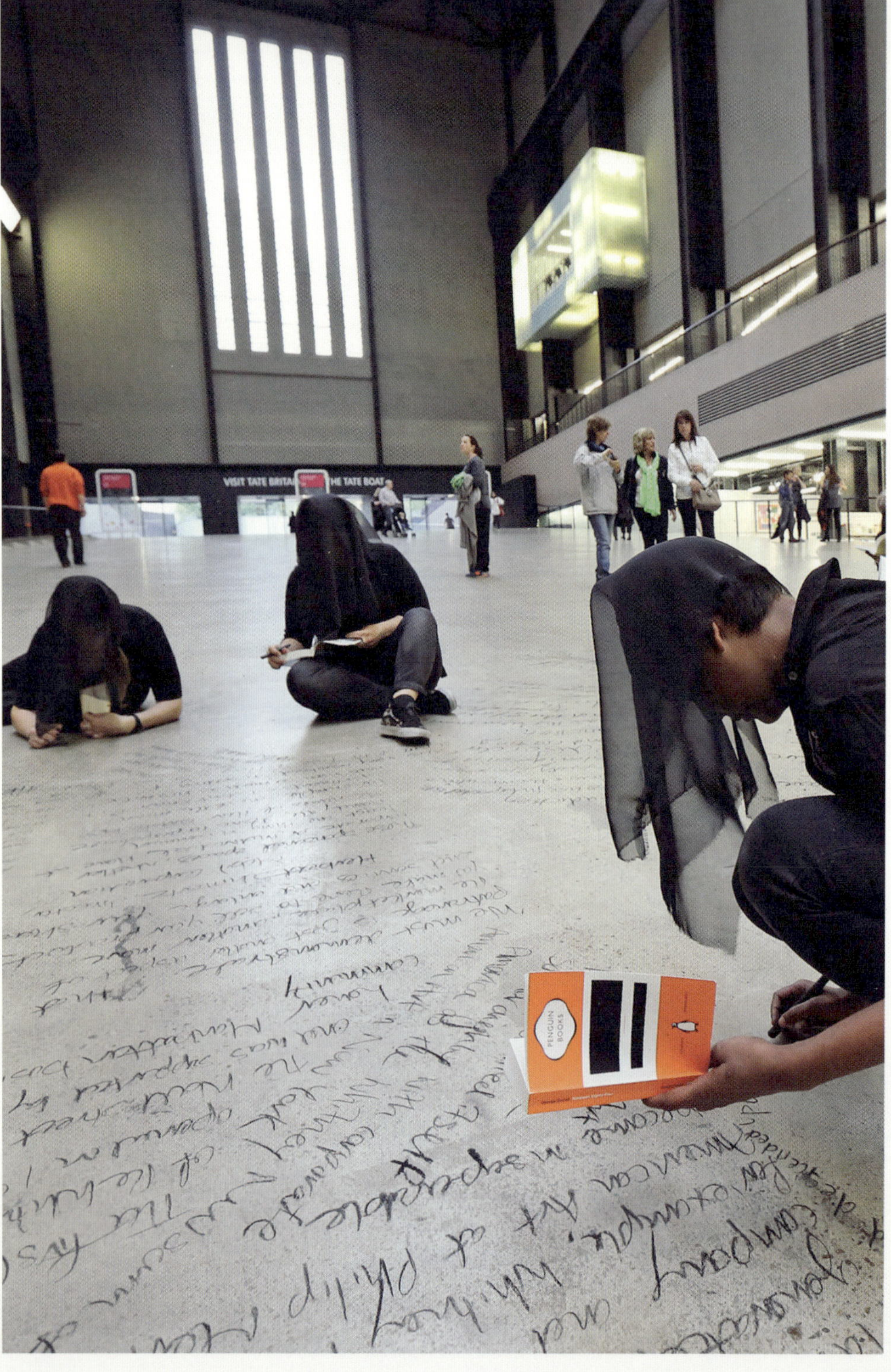
THE TATE BOAT
PENGUIN BOOKS

Eindringen und unbefugtes Betreten

Je nachdem, wo du dein Kunstwerk gestalten möchtest, musst du dir eventuell Zutritt zu Orten ermöglichen, die du legal nicht betreten darfst. Das nennt man »Trespassing«. Künstler verschaffen sich zu ganz unterschiedlich gearteten Orten Zugang, um ein Banner aufzuhängen, ein Throw-up zu sprühen oder ein riesiges Bild eines überdimensionalen Penis zu malen. Trespassing ist ein wichtiger Teil der Street Art. In diesem Kapitel erfährst du alles Wichtige über die Underground-Kunst des Trespassing. Du erhältst Einblicke, Tipps und wichtige Kenntnisse, um deinen eigenen Stil zu entwickeln. Dann kannst du dich frei bewegen und nach den Momenten suchen, in denen du dich wirklich lebendig und präsent fühlst und dir gleichzeitig die Hosen dabei vollmachst.

Wenn sich Künstler unbefugten Zutritt zu einem Ort verschaffen, brechen und verändern sie Regeln, um diese nicht einhalten zu müssen. Dafür musst du den Schritt von einer legalen zu einer illegalen Handlung wagen. Gesetze auf kreative Weise zu brechen, um ein höheres Ziel zu erreichen, ist eine Form gesellschaftlichen Ungehorsams und fühlt sich sehr gut an. Durch deinen unbefugten Zutritt verändern sich nicht nur der Ort oder die Situation, sondern auch deine Selbstwahrnehmung und dein Verhältnis zu dominanten – und häufig unsichtbaren – Formen von Autorität, Kontrolle und Zensur, die in der Stadt herrschen. Wichtig ist beim Hacking einer Stadt, dass du verstehst, wie Unternehmen und Regierungen Macht und Kontrolle ausüben, und dass du lernst, wie du diese untergraben kannst.

Ein Großteil des öffentlichen Raums ist privat und unterliegt strengen Regeln zur Ausdrucksform. Hier verändern Street Artists gern das

GEGENÜBER: Das Künstlerkollektiv Liberate Tate hat eine erfolgreiche Kampagne gegen das Sponsoring von Kulturinstitutionen durch Konzernunternehmen für fossile Brennstoffe durchgeführt und ein Guerilla-Theater in der Turbinenhalle der Tate Modern-Galerie in London aufgeführt.

UNTEN: Auf dem Werk des französischen Street-Art-Duos Ella & Pietr ist eine subversive Oma zu sehen, die ein klassisches Graffitisymbol vollendet, das in der Regel in Seitenstraßen, an Bushaltestellen und öffentlichen Toiletten auf der ganzen Welt zu finden ist.

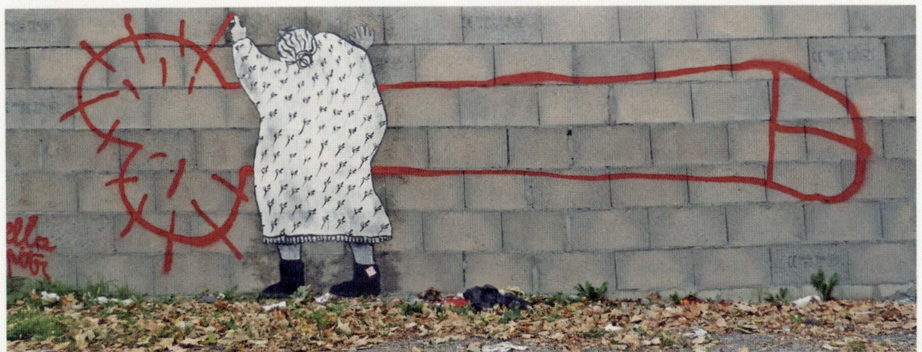

Aussehen, wenn nicht sogar die Bedeutung. Es ist ihre Art der subversiven Reaktion auf die Unterdrückung durch den Kapitalismus (in der dem Zuschauen und dem Konsum von Kultur ein höherer Stellenwert zukommt als der Gestaltung). Durch das Trespassing widersetzen sich die Künstler dieser Unterdrückung und zerstören damit die engen Beziehungen, die sich in der Logik moderner Städte widerspiegeln.

Im Folgenden sind einige Beispiele für Orte und Räume aufgeführt, für deren sicheren Zutritt du bestimmte Vorkenntnisse haben solltest. Wie bei den meisten Dingen lernst du auch hier am besten durch Erfahrung. Die Informationen in diesem Kapitel sollen dich ermutigen, deine Komfortzone zu verlassen und die Kunst des Trespassing auszuüben.

DÄCHER

Wenn du dein Kunstwerk sehr hoch oben installierst, nutzt du nicht nur die Stadt auf neue Weise, sondern erreichst auch ein breiteres Publikum. Dächer eigenen sich hervorragend für Banner Drops oder großflächige Bilder, sind aber meist nicht so einfach zu betreten. Dennoch solltest du unbedingt lernen, wie du auf ein Dach kommst. Es kann Teil eines Übergangsritus sein, der dich von den gewöhnlichen Pendlern und Verbrauchern grundlegend unterscheidet und mit dem du eine völlige neue Sichtweise auf den urbanen Raum bekommst. Klettern in der Stadt ist eine höchst spannende und bereichernde Erfahrung, vor allem, wenn du ohne Erlaubnis auf Dächer kletterst. In der jüngsten Entwicklung der Urban Exploration (»Urbex«) ist das »Rooftopping« zu einer eigenen Kunstform geworden. Explorer auf der ganzen Welt versuchen, auf die Dächer immer höhere Wolkenkratzer zu gelangen.

Schon seit den ersten Tagen der Graffiti-Bewegung bemalen Künstler Dächer. Dank der neuesten technologischen Entwicklungen und der Erfindung von Drohnenfotografie haben Künstler auf der ganzen Welt neue Wege gefunden, selbst großformatige Dachbilder zu gestalten, die nur aus der Luft zu erkennen sind. Da sich Street Art damit von vertikalen Oberflächen auf die horizontale Ebene der Stadt verschiebt, eröffnen sich völlig neue Möglichkeiten in Bezug auf Größe, Umfang und Verständnis der Kartografie. Wenn du einmal die Stadt bei Nacht von einem Dach aus gesehen oder dein Kunstwerk in luftiger Höhe gestaltet hast, kannst du nach dem Adrenalin und der Reizüberflutung dieser Erfahrung süchtig werden. Doch bitte behalte einen kühlen Kopf und bedenke: Wenn du auf dem Dach angekommen bist, darfst du dich noch nicht in Sicherheit wägen. Die weitere Herausforderung besteht darin, dein Werk fertigzustellen und sicher wieder auf den Boden zu kommen, ohne von der Polizei oder den Sicherheitskräften geschnappt zu werden.

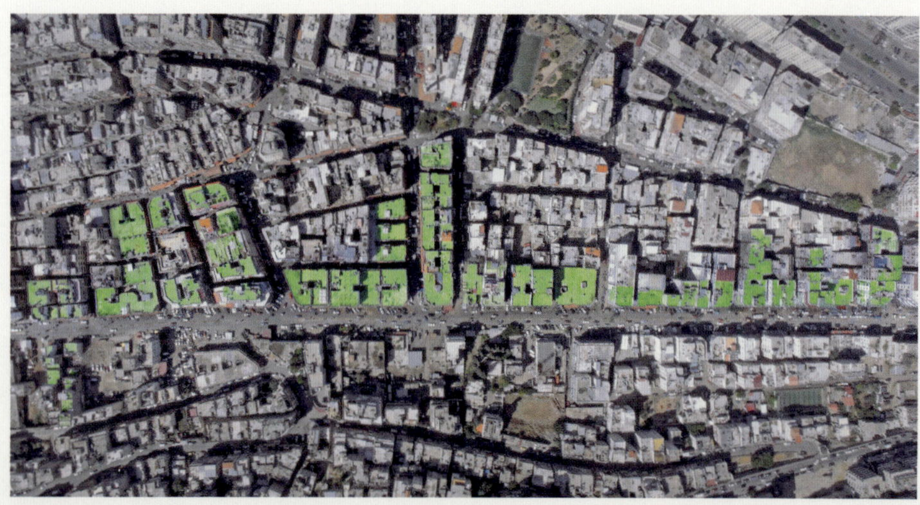

GEGENÜBER: Das libanesische Street-Art-Duo Ashekman malte das Wort »Peace« in arabischen Schriftzeichen über 85 Dächer in Tripolis im Libanon. Die ausgewählten Gebäude erstrecken sich über die Stadtteile Bab al-Tebbaneh und Jabal Moshen, wo in den letzten Jahren zahlreiche bewaffnete Auseinandersetzungen stattgefunden haben.

»In meinem Leben bedauere ich am meisten, das ich nie über einen Zaun geklettert bin.«

Queen Mary

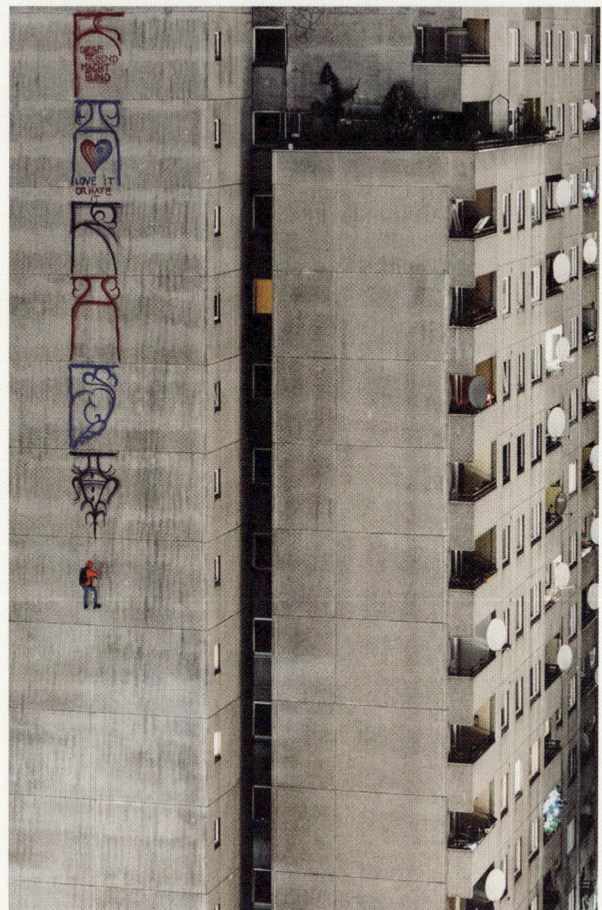

RECHTS: Paradox, ein Mitglied der Graffiti-Crew Berlin Kidz, fertigt 2017 ein Graffiti vom Dach eines Wohnhochhauses in Berlin an und läutet damit eine neue Ära des Rooftop-Painting ein.

☑ DO:

- Erkunde das Gelände zuerst ohne Ausrüstung. Erst nach ausgiebiger Prüfung solltest du mit einem Kit zurückkommen.
- Erkunde den Ort langsam und sorgfältig.
- Beginne mit einem kleinen Projekt und sammle Erfahrungen, bevor du dich auf größere Gebäude begibst.
- Kleide dich angemessen und gehe nie allein los.

☒ DON'T:

- Vertraue keinen Dächern oder Decken. Teste, ob du sicher darauf stehen und dich festhalten kannst.
- Kein Gebäudegerüst verfügt über einen Bewegungsmelder. Prüfe das Gebäude und probiere zuerst eine kurze Strecke, bevor du auf das Dach kletterst.
- Halte eine gute Entschuldigung bereit, falls du von der Polizei oder dem Sicherheitsdienst erwischt wirst: »Ich bin Stadtfotograf« eignet sich hierfür sehr gut.

LOST PLACES

Verlassene Orte oder Gebäude können irrsinnig tolle Kunsträume sein. Sie sind unglaublich bewegende und schöne Beispiele für den Verfall in seinen unterschiedlichen Stimmungen und Kontexten, in denen du Street Art gestalten kannst. Die beeindruckendsten Street-Art-Werke wurden an verlassenen Orten geschaffen, zum Teil, weil der Künstler hier mehr Zeit hat, komplexe Werke anzufertigen. So sind einige verlassene Lagerhallen zu einer wahren »Ruhmeshalle« geworden, in der lokale Künstler und Gastkünstler ihre besten Kunstwerke erschaffen.

Künstler, die an verlassenen Orten arbeiten, erhalten häufig nicht die gleiche Aufmerksamkeit wie Künstler, die ihre Werke auf Dächern oder an anderen Orten platzieren, an denen sie leicht zu sehen sind. Zwar malen die meisten Graffiti-Writer ihren Namen als Throw-up auf die Wände, um zu Anerkennung und Ruhm zu gelangen, einige von ihnen ziehen sich aber auch an verlassene Orte zurück, um in Einsamkeit zu arbeiten.

Doch da verlassene Orte nicht mehr beachtet werden, können sie auch eine Gefahr darstellen. Dies gilt insbesondere für ältere Gebäude oder Strukturen, bei denen die Böden, die Treppen oder Sicherheitsgeländer in schlechtem Zustand sind. Achte auf gefährliche Stellen von liegengelassenen Drogenutensilien bis zu giftigen Baumaterialien wie Asbest (häufig in Dachhohlräumen zu finden). Zubetonierte Löcher und lose Ziegel können ebenfalls richtige Probleme verursachen.

UNTEN: Der französische Street-Art-Künstler JR arbeitete mit dem kubanisch-amerikanischen Künstler José Parlá gemeinsam an dem Projekt »Wrinkles of the City«. Es würdigt die älteren Bewohner, die in Städten auf der ganzen Welt leben. Bei allen Orten, an denen die Kunstwerke angebracht sind, handelt es sich um verfallene, leere oder verlassene Strukturen in Städten.

GEGENÜBER: Seit 30 Jahren ein Mekka für internationale Graffiti-Künstler: Die »Hall of Fame« 5 Pointz in New York. Hier haben die berühmtesten Graffiti-Writer der Welt ihre Wandgemälde erschaffen.

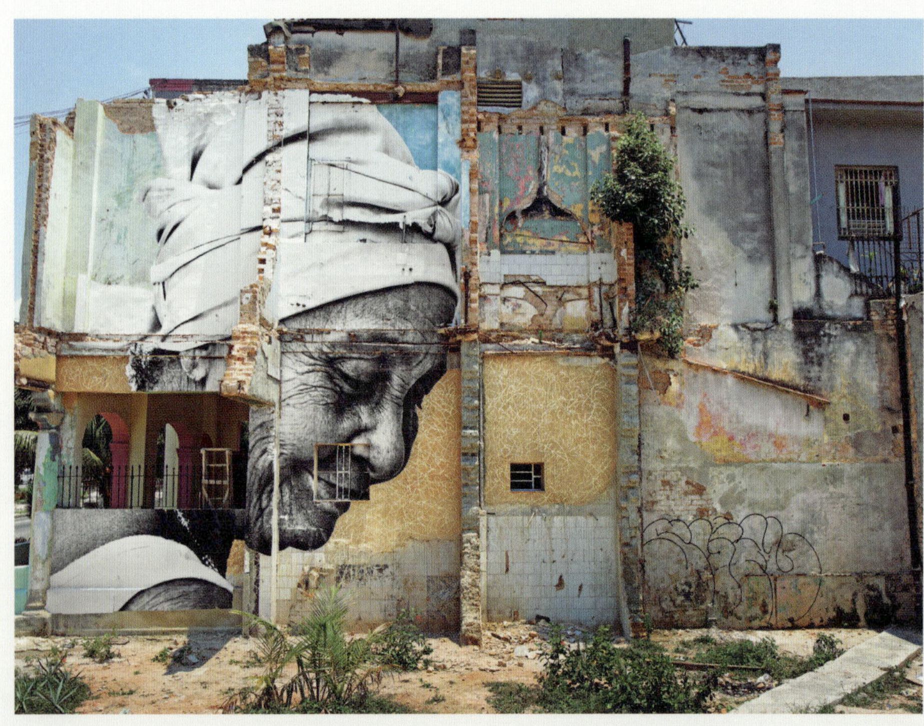

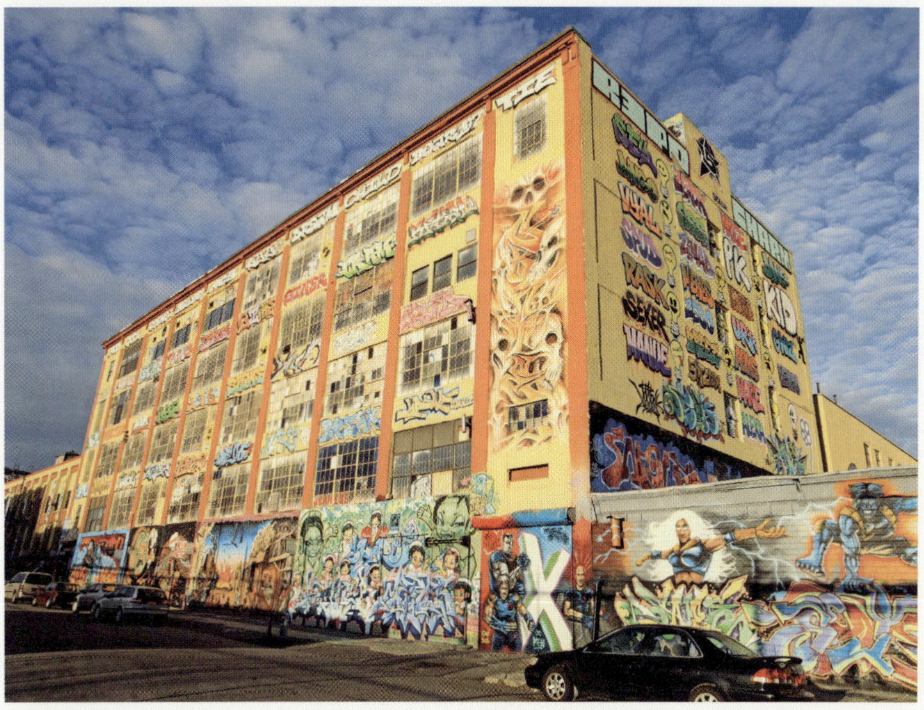

☑ DO:

- Erkunde die Stadt und finde die besten verlassenen Orte. Online-Karten sind dabei eine große Hilfe.
- Sei vorsichtig, wenn du Treppen oder Leitern nutzt. Achte stets darauf, dass du drei Kontaktpunkte hast.
- Trete vorsichtig auf. An verlassenen Orten lassen die Menschen alle möglichen üblen Dinge liegen. Vor allem komische, alte Kleidung.

☒ DON'T:

- Verhalte dich gegenüber anderen Menschen, die den Ort nutzen, respektvoll. Häufig lassen sich Obdachlose an Lost Places nieder. Grüße sie freundlich und respektvoll.
- Prüfe den Ort und achte dabei vor allem auf die Sicherheit. Wenn du wie ein nasser Sack in einem Zaun hängen bleibst, sind Hunde, die dich für ein leckeres Würstchen halten, ein echtes Problem.
- Zerstöre nie die Isolierung von Dachhohlräumen in alten Gebäuden. Sie könnten Asbest enthalten, das für dich und deine Freunde wirklich gesundheitsschädlich ist. Erkunde den Ort gut und lege genau fest, wonach du suchst.

GLEISANLAGEN

Gleisanlagen sind gefährliche Orte, an denen Graffiti-Writer häufig ihr Handwerk lernen, Züge in Vollzeit zu bemalen. Ziel dieser Art Spiel ist es, zum »Läufer« zu werden. Wenn du leidenschaftlich gern Züge bemalst, ist dies eine der tollsten Erfahrungen, die dich sehr bereichert. Wenn du siehst, wie dein Kunstwerk bei Sonnenaufgang vor einer beschissen öden Landschaft auf einem Zug an dir vorbeigleitet – das ist wahre Schönheit. Achte aber auf jeden Fall darauf, dass du eine Kamera einpackst, um ein Foto zu machen, das du deiner Oma zeigen kannst. Leider fahren bemalte Züge heute häufig nicht. Wahrscheinlich will man so den Idioten das Handwerk legen.

Gleisanlagen, wo Züge länger als für eine Nacht abgestellt werden, unterscheiden sich von Nebengleisen, auf denen Züge vorübergehend, häufig über Nacht abgestellt werden. Und je nach Art des Zuges gibt es auch unterschiedliche Sicherheitsvorkehrungen. Meist werden Passagier-, Güter- und U-Bahn-Züge auf Gleisanlagen abgestellt. Wenn also auf einer Anlage nur kurzfristig wenige Güterzüge stehen, wird wahrscheinlich in Kürze ein neuer Zug dazukommen, der dir mehr Fläche bietet (z. B. wenn U-Bahn-Wagons geliefert werden). Dann ist es Zeit, deine dunklen Klamotten bereitzulegen, Parfüm aufzulegen und deine Burner-Chrom-Lackfarbe einzupacken und dich auf eine Tour zur Gleisanlage vorzubereiten.

UNTEN: Graffiti-Writer in Seoul schleichen sich nachts auf eine Gleisanlage. Der Writer trägt Handschuhe und hat die Farben in einer einfachen Plastiktüte verstaut. So kann er sie einfach tragen und bei Bedarf schnell wegwerfen, ohne verdächtige Fingerabdrücke auf den Sprühdosen zu hinterlassen.

GEGENÜBER: Ein Mitglied der internationalen Graffiti-Gruppe 1UP bemalt einen ganzen Zug in einer Halle in Berlin.

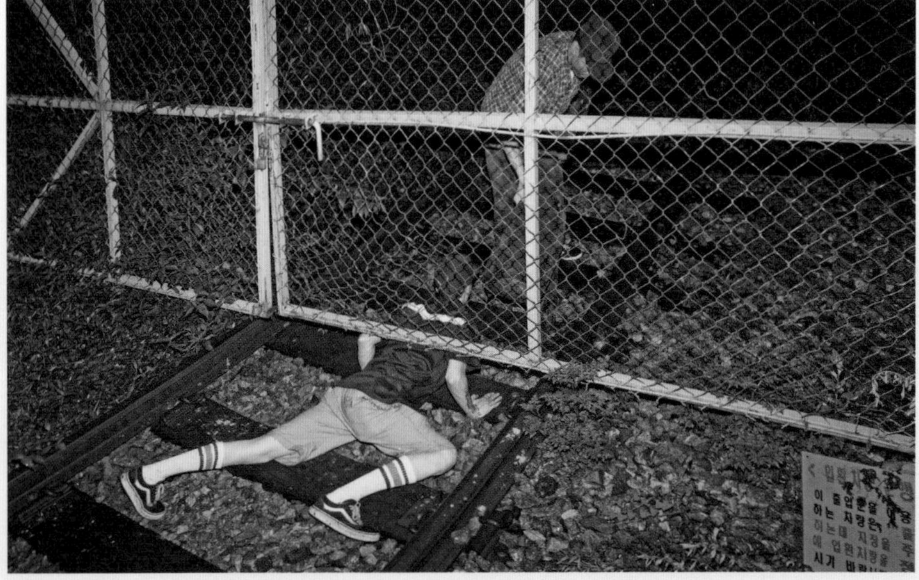

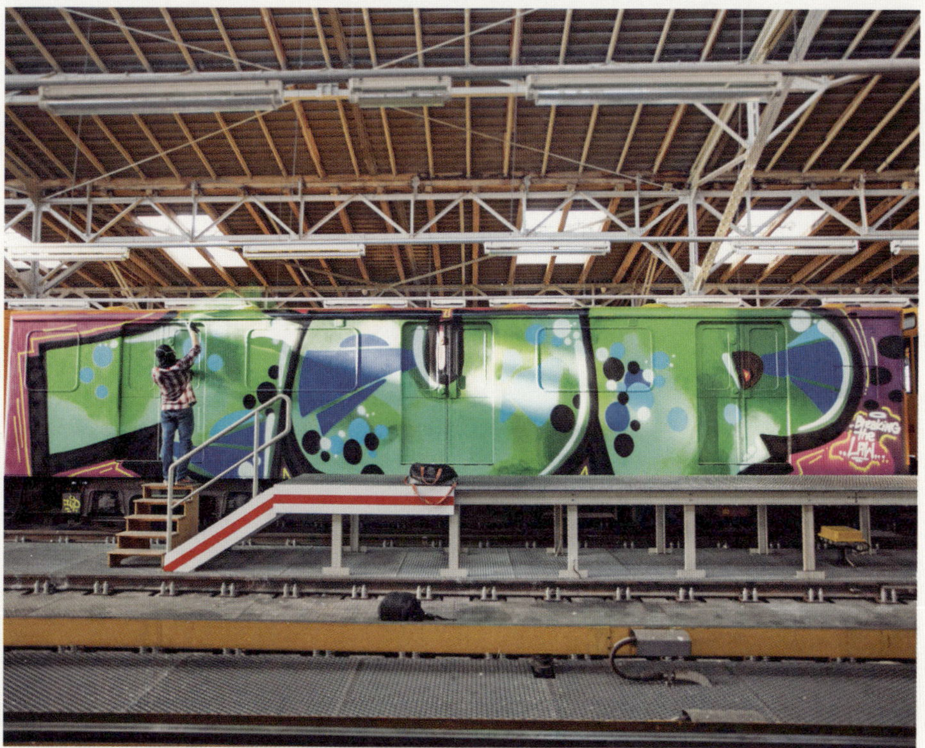

☑ DO:

- Prüfe die Gleisanlage und erkunde den Weg herein und wieder heraus.
- Reinige die Dinge, die du mitbringst. Verwende Sprühflaschen, da die Polizei Fingerabdrücke und Farbe als Beweismittel nutzt.
- Nimm nur dann eine Skizze deines Kunstwerks mit, wenn du sie wirklich benötigst. Und lasse dein wertvolles Skizzenbuch zu Hause.
- Arbeite nur in einer kleinen Crew.
- Hinterlasse keine Beweismittel am Eingang/Ausgang zur Gleisanlage. Dein Eingang/Ausgang sollte an einer verborgenen Stelle liegen.
- Achte auf Sicherheitsvorkehrungen. Einige Anlagen verfügen über moderne Sicherheitsfunktionen wie Sensoren, Überwachungskamera-Systeme und Blitzkameras.
- Lasse dein Smartphone zu Hause und nimm ein nicht registriertes altes Telefon mit einer unbenutzten SIM-Karte mit.

☒ DON'T:

- Bleibt unerkannt! Das ist doch klar.
- Übermale nicht die Zugnummern. Sie müssen sichtbar bleiben, damit der Zug eingesetzt werden kann.
- Werde nicht übermütig und besprühe alle Züge. Damit wird die Gleisanlage zu gefährlich für weitere Kunstwerke und die Bahnarbeiter können dich leicht bemerken.
- Trage keine Kleidung, auf der sich Farbreste befinden. Trage die hübsche Jacke, die auch deinem Opa gefällt.
- Stelle deine Fotos nicht unverschlüsselt online, denn deine IP-Adresse kann von der Polizei nachverfolgt und in deiner Akte protokolliert werden.

HOCHSICHERHEITSBEREICHE

Hochsicherheitsbereiche sind Flughäfen, Kraftwerke, Sendemasten, Unternehmenszentralen, Militärbasen und der Kühlschrank von Donald Trump. Diese Orte lassen sich am schwersten hacken, sodass du genau nachforschen und planen musst, bevor du dich in eine potenziell lebensgefährliche Situation begibst. Hochsicherheitsbereiche bieten jedoch auch einen sehr interessanten Kontext für kreativen Unfug, sodass die daraus folgenden Presseberichte und Erfahrungen deine harte Arbeit rechtfertigen können.

Urban Explorer und Aktivisten sind darauf spezialisiert, in solche Bereiche einzudringen. Zahlreiche inspirierende und mutige Missionen wurden bereits im Namen von sozialer, ökologischer und wirtschaftlicher Gerechtigkeit durchgeführt. Und genauso viele wurden nur für ein blödes Foto auf Snapchat oder Instagram durchgeführt. Egal, ob es darum geht, dass ein Kohlekraftwerk abgeschaltet wird, oder darum, einen Blick in eine Militärbasis zu werfen, diese Akte des Ungehorsams haben immer eines gemeinsam: Du benötigst viel Erfahrung, Wissen und Know-How. Daher musst du dich mental und körperlich gut vorbereiten, um maximal Spaß an der Sache zu haben.

UNTEN UND GEGENÜBER: Im Rahmen einer Aktion gegen die Gefahr von Atomkraftwerken legen Aktivisten die Sicherheitsvorkehrung des Kernkraftwerks Unterweser in Deutschland lahm.

UNTEN: Ein Urban Explorer untersucht einen alten Kampfjet auf einer Militärbasis in Russland.

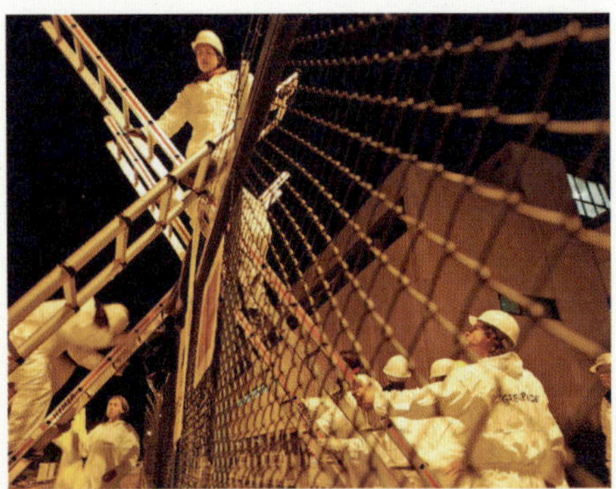

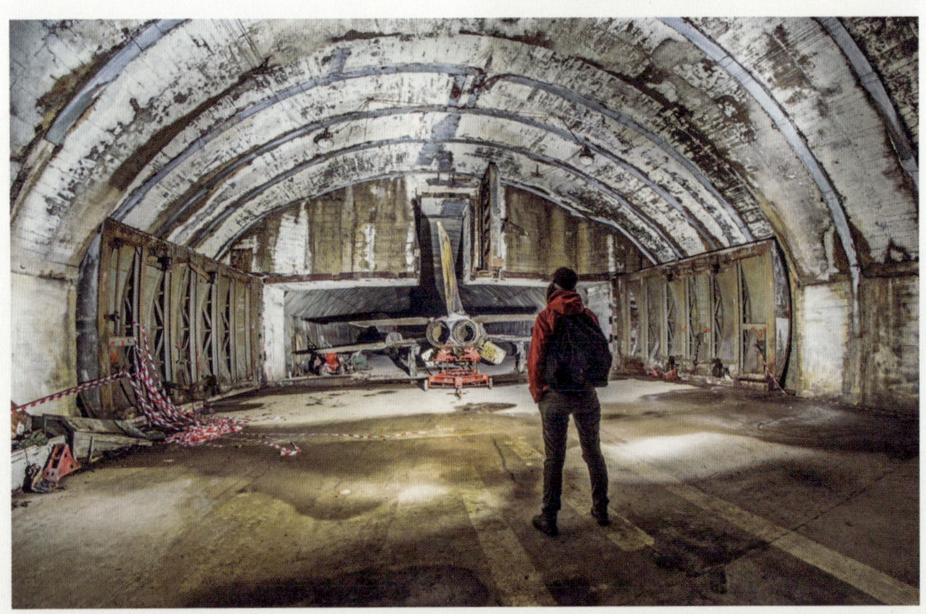

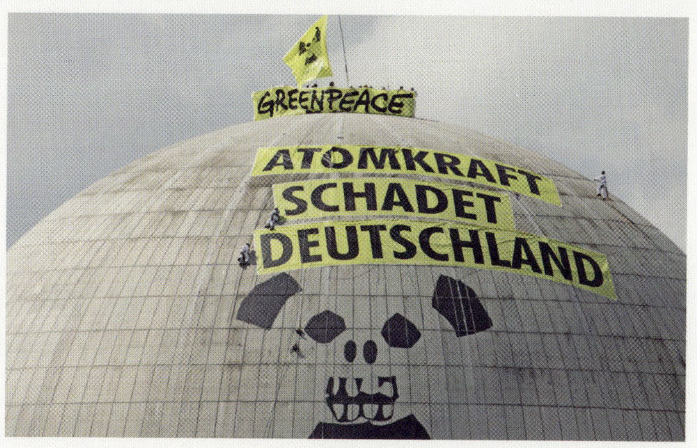

☑ DO:

- Überprüfe die Sicherheitssysteme: Überwachungskameras, Gesichtserkennung, Bewegungs- und Wärmesensoren und Elektrozäune. Hundestreifen und gelangweiltes Sicherheitspersonal können ebenfalls ein Problem darstellen.
- Spiele verschiedene Szenarien durch. Mache dich mit verschiedenen Situationen vertraut. An das Adrenalin und die Stresshormone gewöhnst du dich.
- Überlege genau, welche Kleidung du trägst und was du mitnimmst: kein Smartphone – niemals. Kaufe ein neues Telefon, das nicht identifizierbar ist. Rufe auch nicht deine Mutter an, bevor du dich auf den Weg machst.
- Achte auf die Zeit: Wie viel Zeit planst du, an dem Ort zu verbringen? Hast du genug zu essen, Ausrüstung und Ausgaben einer interessanten Zeitschrift dabei? Wenn du die gleiche Zeitung bestimmt nicht zweimal lesen möchtest, lasse vorher ein paar neue Ausgaben bei deinem Zahnarzt mitgehen.
- Plane das Medienecho: Möchtest du sofort in der Presse erwähnt werden? Überlege, wie du Bilder oder Tweets an die Medien sendest. Es ist nicht gut, wenn jemand sieht, was du tust.
- Wenn du abhauen möchtest, ohne festgenommen zu werden, verstecke auch die Speicherkarten gut.

☒ DON'T:

- Vergiss nicht, die Reaktionszeiten der Sicherheitssysteme zu prüfen: Finde heraus, wie viel Sicherheitspersonal vorhanden ist und wie schnell es reagiert. Teste das System und hacke es dann. Manchmal ruft das Sicherheitspersonal vor Ort einfach die Polizei und überwacht dich, ohne einzugreifen.
- Lasse dich nicht vom Gesetz überrollen: Manche Bereiche sind durch besondere Gesetze abgedeckt, gemäß derer die Polizei mit mehr Gewalt einschreiten darf. Die Antiterrorgesetze haben zahlreiche deiner Rechte abgeschafft. Sprich mit einem Anwalt über einen »hypothetischen« Fall und lasse dich zuverlässig beraten.
- Gehe nie allein in einen Hochsicherheitsbereich.
- Verabschiede dich von der Idee, dass du in bestimmte Bereiche nur nachts eindringen kannst. Vielleicht gibt es einen Grund dafür, dass du dich dort aufhältst? Welche Arbeiter sind an diesem Ort beschäftigt? Welche Uniformen tragen sie?
- Gehe nie in einen Hochsicherheitsbereich, ohne eine gute Geschichte parat zu haben: Plane Interaktionen mit Arbeitern oder dem Sicherheitspersonal ein. Lege dir einen guten Bluff zurecht und halte dich daran.

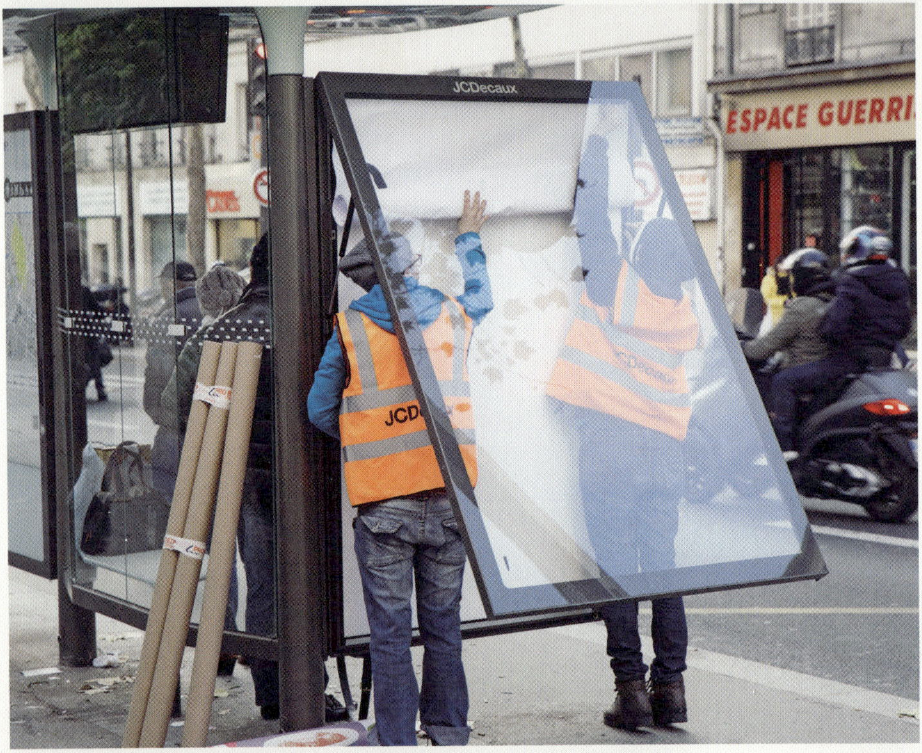

JCDecaux
ESPACE GUERRI
JCDecaux 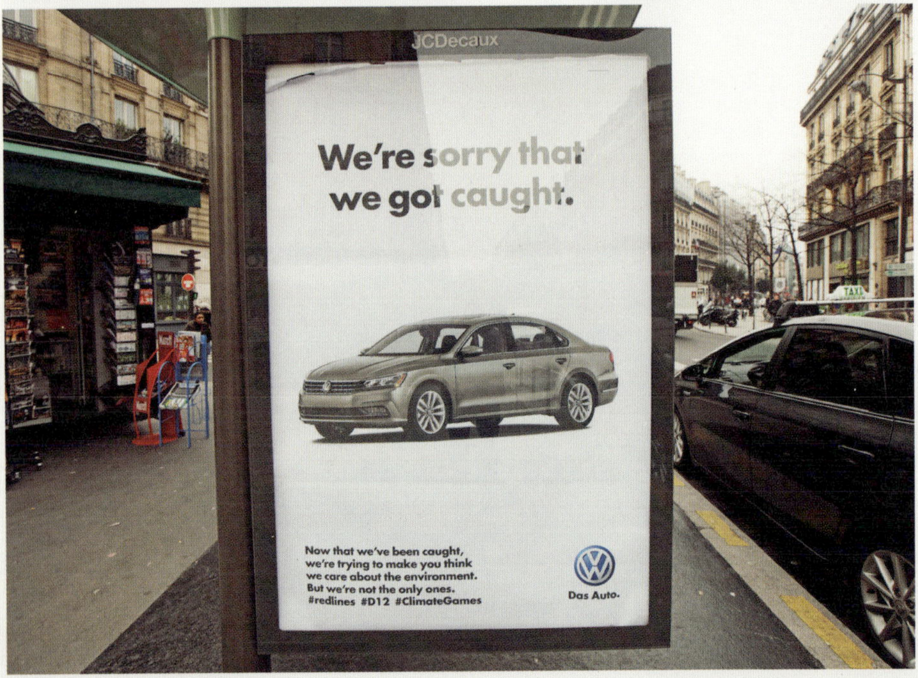
We're sorry that we got caught.
Now that we've been caught,
we're trying to make you think
we care about the environment.
But we're not the only ones.
#redlines #D12 #ClimateGames
Das Auto.

Arbeiten im öffentlichen Raum

Künstler, Aktivisten und Explorer auf der ganzen Welt habe viele Taktiken und Methoden entwickelt, damit das Hacking einer Stadt zu einer Aktivität mit viel Spaß und wenig Risiko wird. In diesem Kapitel findest du Tipps, mit deren Hilfe du mit möglichst wenig Stress und Frustration im öffentlichen Raum arbeiten kannst, um dein »Recht auf Stadt« einzufordern.

MACHT UND AUTORITÄT UNTERGRABEN

Wenn du dein Kunstwerk in der Öffentlichkeit installierst, möchtest du dich sicher und entspannt fühlen. Bei meinem ersten Hacking im urbanen Raum bin ich genauso vorgegangen wie bei einem Graffiti: Kapuze hoch und mitten in der Nacht. Doch mit der Zeit wurde klar, dass es für ein erfolgreiches Hacking sinnvoll ist, das Verhalten von Arbeitern zu imitieren und deren Uniformen zu tragen. Denn wenn Menschen eine bestimmte Aktion zu einer bestimmten Zeit an einem bestimmten Ort erwarten, nehmen sie diese gar nicht wahr. Sie gehört dann zum Hintergrundgeschehen und Rhythmus der Stadt – zu ihrem gewöhnlichen Leben.

Street-Art-Künstler brechen die vorhandenen, traditionellen Machtbeziehungen zwischen der Regierung und den einfachen Bürgern auf. Die ersten Vorreiter dieser Bewegung waren die amerikanischen Künstler Brad Downey und Leon Reid IV. Anfang der 2000er Jahre hackten sie unter

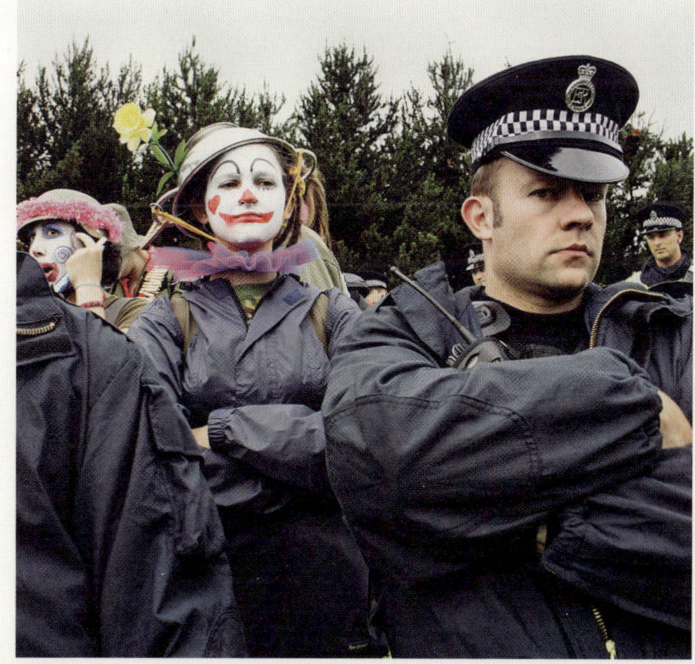

GEGENÜBER:
Eine nur aus Frauen bestehende Crew trägt die Kleidung von Plakatklebern, um bei der Brandalism-Intervention im Rahmen der COP21-Klimagespräche 2015 eine Werbekampagne in Paris zu verfremden (Adbusting).

RECHTS:
Die Clandestine Insurgent Rebel Clown Army (CIRCA) beim Protest während des G8-Gipfels in Schottland im Jahr 2005. Die CIRCA zieht die Rollen der Macht ins Lächerliche und verwandelt damit eine mögliche Konfrontationssituation auf spielerische Weise in reinen Surrealismus.

dem Namen Darius und Downey die Infrastruktur von New York, indem sie ihre eigenen subversiven Versionen von Stadtmöblierung, Signalanlagen und Objekten installierten. Dazu beobachteten sie Arbeiter an öffentlichen Straßen und imitierten deren Kleidung, Ausrüstung und Werkzeuge. So gingen sie in der Öffentlichkeit unter und konnten ihre subversiven Skulpturen ungestört installieren.

SOCIAL ENGINEERING

Der Begriff »Social Engineering« wurde Ende der 1980er Jahre von Computerhackern geprägt. Hacker bezeichnen damit die Kommunikation mit bestimmten Menschen – in der Regel Mitarbeiter ihres Zielobjekts, einer Organisation oder eines Standorts – und die Absicht, Informationen über den Zugriff auf deren Netzwerke zu erhalten. Diese Taktik lässt sich für verschiedene Zwecke anwenden: Du kannst zum Beispiel jemanden davon überzeugen, dich in ein Mietshaus reinzulassen, damit du auf das Dach gelangen kannst, um Zutritt zu einer Baustelle zu bekommen. Aber es gibt noch viele andere Beispiele. Du musst nur gut und kooperativ mit Menschen umgehen können. Und wenn es mit einem freundlichen Gespräch nicht gelingt, kannst du ihm immer noch ein Bein stellen.

DIE 5 PRINZIPIEN DES SOCIAL ENGINEERING

1. Menschen sind meistens an ihrem eigenen Vorteil interessiert. Wenn du also möchtest, dass jemand etwas für dich tut, zeige ihm, dass dies auch für ihn selbst nützlich ist. Das motiviert ihn.

2. Menschen wünschen sich Aufmerksamkeit. Lasse dein Gegenüber reden. Sprich die Person mit ihrem Namen an und antworte ihr. Führe ein persönliches Gespräch.

3. Menschen wollen wichtig sein. Darum arbeiten manche Menschen bei der Polizei oder bei einem Sicherheitsdienst. Alles dreht sich um Macht. Bestätige ihnen das *Gefühl*, die Kontrolle zu haben und unterwandere es.

4. Menschen wollen recht haben. Antworte positiv und bestätigend und sorge dafür, dass dein Gegenüber es auch tut. Je schneller sich dein Gesprächspartner entspannt, desto besser.

5. Häufig ist es einfacher, das Gewünschte mit Höflichkeit und Raffinesse zu bekommen als mit Hartnäckigkeit und Angst. Im schlimmsten Fall hilft Bestechung.

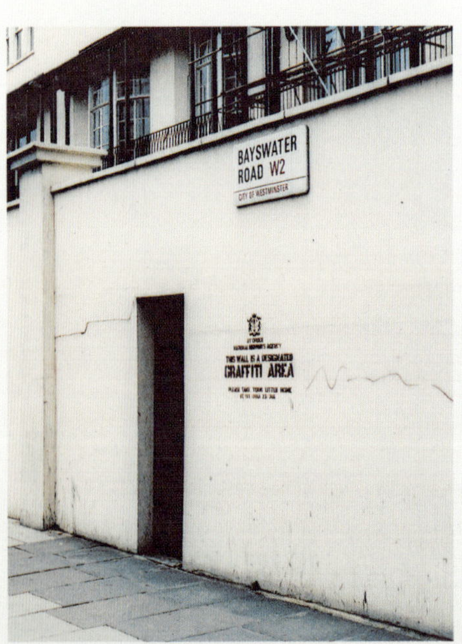

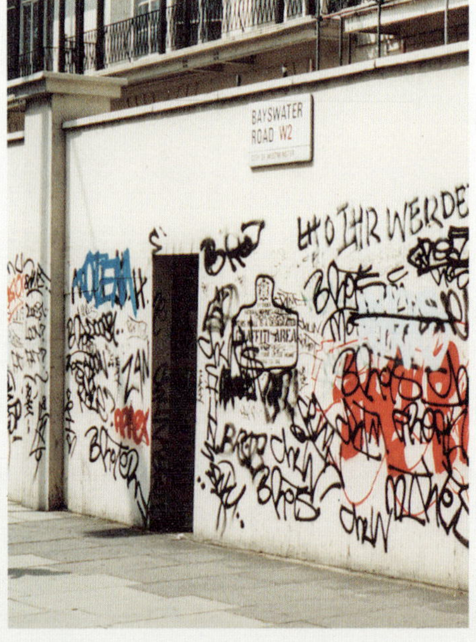

TAGESZEIT

Die Nacht ist schon immer die Zeit für »Verfehlungen, Fantasie und Experimente« (um mit den Worten von Tim Edensor zu sprechen). Zwar werden viele kreative Aktivismus- und Street-Art-Aktionen nachts durchgezogen. Aber das heißt nicht, dass du immer im Verborgenen arbeiten musst. Wenn du tagsüber aktiv bist, kannst du dir viel Stress und Ärger ersparen (Menschen, die spät abends ihren Hund ausführen, sind ein echtes Problem). Du solltest nicht zwielichtig aussehen und damit Ärger provozieren. Nach deinem ersten unbefugten Zutritt zu einem Ort oder deiner ersten Installation eines Kunstwerkes wirst du erkennen, dass sich niemand um dich kümmert. Entspanne dich also und genieße deine Kunst.

WERKZEUGE, AUSRÜSTUNG UND KIT

Je nachdem, was für ein Street-Art-Werk du im öffentlichen Raum erschaffen möchtest, gibt es zahlreiche Werkzeuge, Ausrüstungen und Kits, mit denen du dein Ziel erreichen kannst. Im folgenden Kapitel dieses Buches findest du einige Vorschläge dazu, was du brauchen könntest und wo du es bekommst.

DEINE PRIVILEGIEN KENNEN UND NUTZEN

Wenn du jung, weiß, männlich und heterosexuell bist – und dieses Buch liest –, dann bist du privilegierter als die meisten Menschen auf dieser Erde. Grund dafür sind deine Herkunft und deine Hautfarbe.

Leider haben viele Menschen ein unbewusstes Vorurteil gegen Menschen anderer Herkunft, Kultur oder Klasse bzw. anderen Geschlechts, anderer Sexualität oder anderer Fähigkeiten. Der Grund dafür ist, dass es weißen, heterosexuellen Männern in unserer kapitalistischen Welt immer sehr gut ging und sie das System, das sie in den Vordergrund und Mittelpunkt stellt, mehrere Jahrhunderte lang aufrechterhalten haben. Glücklicherweise gibt es nun schon lange Frauen, ethnische Minderheiten und queere Aktivisten, die dieses System mutig bekämpfen, sodass die Vorurteile auf der ganzen Welt langsam abgebaut werden. Aber es gibt sie noch und in manchen Ländern erfahren sie auch dank einseitig orientierter Politiker wieder einen Aufschwung. Ein Problem, das auch bei der Polizei bekannt ist, da Polizeikräfte – wie auch populistische Formen der Politik – recht rassistisch und voreingenommen sein können.

GEGENÜBER: 2006 installierte Banksy eine Reihe von Stencil-Werken, um die Autorität des Stadtrates in London zu unterwandern. Er malte mit einer Schablone »Designated Graffiti Area« (Spezieller Graffiti-Bereich) auf frisch gestrichene Wände.

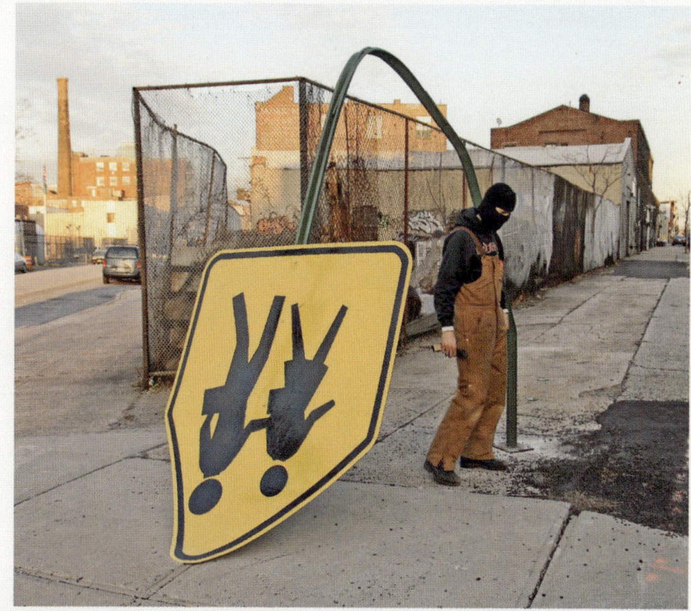

RECHTS: Der amerikanische Künstler Brad Downey als Bauarbeiter (mit Kopfmaske) verkleidet nach der Installation einer seiner spielerischen, subversiven Skulpturen (sein Markenzeichen) in New York.

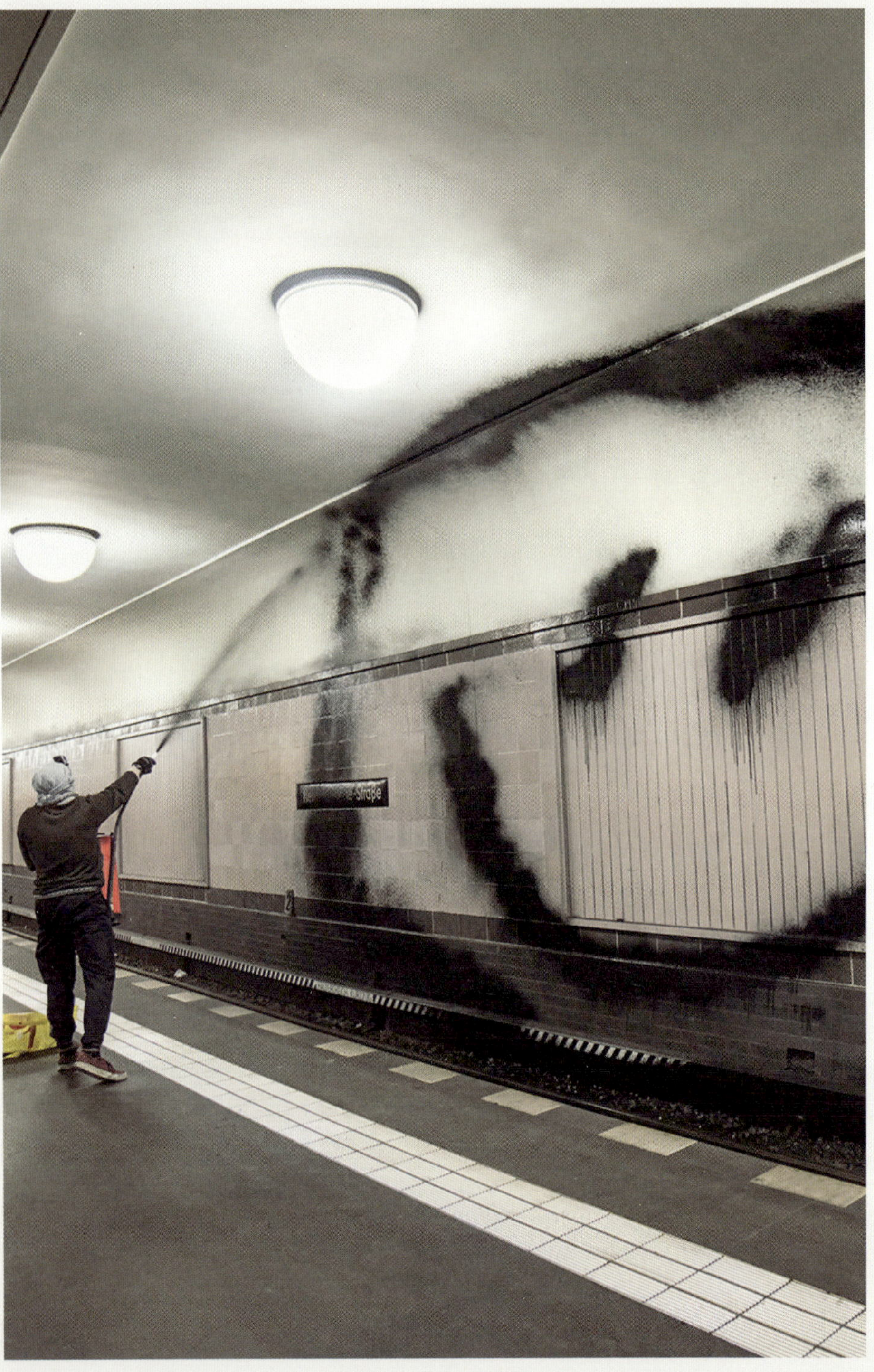

Als Weißer bekommst du wahrscheinlich weniger Ärger. Diesen Vorteil kannst du nutzen, um andere zu unterstützen. Du kannst zum Beispiel festlegen, dass sich eine bestimmte Person mit den Sicherheitskräften oder der Polizei auseinandersetzen soll. Begib dich selbst nicht in eine Situation, in der du dich machtlos oder unterdrückt fühlst, und sorge dafür, dass auch kein Mitglied deiner Crew in eine solche Situation gerät.

EINZELGÄNGER ODER CLIQUE?

Vieles spricht dafür, dass du ein paar seltsame Freunde zusammentrommelst, um mit ihnen gemeinsam eine Straftat zu begehen. Das ist sicher eine intensive Erfahrung, die du nie vergessen wirst. Nichts bindet schließlich Freunde enger aneinander als die Angst vor einer drohenden Verhaftung oder die Aufnahme ins Strafregister.

Doch ein Alleingang ist ebenfalls wirklich wichtig, denn so kannst du deine Fähigkeiten wirklich verbessern und entwickeln. Die Art und Weise, wie du bei einem Alleingang mit bestimmten Situationen umgehst, ob du auf dich selbst vertraust und selbst Entscheidungen triffst, also wenn du ganz allein ein Street-Art-Kunstwerk schaffst, das ist eine sehr tiefe und wertvolle Erfahrung, die dir niemand nehmen kann. Und wenn du allein Mist baust oder in eine brenzlige Situation gerätst, dann kannst du dir auch wirklich nur selbst helfen. Daraus lernst du eine Menge über dich selbst.

Häufig liegen die Vorteile eines Alleingangs oder der Arbeit in einer Gruppe auf der Hand. Wenn du zum Beispiel verschiedene Blickwinkel auf dein Werk benötigst, sehen mehrere Augen mehr als zwei. Auch wenn bestimmte Aufgaben bei der Erstellung deines Kunstwerkes von unterschiedlichen Leuten übernommen werden sollen, musst du in einer Gruppe arbeiten. Letztendlich liegt die Entscheidung bei dir. Dennoch ist eines klar: Du musst den Leuten, mit denen du gemeinsam das Gesetz brichst, vertrauen. Daher solltest du keine Idioten mitnehmen, die im Ernstfall nicht wissen, was sie tun sollen. Arbeite also immer mit Leuten zusammen, die die richtige Einstellung haben.

Ein Mitglied der 1UP-Gruppe gestaltet eine U-Bahn-Station in Deutschland mit einem mit dem Feuerlöscher gemalten Graffiti.

DIE BULLEN BLUFFEN

Falls es zu einem Zusammentreffen mit Sicherheitskräften, der Polizei oder anderen Menschen kommt, muss das nicht immer negativ sein. Alles hängt davon ab, wie du in dieser Situation reagierst. Denk darüber nach, bevor du losziehst, bleib immer gelassen und informiere dich über deine Rechte (siehe Kapitel »Rechtliche Hinweise« auf Seite 136, in dem deine grundlegenden Rechte behandelt werden).

SO SOLLTEST DU DICH VERHALTEN, WENN ES BRENZLIG WIRD

- **Sei direkt.** Lügen oder Ausreden sind sinnlos. Wenn du direkt reagierst, bekommst du, was du willst.
- **Immer lächeln.** Damit zeigst du, dass du keine Angst hast und auch dein Gegenüber entspannt sich. Ein Lächeln hilft, wenn Menschen Verdacht schöpfen.
- **Erzeuge Vertrauen.** Handele so, als ob das, was du tust, genau das Richtige ist und du die Erlaubnis dafür hast. Ein gefälschter Brief von einem Unternehmen oder dem Gebäudeeigentümer kann Wunder wirken.
- **Kontrolliere deine Angst.** Eine Polizeikontrolle raubt dir die Nerven, das ist ganz normal. Aber wenn du deine Komfortzone ausweitest, kann du viel daraus lernen. Dein Gehirn lernt am meisten, wenn es richtig in Panik gerät. Genieße das also!
- **Sei höflich, freundlich und hilfsbereit.** Vertraue darauf, dass du eine Situation entschärfen kannst und einen guten Draht zu deinem Gesprächspartner bekommst. Manchmal musst du dich dafür nur ein wenig länger unterhalten.
- **Rufe einen Freund an.** Das kann dir den Arsch retten, vor allem, wenn du von einem Arbeiter angemacht wirst. Sage einfach, dass du deinen Chef anrufst, um zu fragen, ob du am richtigen Ort arbeitest. Schimpfe dann ordentlich ins Telefon, packe dein Zeug, entschuldige dich und haue ab.
- **Informiere dich über deine Rechte.** Es ist wichtig, wie weit du gegenüber den Sicherheitskräften oder der Polizei gehen kannst. Am Ende dieses Buches findest du ein Kapitel über die rechtlichen Grundlagen mit einigen Ratschlägen zum Umgang mit der Polizei.

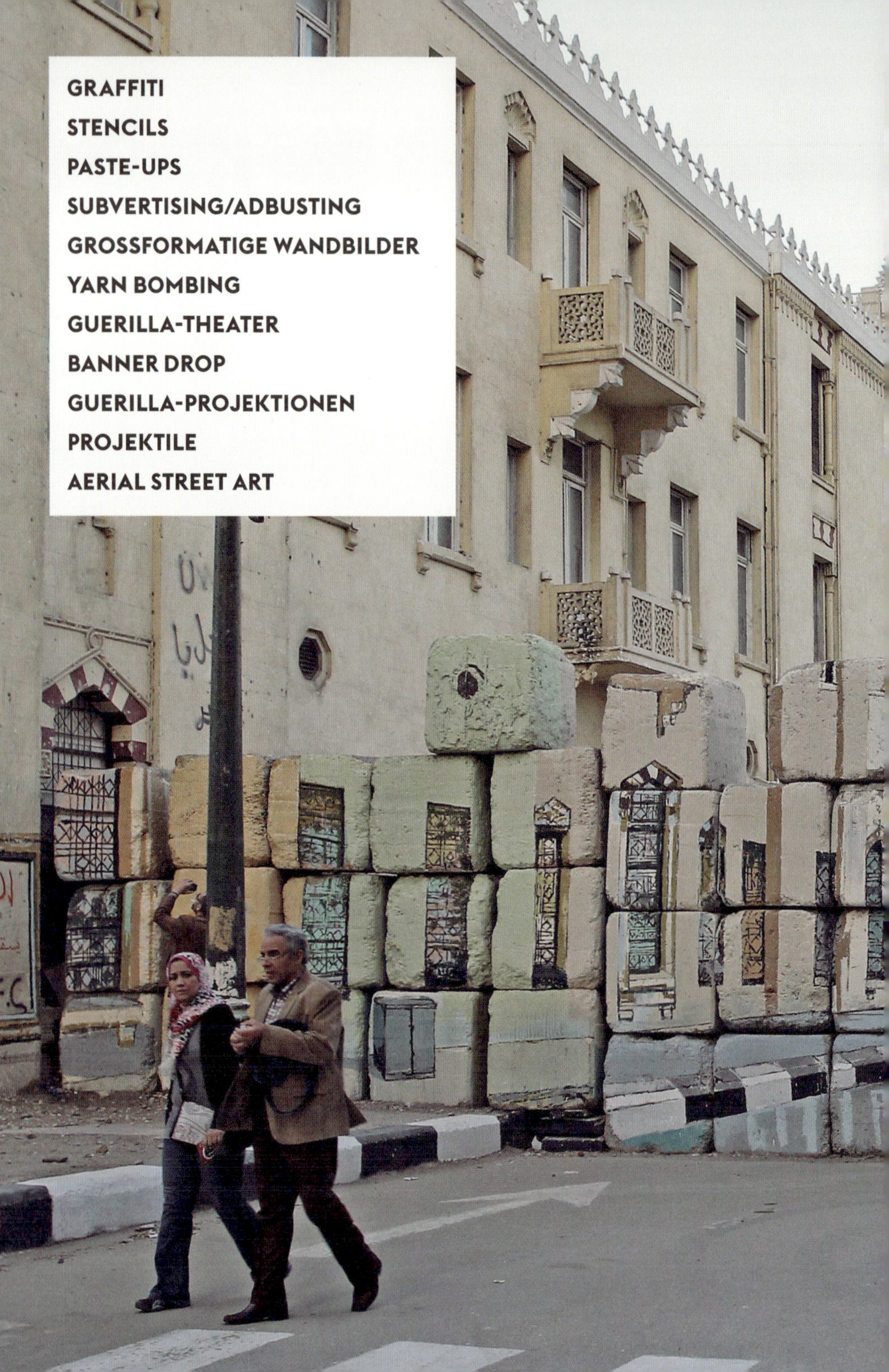

GRAFFITI

STENCILS

PASTE-UPS

SUBVERTISING/ADBUSTING

GROSSFORMATIGE WANDBILDER

YARN BOMBING

GUERILLA-THEATER

BANNER DROP

GUERILLA-PROJEKTIONEN

PROJEKTILE

AERIAL STREET ART

TAKTIKEN

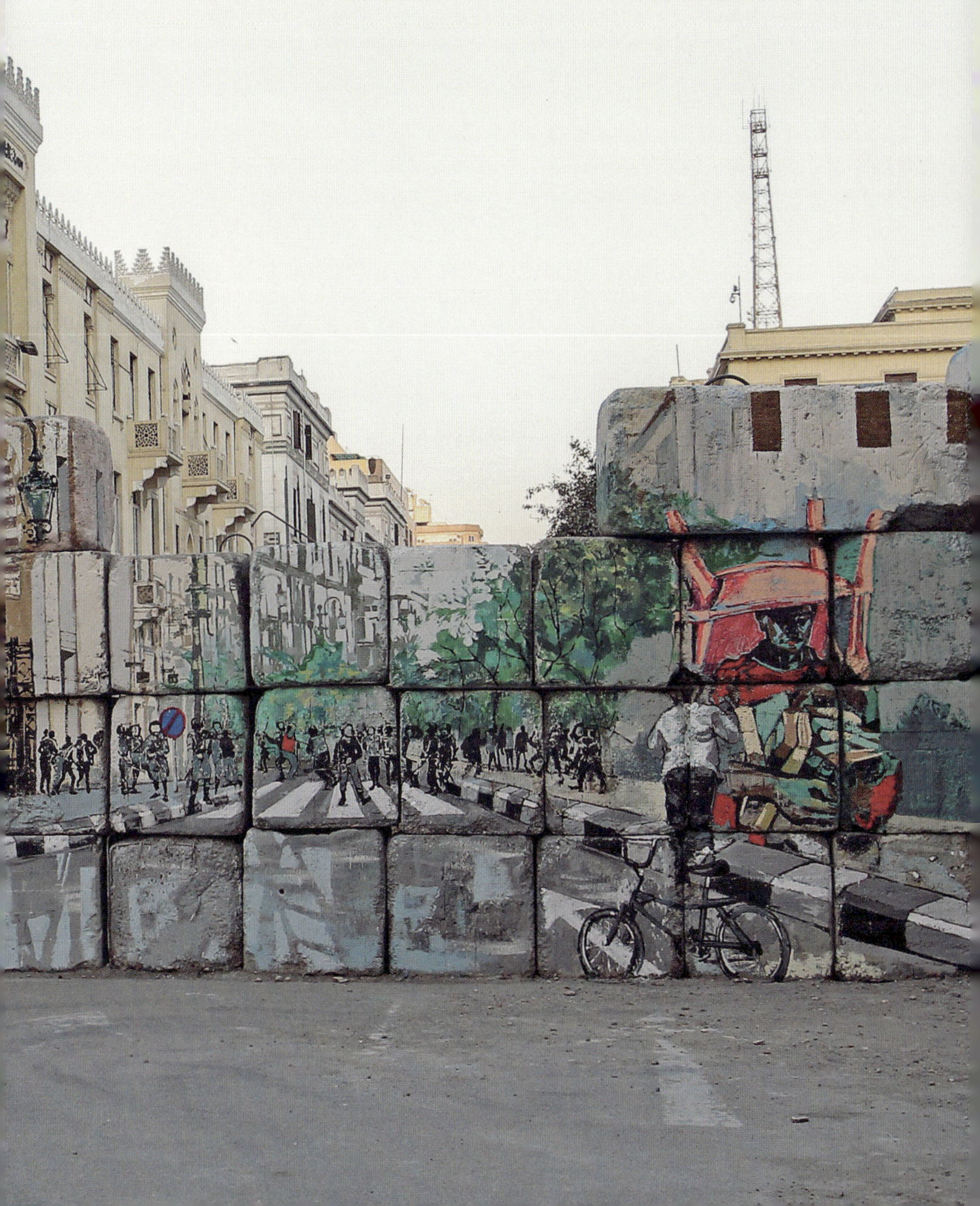

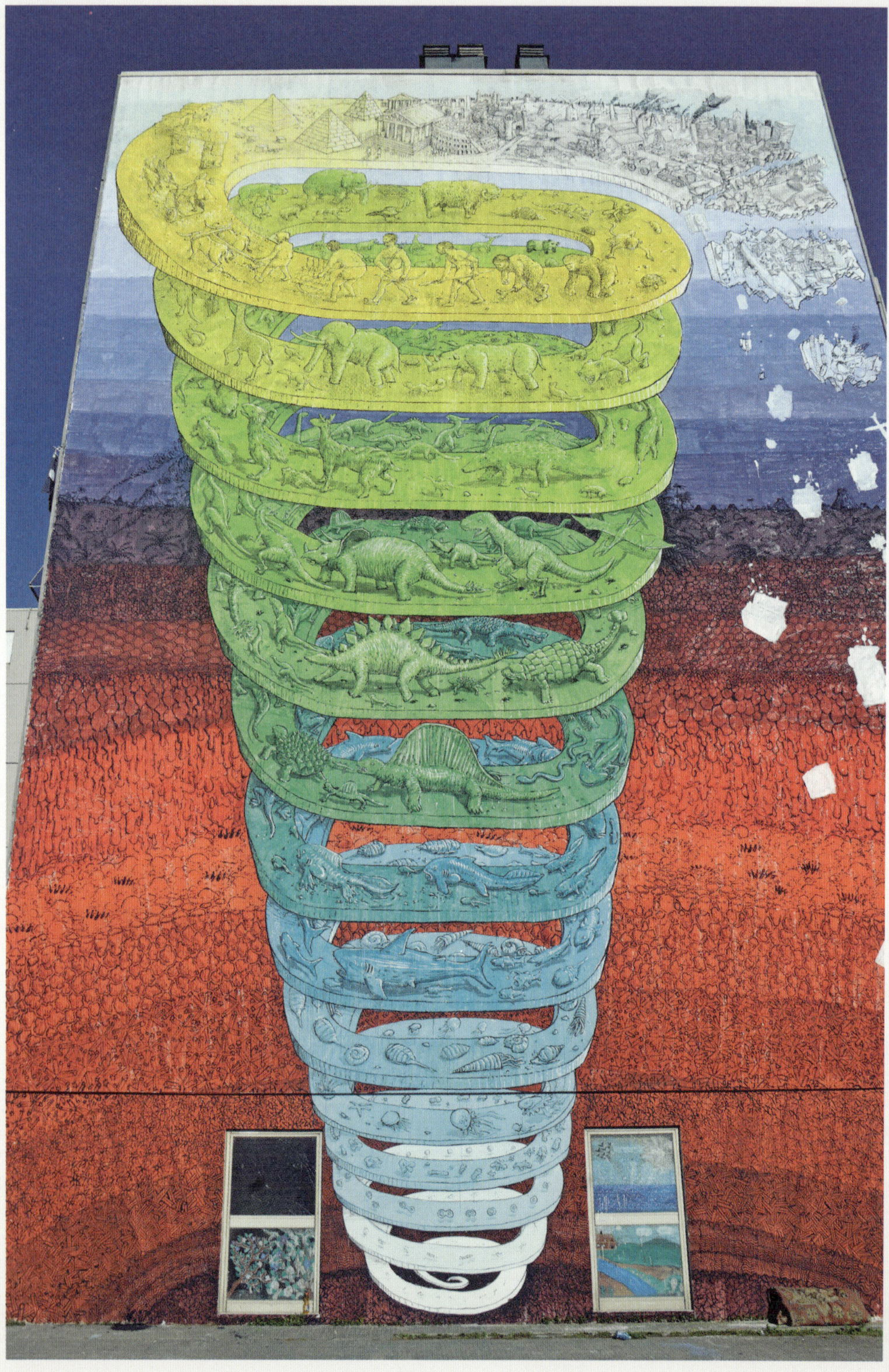

Graffiti

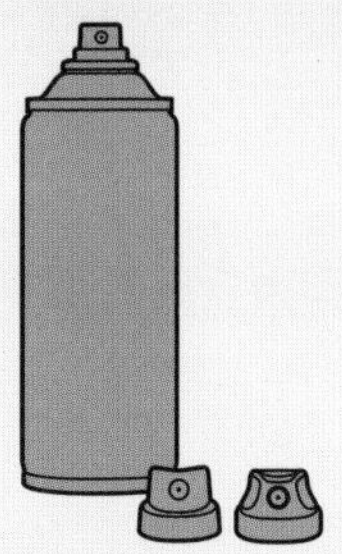

Seit unsere Vorfahren Höhlenwände bemalt haben, hat jede Zivilisation Menschen hervorgebracht, die Gefängnisstrafen oder Schlimmeres in Kauf nehmen, um Politiker zur Verantwortung zu ziehen oder mit Sexsymbolen auf Wänden, Gräbern oder Denkmälern zu prahlen. Der Mensch arbeitet schon lange mit Graffiti. Von den alten Höhlen in Indonesien, Australien und Europa bis ins antike Griechenland, Ägypten und Syrien: Graffiti ist ein Kernpunkt des menschlichen Ausdrucks. In diesem Kapitel werden drei Formen modernen Graffitis vorgestellt, mit denen auch du dich gegen schwarzmalende oder korrupte Politiker auflehnen kannst. Wenn du also das nächste Mal die Nase voll hast, nimm einfach einen Feuerlöscher, eine Drohne oder eine Sprühdose in die Hand …

In den letzten Jahrtausenden seit den Kunstwerken der Höhlenmaler hat der Mensch Graffiti immer weiter entwickelt, um anderen (und sich selbst) zu beweisen, dass er existiert und in einer Zivilisation, in der Ruhm, sozialer Status und Wohlbefinden die höchste Priorität genießen, als Mensch wichtig ist. Die Graffiti-Writer, die in den 1960er, 1970er und 1980er Jahren in den Slums von New York oder Rio de Janeiro aufgewachsen sind, waren umgeben von Wirtschafts-, Kommerz- und Medienstrukturen, die das Individuum über alles andere stellen. Natürlich kopierten sie die Logik des Kapitalismus in ihren ersten Tags. Für sie war ein Tag so etwas wie eine Marke – ein persönliches Logo und ihre Identität, die sie in der ganzen Stadt wiederholten, um bekannt zu werden. Durch diese Eroberung des städtischen Raums entflohen diese Tagger ihren sozialen Bedingungen – und damit der Realität ihrer Umgebung – und revoltierten gegen extreme Ungerechtigkeit. Sie teilten der Stadt mit, dass sie etwas zu sagen haben.

Graffiti-Tagging entwickelte sich vor allem in den USA und in Brasilien weiter und die Bilder wurden immer größer und komplexer. Es wurden Umrisse (größere Tags mit Konturen), Blasen (weichere, rundere Konturen), Throw-ups (schnell gezeichnete Konturen mit einfachen Füllfarben) und Pieces (Kurzform von »Masterpieces« – Meisterstücke; komplexere stilisierte Motive mit Tags und Bildern) geschaffen und es ging immer darum die Stadt zu »bombardieren«, sich aufzulehnen und berühmt zu werden. Anfang der 1970er Jahre wurden in der Subway von New York die ersten »Wholescars« auf Züge gemalt. Und heute versuchen Künstler wie Misha Most und Katsu neue Technologien in Drohnen-Graffitis zu integrieren, um die Kunstform damit weiterzuentwickeln.

Gemälde des italienischen Street-Artists Blue auf der Seite eines Gebäudes in Rom aus dem Jahr 2015. Das Wandbild stellt die Evolution in leuchtenden Regenbogenfarben als Spirale dar. Je höher die Mauer wird, desto weiter entwickeln sich Mikroben zu Fischen, Fische zu Dinosauriern, Dinosaurier werden durch Mammuts ersetzt und schließlich kommt der Mensch ins Spiel. Ganz oben bricht alles unter dem Gewicht der Industrie auseinander.

Bedauerlicherweise wird Graffiti mehr denn je von Unternehmen, Marken und der Werbung (als »Ambient-Marketing«) vereinnahmt. Deshalb müssen die Graffiti-Writer heute den nicht-kommerziellen Wurzeln dieser Kunstform mit allen Mitteln treu bleiben. Die eigentliche Macht von Graffiti – und der gesamten Street Art – liegt darin, der Öffentlichkeit Nachrichten zu übermitteln, die für alle zugänglich sind. Graffiti-Kunst kann eine soziale Realität erschaffen, die die Normen, Funktionen und Erwartungen der Stadt unterwandert. Wenn Graffiti seine wahre Macht und soziale Funktion nicht verleugnen möchte, ist es die Aufgabe der Künstler, anderen Menschen zu zeigen, dass die Welt verändert werden kann, und selbst dabei tätig zu werden. Wir haben keine Zeit mehr, uns bevormunden zu lassen.

Dieses Buch wurde in einer Zeit geschrieben, in der Ungerechtigkeit, Faschismus, nie dagewesener ökologischer Raubbau und Klimawandel eine immer größere Rolle spielen. Die Welt braucht also mehr schöne Wände in ihren Straßen, aber sie braucht auch Menschen, die ein bisschen Farbe in die Hand nehmen und etwas tun, um die Welt hinter dieser grotesken Ungleichheit, die heute herrscht, darzustellen. Darin liegt die eigentliche, jedoch meist unterschätzte Aufgabe von modernem Graffiti (und vor allem von Tagging). Sie gilt für die Studenten von Paris, die während der Aufstände im Mai 1968 Zeilen aus Gedichten des Widerstands auf Mauern sprühten und damit die französische Regierung fast stürzten, bis hin zu lokalen Künstlern, die in den 1970er Jahren in Großbritannien dafür sorgten, dass der

UNTEN: Zwei Jungs stehen in Bradford, Großbritannien, vor einem antifaschistischen Graffiti der 1970er.

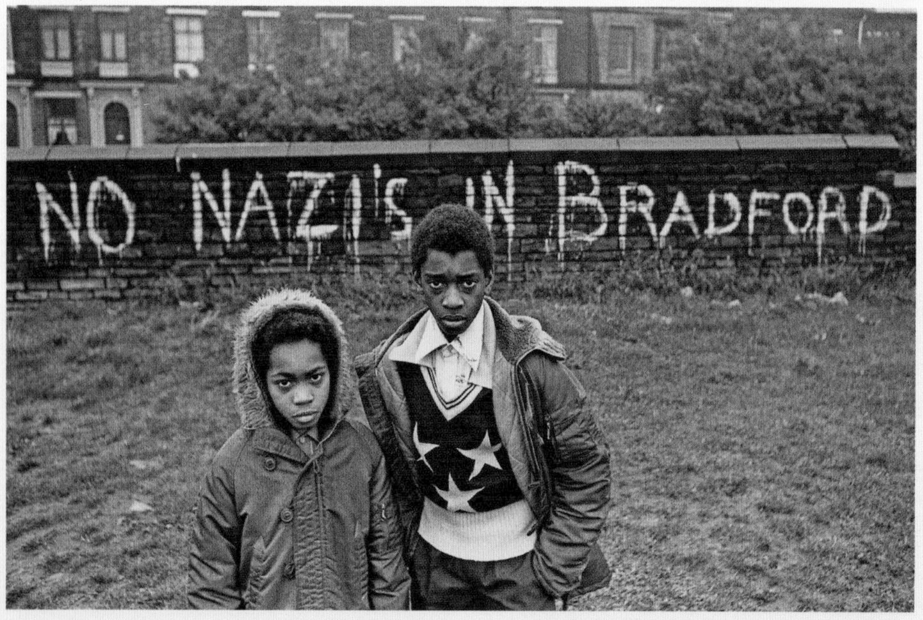

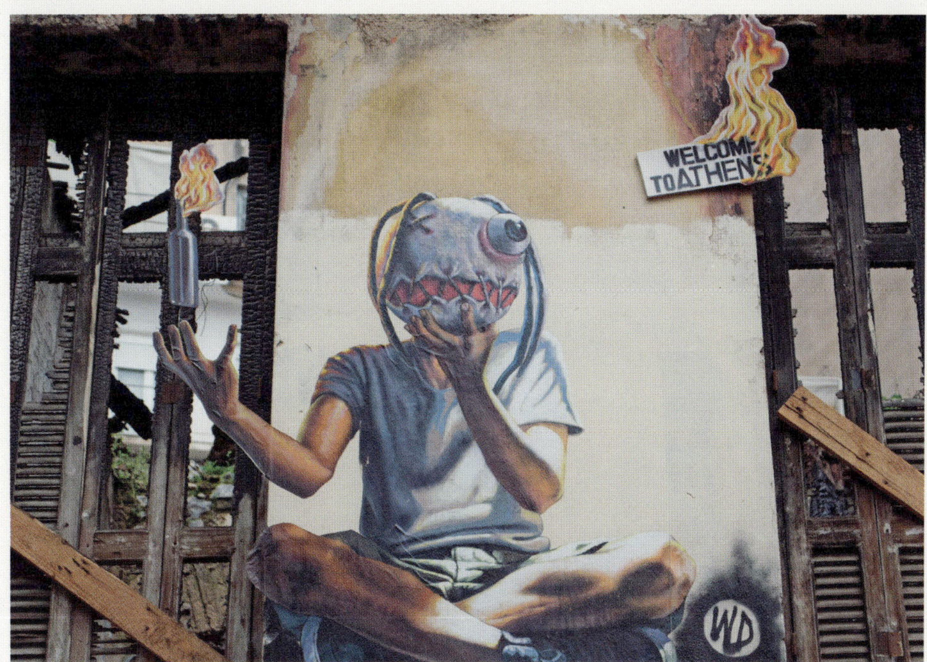

OBEN: Ein Wandbild des griechischen Street Artists INO in Athen, 2016. Nach der Finanzkrise von 2008 wurde Griechenland von der Europäischen Union und dem Internationalen Währungsfonds als öffentliche Warnung für den Rest Europas wirtschaftlich »gelyncht«.

Faschismus in einkommensschwachen Gegenden keine Chance hatte. Auf der südlichen Halbkugel der Welt war und ist Graffiti im zwanzigsten und einundzwanzigsten Jahrhundert in Lateinamerika ein fester Bestandteil sozialer Bewegungen. Wandmalereien dienten als Sprungbrett für »Gruppensolidarität«, waren Ausdruck sozialer Konflikte und stachelten zur Rebellion gegen ein ungerechtes Sozialsystem an.

Während der Pinochet-Diktatur in Chile von 1973 bis 1990 nutzten Künstlerkollektive Graffiti, um gegen die Regierung zu protestieren und für kulturelle und politische Autonomie, Basisdemokratie und Frauenrechte zu kämpfen. Seit Ende der 1980er Jahre ist Graffiti im Gazastreifen und der Westbank das wichtigste Ausdrucksmittel für den Widerstand gegen die israelische Besetzung. Und es ist noch gar nicht lange her, dass Graffiti und Street Art während der Revolution in Ägypten 2011 als Ausdruck des Traums der Menschen von mehr Demokratie eine explosive Wirkung entfalteten. Hier wird deutlich, welche Ziele erreicht werden können, wenn Künstler sich mit den Hoffnungen und Träumen der Bevölkerung identifizieren.

DEIN ZUBEHÖR UND WO DU ES BEKOMMST

TRADITIONELLE GRAFFITI

WERKZEUG UND AUSRÜSTUNG

- Sprühfarbe
- Caps
- Maske/Atemschutz

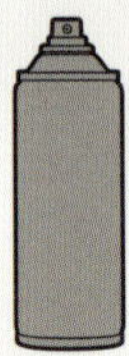

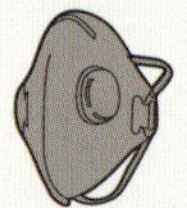

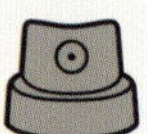

SPRÜHFARBE

Die Auswahl an Sprühfarben ist groß. Welche Farbe sich am besten für ein bestimmtes Werk eignet, hängt davon ab, welche Art von Graffiti du sprühen möchtest. Zum Besprühen von Zügen oder Stahl brauchst du eine Hochdruckfarbe wie zum Beispiel von Montana. Wenn du genaue Details zeichnen möchtest, sind die Niederdruckfarben zum Beispiel von Belton oder Alien besser geeignet. Damit kannst du den Strahl besser kontrollieren und genauere Details sprühen.

- Mach es wie die alten Graffiti-Writer und klaue Farbe aus einem Geschäft. Oder lasse das besser sein.
- Suche nach dem besten Graffiti-Shop. Aber Achtung: Einige Geschäfte für Künstlerbedarf ziehen dir das Geld aus der Tasche. Du solltest also in verschiedenen Shops einkaufen und lokale Geschäfte unterstützen.

MASKE/ATEMSCHUTZ

Sprühfarben enthalten Treibmittel, also gefährliche Chemikalien. Wenn du diese über längere Zeit einatmest, ist das sehr schädlich für deine Gesundheit. Trage daher immer einen Atemschutz mit Partikelfiltern, damit die Farbdämpfe ausgefiltert werden, bevor sie deine Lunge erreichen. Du brauchst eine Maske mit austauschbaren Dampf-/Partikelfiltern.

- Investiere in eine hochwertige Maske, die Mund und Nase bedeckt und mit anpassbaren Bändern und austauschbaren Filtern ausgestattet ist. Die meisten Graffiti-Shops verkaufen geeignete Masken.

CAPS

Die Auswahl des passenden Sprühkopfes ist genauso wichtig wie die Auswahl der richtigen Farbe.

- Im Schrank unter eurer Spüle findest du garantiert keine unterschiedlichen Sprühköpfe.
- Besorge dir online oder in deinem Graffiti-Shop vor Ort ein Testpaket mit unterschiedlichen Sprühköpfen.

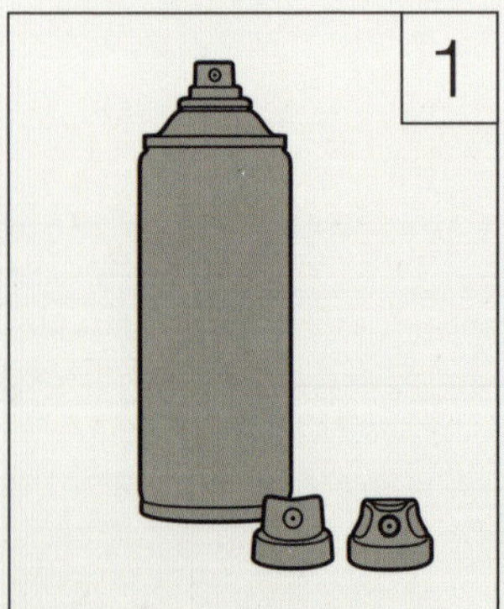

Wähle die Farbe und den Sprühkopf aus.

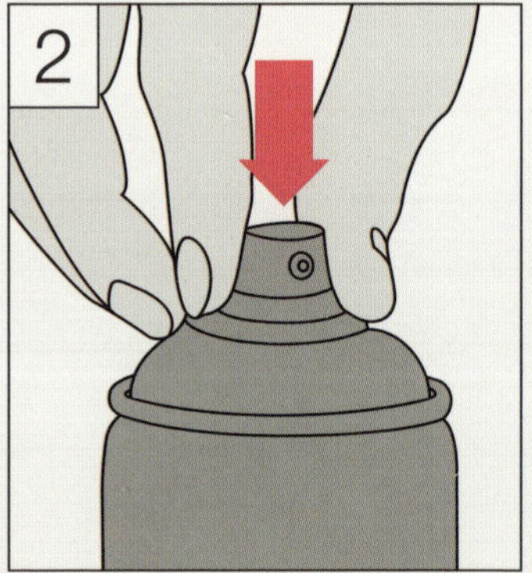

Drücke den Sprühkopf auf die Sprühdose, bis sie fest sitzt.

CAPS

Caps sind in zahlreichen Formen erhältlich, die sich je nach Farbfluss der Dose unterscheiden und dickere, dünnere oder texturierte Linien erzeugen. Hier findest du eine Auswahl an Sprühköpfen mit unterschiedlichen Eigenschaften.

1

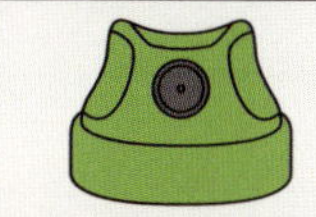

MONTANA LEVEL 1
Das dünnste Cap von Montana. Sprühbreite: 0,4–1,5 cm. Für feine Linien und klare Details.

2

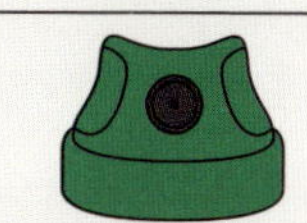

MONTANA LEVEL 2
Erzeugt eine durchschnittliche Strahlbreite von 0,6–2,5 cm.

3

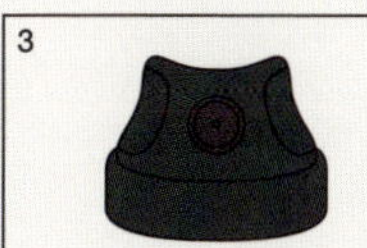

MONTANA LEVEL 3
Erzeugt einen durchschnittlichen Strahl von 1–4 cm Breite, jedoch mit weicheren Kanten. Eignet sich daher für feinere Details.

4

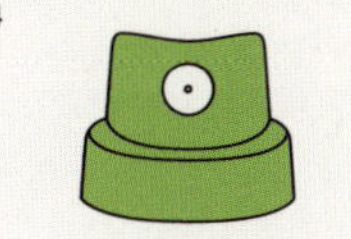

MONTANA LEVEL 4
Erzeugt eine weiche, flache Linie mit einer durchschnittlichen Sprühbreite von 3–10 cm. Zum Füllen mittelgroßer bis großer Flächen.

5

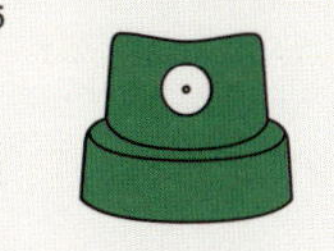

MONTANA LEVEL 5
Breites und dickes Cap, das eine durchschnittl. Sprühbreite von 4–15 cm erzeugt. Wird meist bei großen Wänden und Füllflächen verwendet.

6

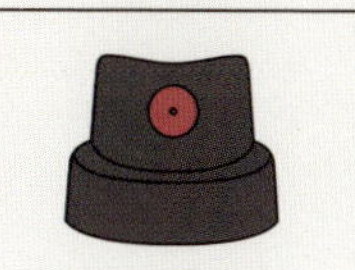

MONTANA LEVEL 6
Ultra-breites, dickes Cap mit sehr breitem Strahl von 5–25 cm zum Füllen sehr großer Flächen.

7

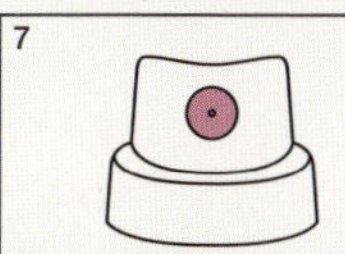

FAT CAP PINK
Breiter Sprühstrahl von durchschnittlich 12 cm Breite. Perfekt zum Füllen grober Schattierungen und glatter Linien.

8

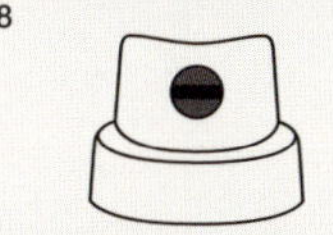

CALLIGRAPHY CAP
Sprühbreite von 1,5–8 cm. Die Linienstärke kann durch größeren oder kleineren Abstand zur Fläche verändert werden.

9

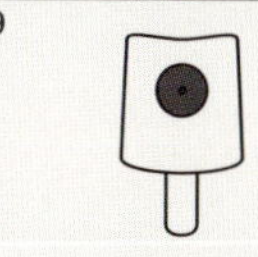

NYC FAT CAP
Dieses Cap erzeugt eine klassische breite Linie mit supersauberen Kanten und einem sehr gleichmäßigen Kreismuster.

10

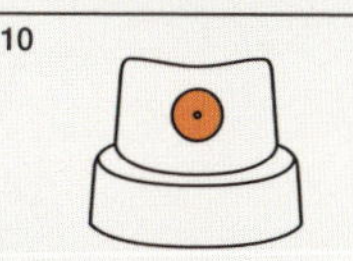

FAT CAP ORANGE
Breiter Sprühstrahl von durchschnittlich 8 cm Breite. Erzeugt klare, mittelbreite Linien.

11

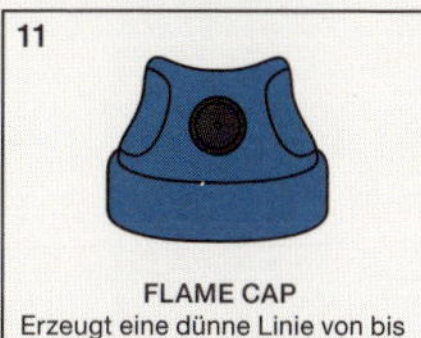

FLAME CAP
Erzeugt eine dünne Linie von bis zu 10 mm Breite. Ein ultra-dünnes Cap zum Konturieren und Highlighten.

12

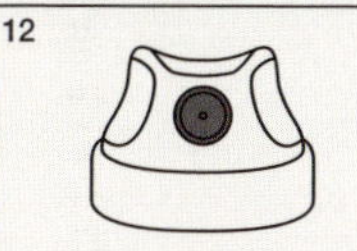

MONTANA SKINNY
Erzeugt einen feinen, etwa 1 cm breiten und weichen Sprühstrahl.

13

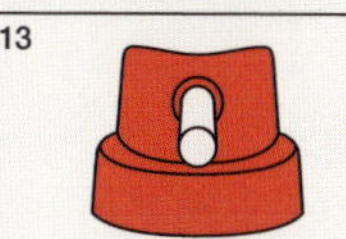

NEEDLE CAP
Effektcap mit einer Sprühbreite von ca. 0,4–1,2 cm. Sprüht feine, aber unsaubere Linien und eignet sich gut für Textureffekte.

14

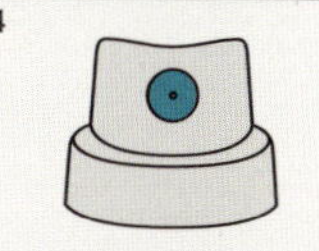

SOFT CAP
Sprüht eine Farblinie von ca. 4–5 cm Breite. Perfekt für Fadings mit Hochdruckdosen.

3

Halte die Sprühdose aufrecht und drücke auf den Sprühkopf. Die Breite der Farblinie verändert sich je nachdem, wie weit entfernt die Dose von der Fläche ist. Probiere unterschiedliche Abstände und Grade an Druck aus, um die grundlegende Technik kennenzulernen.

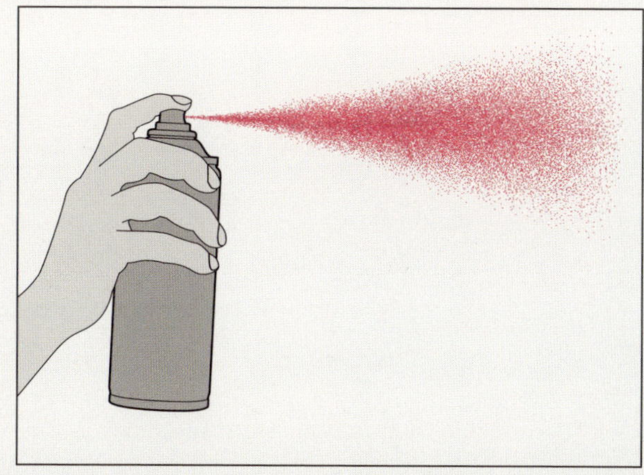

DEIN ZUBEHÖR UND WO DU ES BEKOMMST

GRAFFITI MIT DEM FEUERLÖSCHER

WERKZEUG UND AUSRÜSTUNG

- Feuerlöscher (nur nachfüllbare Wasserlöscher)
- Fahrradpumpe
- Maulschlüssel
- Trichter
- Wasserbasierte Farbe oder Lack
- Farbverdünner (für Lackfarbe)/Wasser (für wasserbasierte Farbe)

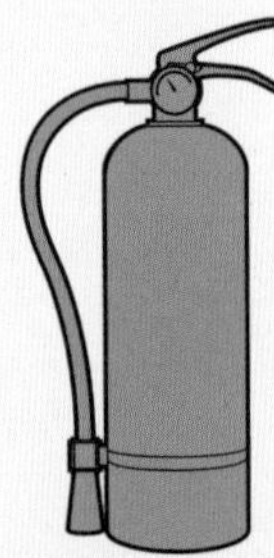

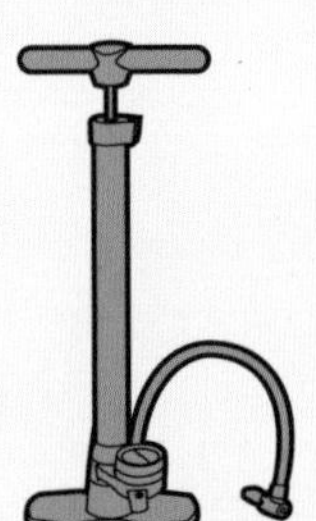

FEUERLÖSCHER

Verwende einen nachfüllbaren Feuerlöscher. Aber pass gut auf: Wenn du keinen guten Feuerlöscher hast, dann kann dein Zuhause schnell in Schaum oder CO2 ertrinken – und das kann unangenehm sein. Achte darauf, dass der Feuerlöscher vollständig leer ist, bevor du ihn mit Farbe befüllst. Das kontrollierst du am Druckmesser: Die Nadel muss sich im roten Bereich befinden, wo »0« oder »leer« angezeigt wird. Prüfe nochmals, ob des Gerät wirklich leer ist, indem du im Freien sprühst (also am besten nicht in der Küche deine Oma).

- In verlassenen Lagerhallen findest du nicht nur Ratten, sondern oft auch alte Feuerlöscher.
- Du kannst einen Feuerlöscher auch online bestellen.

FAHRRADPUMPE (MIT DRUCKMESSER)

Du benötigst eine Fahrradpumpe mit einem Druckmesser, um deinen mit Farbe befüllten Feuerlöscher unter Druck zu setzen.

- Besuche deinen sportfanatischen Onkel und leihe dir eine Pumpe bei ihm. Bei ihm bekommst du auch die schönen Fahrradklamotten, die sich so toll auf der Haut anfühlen.
- Auch im Fahrradladen vor Ort bekommst du eine Fahrradpumpe, die nicht teuer ist.

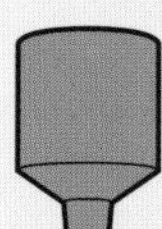

TRICHTER

Du brauchst einen Trichter, damit die Farbe beim Befüllen des Feuerlöschers nicht auf den Teppich in deinem Wohnzimmer läuft.

- Aus einer leeren Plastikflasche lässt sich ganz einfach ein Trichter machen. Du schneidest sie in der Mitte durch und nutzt den oberen Teil als Trichter. So sparst du Geld.

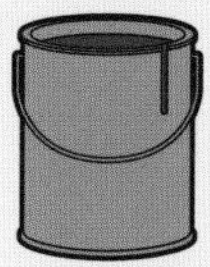

WASSERBASIERTE FARBE VS. LACK

Nun musst du entscheiden, welche Farbe du in dein neues Spielzeug füllen möchtest. Eine Acrylemulsion ist eine gute Lösung, weil sie wasserlöslich ist und sich besser auflöst. Aber auf einer Außenwand hält Lackfarbe besser; du brauchst allerdings einen chemischen Verdünner, um sie aufzulösen. Probiere einfach ein bisschen rum, um rauszufinden, welche Farbe sich am besten für dich eignet.

- Manchmal bekommt man billige Farben beim Sozialkaufhaus.
- Sicher gibt es in deiner Familie mehrere Menschen, die tonnenweise Farbreste in ihrer Garage lagern. Frage freundlich nach, und wenn das nicht hilft, musst du dir einfach ein bisschen abfüllen.

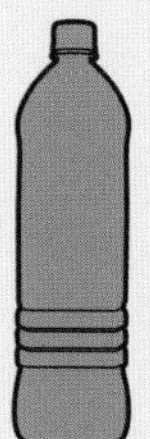

FARBVERDÜNNER (FÜR LACKFARBE)/ WASSER (FÜR WASSERBASIERTE FARBEN)

Wie bereits erwähnt musst du deine Farbe ein wenig verdünnen, damit sie sich gut auf eine Wand sprühen lässt. Probiere einige Verdünner aus, aber denke immer daran, möglichst wenig schädliche Chemikalien zu verwenden.

- Wasser bekommst du aus der Leitung.
- Farbverdünner findest du in eurer Garage, im Baumarkt oder im Bastelgeschäft.

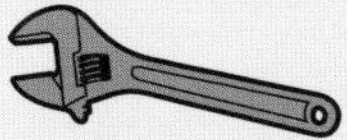

MAULSCHLÜSSEL

Du benötigst ein Werkzeug mit dem Namen »Maulschlüssel« oder »Schraubenschlüssel«, mit dem man Schrauben auf- und zudreht. Du musst deinen Feuerlöscher oben aufschrauben, um den Kopf abzunehmen. Dann füllst du die Farbe ein, setzt den Kopf wieder auf und schraubst ihn zu.

- Schau im Werkzeugkeller nach alten Werkzeugen. In jedem Werkzeugkasten in ganz Europa findet sich mindestens ein Maulschlüssel.
- Hole dir einen Maulschlüssel bei einem Freund.

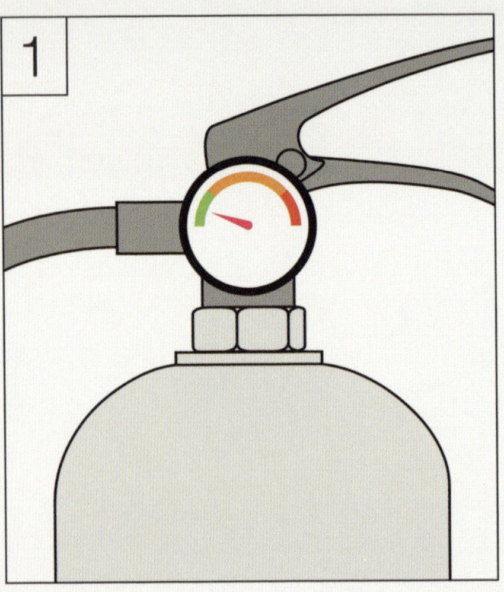

Prüfe, ob der Feuerlöscher leer ist. Die Nadel auf dem Druckmesser muss auf »Null« stehen.

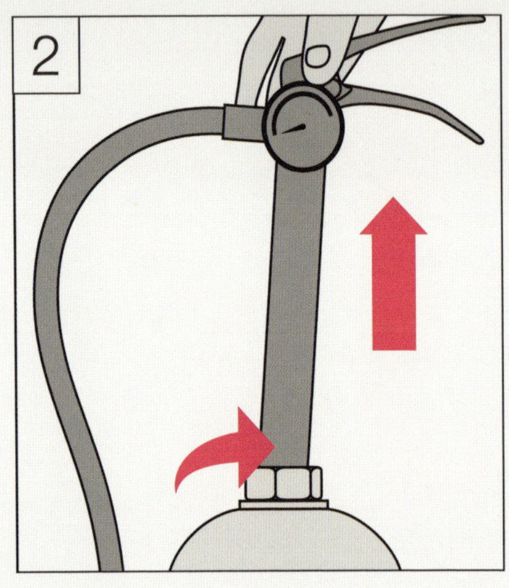

Löse den Kopf mithilfe eines Maulschlüssels und entnehme ihn.

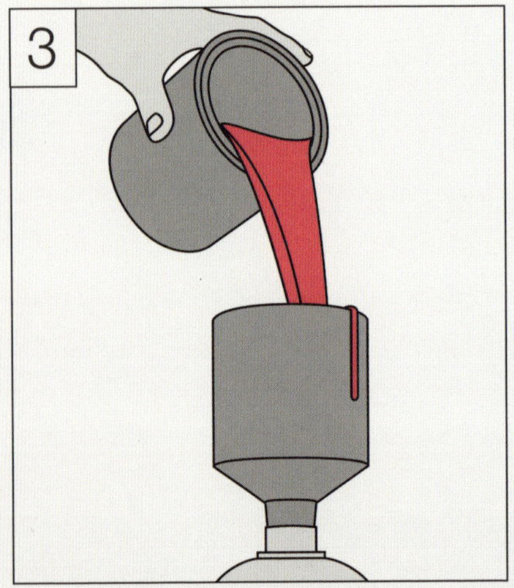

Mische drei Teile Farbe mit einem Teil Wasser oder Verdünner. Befülle den Feuerlöscher mithilfe eines Trichters zu zwei Dritteln.

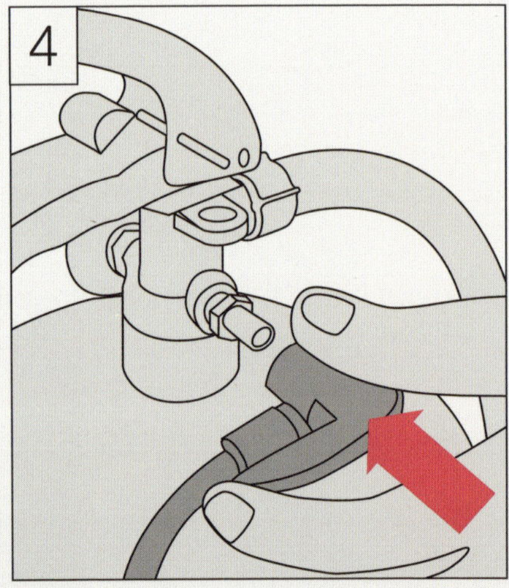

Schließe das Ventil der Fahrradpumpe an das Ventil am Hebel des Feuerlöschers an. Achte darauf, dass es fest sitzt.

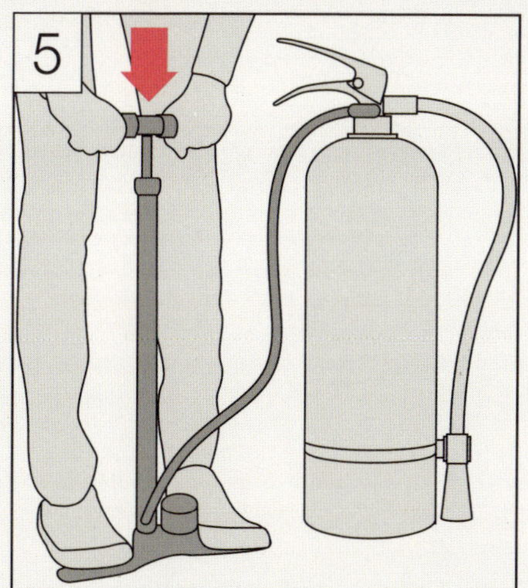

Pumpe Luft (Druck) in den Feuerlöscher (die Nadel am Druckmesser muss im grünen Bereich stehen).

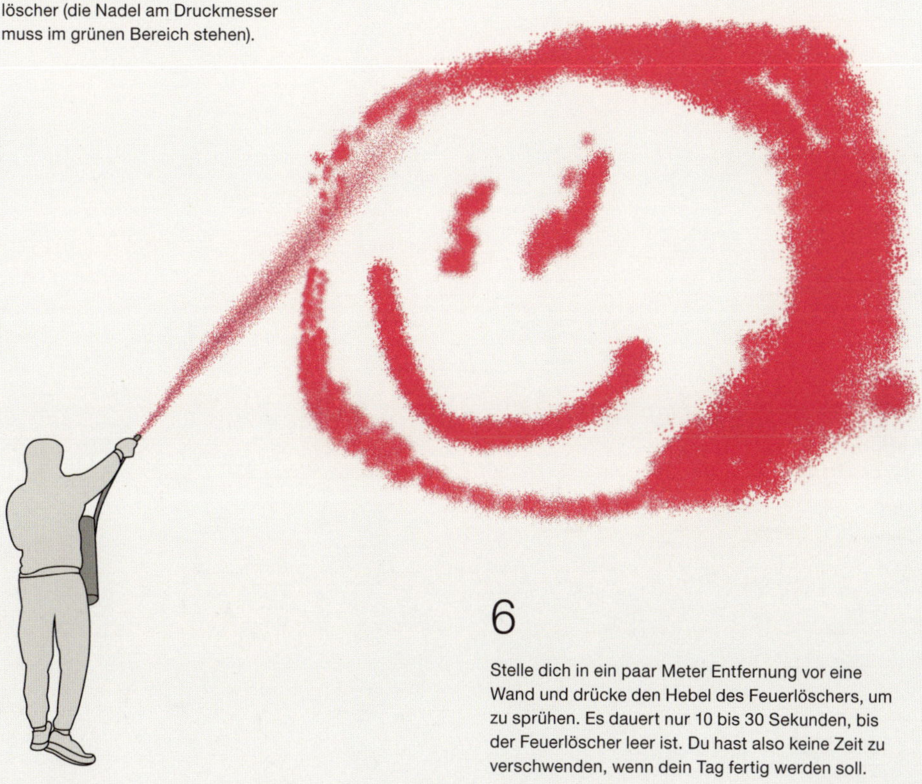

6

Stelle dich in ein paar Meter Entfernung vor eine Wand und drücke den Hebel des Feuerlöschers, um zu sprühen. Es dauert nur 10 bis 30 Sekunden, bis der Feuerlöscher leer ist. Du hast also keine Zeit zu verschwenden, wenn dein Tag fertig werden soll.

DEIN ZUBEHÖR UND WO DU ES BEKOMMST

REVERSE GRAFFITI

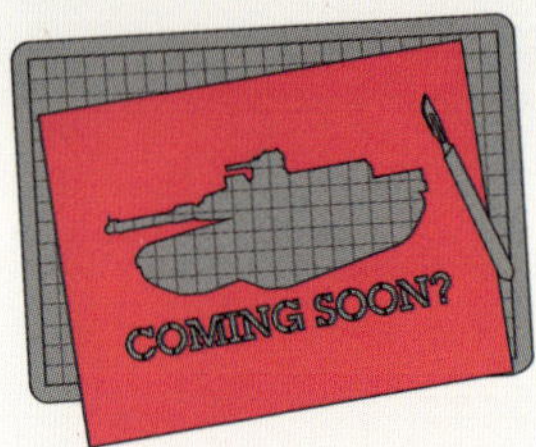

WERKZEUG UND AUSRÜSTUNG

- Pappe oder Plastikplatte
- Skalpell
- Hochdruckreiniger
- Vorlage
- Ein Freund
- Gummistiefel

SCHABLONE AUS PAPPE ODER PLASTIK

Du besprühst deine Schablone unter hohem Druck mit Wasser, du brauchst also ein Material, das diesen Druck aushält. Verwende am besten 0,5 oder 1 mm dicken Kunststoff. Der Nachteil ist, dass du ihn relativ schlecht schneiden kannst. Du kannst auch eine Pappschablone nehmen, die allerdings nicht so haltbar ist (falls du mehrere Reverse Graffitis machen möchtest).

- In einem Geschäft für Künstlerbedarf findest du eine große Auswahl an Schablonenmaterial.
- Du kannst dünne Plastikplatten auch online kaufen.

SKALPELL

Im Kapitel »Stencils« auf Seite 43 findest du Tipps für die Auswahl des richtigen Messers.

VORLAGE

Deine Vorlage sollte nicht zu viele Details enthalten. Große, einfache Symbole oder große Buchstaben eignen sich am besten, denn die feinen Details kommen bei dem Bild, das du mit dem Hochdruckreiniger auf die Straße oder Wand sprühst meistens nicht raus.

EIN FREUND

Reverse Graffitis sind einfacher anzufertigen, wenn du einen Freund hast, der die Schablone festhält. So gehen beim Sprühen weniger Details verloren und du kannst den Schmutz aus dem Ausschnitt besser entfernen.

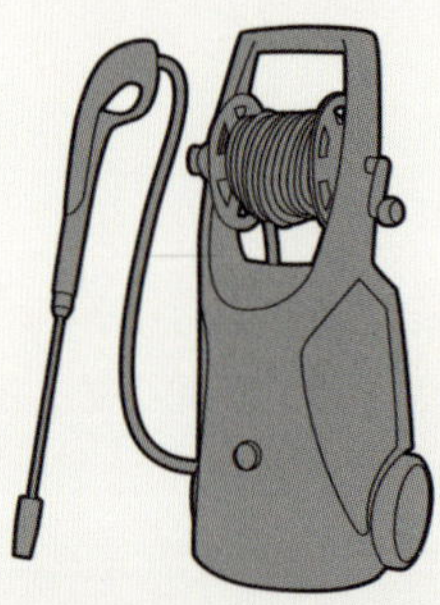

HOCHDRUCKREINIGER

Wenn du ein Negativbild deiner Schablone auf der Straße malen möchtest, benötigst du einen kabellosen Akku-Hochdruckreiniger. Auf der Straße gibt es schließlich keine Steckdose.

- Suche online nach kostengünstigen Angeboten.
- Überzeuge einen Freund, der sein Auto gern wäscht, davon, einen Hochdruckreiniger zu kaufen.

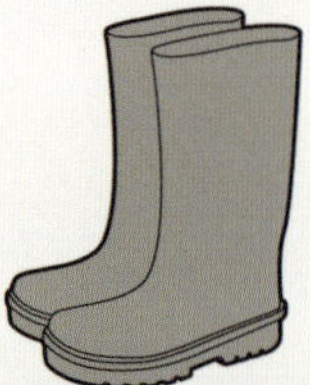

GUMMISTIEFEL

Gummistiefel sind die besten Schuhe für alle furchtlosen Pioniere des Reverse Graffiti. Sie sind nicht nur bequem und modern, sondern halten deine Füße bei deiner Guerilla-Aktion auch trocken und sauber.

- Nach Abschluss eines Musikfestival kannst du ca. 2.000 Paar Gummistiefel kostenlos bekommen.

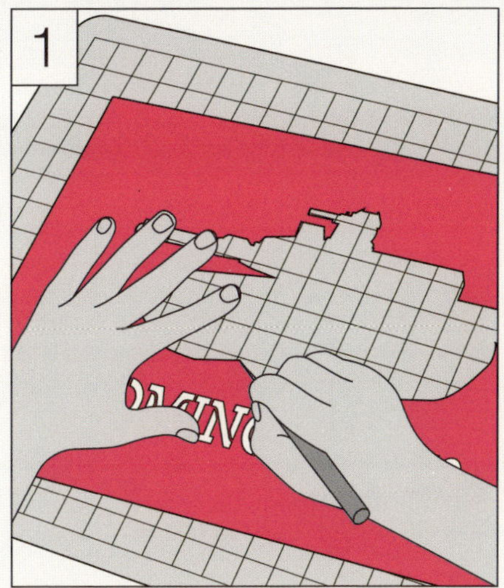

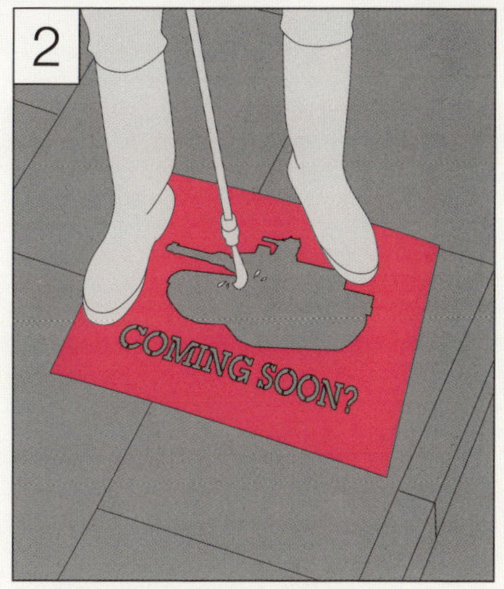

Nimm eine Plastik- oder Pappschablone von der Größe A3 oder größer. Schneide ein Muster aus, das nicht allzu viele kompliziert Details enthält. Wörter, Symbole oder einfache Bilder sind am besten geeignet.

Lege die Schablone auf eine Oberfläche. Lasse sie von deinem Freund flach auf dem Boden oder der Wand festhalten oder stelle dich auf die Kanten der Schablone, damit sie nicht verrutscht. Sprühe mit dem Druckreiniger in einem Winkel von 90° Wasser auf die Schablone. Beginne in der Mitte und arbeite dich zu den Kanten vor. Halte den Winkel bei genau 90°, damit das Bild nicht an den Kanten »ausblutet«.

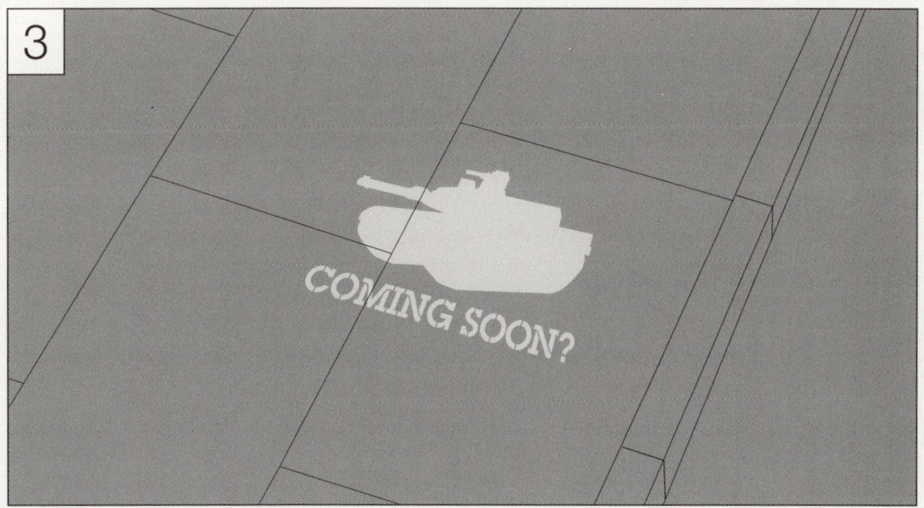

Nimm die Schablone ab und erfreue dich an deinem Kunstwerk.

EXTRA-TIPPS

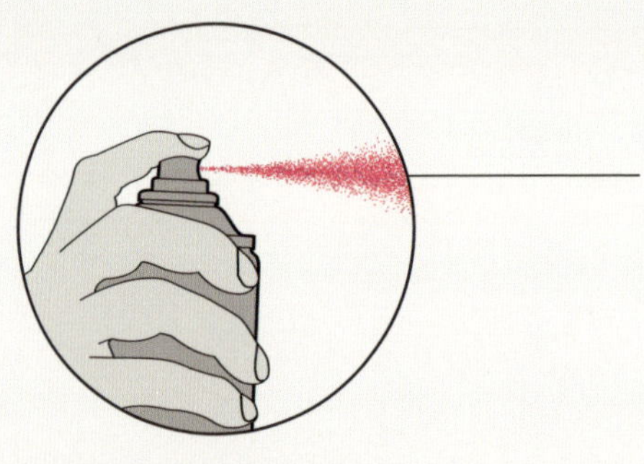

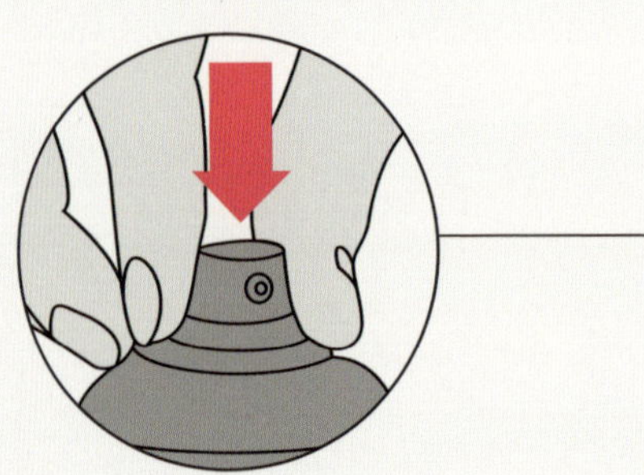

DEINE BEWEGGRÜNDE

Warum möchtest du mit Graffiti loslegen? Aus Abenteuerlust? Für den Ruhm? Um dich für sexuelle und soziale Gerechtigkeit einzusetzen? Alles gute Gründe! Im Leben geht es immer darum, ein Gleichgewicht zu finden. Gehe Risiken ein und tue etwas, aber denke daran, dass es meist besser ist, eine größere Zielgruppe anzusprechen als nur die anderen Graffiti-Writer.

EINE GLOBALE BEWEGUNG

Lasse dich auch von Künstlern im Nahen Osten, in Südamerika oder in Asien inspirieren. Graffiti findet nicht nur in der westlichen Welt statt und es ist unglaublich, wie viele unterschiedliche Richtungen sich in der ganzen Welt entwickeln. Schau dir die Werke anderer Künstler an, um deine Sinne zu schärfen und neue Ideen hervorzubringen.

ENTWICKLE DEINEN EIGENEN STIL

Schaue dir die Buchstaben des Alphabets, ihre genaue Form und die Details an. Das ist der erste Schritt zu deinem eigenen Tag. Und dein Tag ist dein Alter Ego. Entscheide dich für Buchstaben, die du gern magst, denn sie werden Jahre lang dein Markenzeichen sein. Auch in anderen Kulturen oder auf anderen Kontinenten findest du Anregungen.

CAN CONTROL

Es gibt Tausende von Büchern und Online-Foren zum Thema Can Control, Techniken wie Cut-Backs (das Ausdünnen einer ersten Farbschicht durch Übermalen), Farbschichten und Effekten. Es kann Jahre dauern, bis du diese Fertigkeiten beherrschst. Nimm dir also eine Dose und dann heißt es: üben, üben, üben.

SPRÜHFARBEN

Es gibt Hochdruck-Sprühfarben (für Bombings, bei denen du schnell sein musst) und Niederdruck-Farben (für größere Werke oder Wandbilder). Wähle die richtige Farbe für deinen Job. Zahlreiche Marken haben ein großes Angebot an Farben für Wände, Stahl (Züge) und vieles mehr.

DÜSEN

Die Zeiten, in denen du in der Garage nach alten Insektenspray-Dosen suchen musstest, um eine andere Düse zu finden, sind lang vorbei. Heute bekommst du überall Caps für verschiedene Sprühbreiten, Kalligrafie-Caps und viele mehr.

DEINE GESUNDHEIT

Sprühfarbe enthält Chemikalien als Treibmittel, mit denen die Farbe zerstäubt wird. Diese sind sehr schädlich für deine Gesundheit. Trage in Innenräumen immer eine Maske und auch, wenn du längere Zeit im Außenbereich sprühst. Heute gibt es auch wasserbasierte Acrylfarben, die für deine Gesundheit und die Umwelt wesentlich besser sind.

TEAMS

Arbeiten in einer Gruppe kann fürchterlich sein und gemeinsame Bombing-Aktionen sind immer ein Abenteuer. Eine Crew ist so etwas wie eine Familie und es ist ratsam, mit erfahrenen Writern zu arbeiten, von denen du viel lernen kannst. Die Graffiti-Community ist groß, aber alte Hierarchien und Emotionen zwischen Cliquen können lästig sein. Wenn du allein arbeitest, kannst du deinen eigenen Stil freier entwickeln, vor allem wenn du kleinere Stücke malst oder neue Techniken und Stile ausprobierst.

DO:

- Zeichne nicht nur deinen Namen. Setze dich für andere ein. Klage den ganzen Mist an, den du in unserer Gesellschaft siehst.
- Entwickle zuerst dein eigenes Tag – deinen Stil – und wage dich dann an größere Werke und Wandbilder.
- Übermale Werbung. Das ist doch bloß Blödsinn.
- Lasse dein Smartphone zu Hause, wenn du auf einem Bahngelände oder an einem anderen »heißen« Ort arbeitest. Nimm lieber einen Feuerlöscher mit.
- Zeige anderen, was du kannst. Und besser noch: Suche dir eine Crew oder ein Kollektiv.
- Erkunde die Szene und versuche, etwas zu bewegen. Netzwerke in Foren, auf Webseiten und bei Festivals mit anderen Writern.
- Sobald du deinen eigenen Stil und deine Technik gefunden hast, tritt auf Graffiti Jams und Street-Art-Festivals auf.

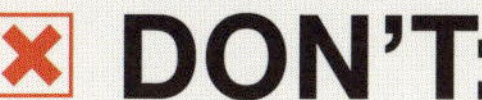

DON'T:

- Wenn du größere Werke und Graffitis von anderen übermalst, bist du ein Idiot.
- Gehe nie ohne einen erfahrenen Writer in eine U-Bahn oder auf ein Bahngelände.
- Sei immer du selbst. Manche Writer imitieren anfangs den Stil anderer Writer. Konzentriere dich auf deine eigene Stimme und deinen eigenen Stil. Der Rest kommt von selbst.

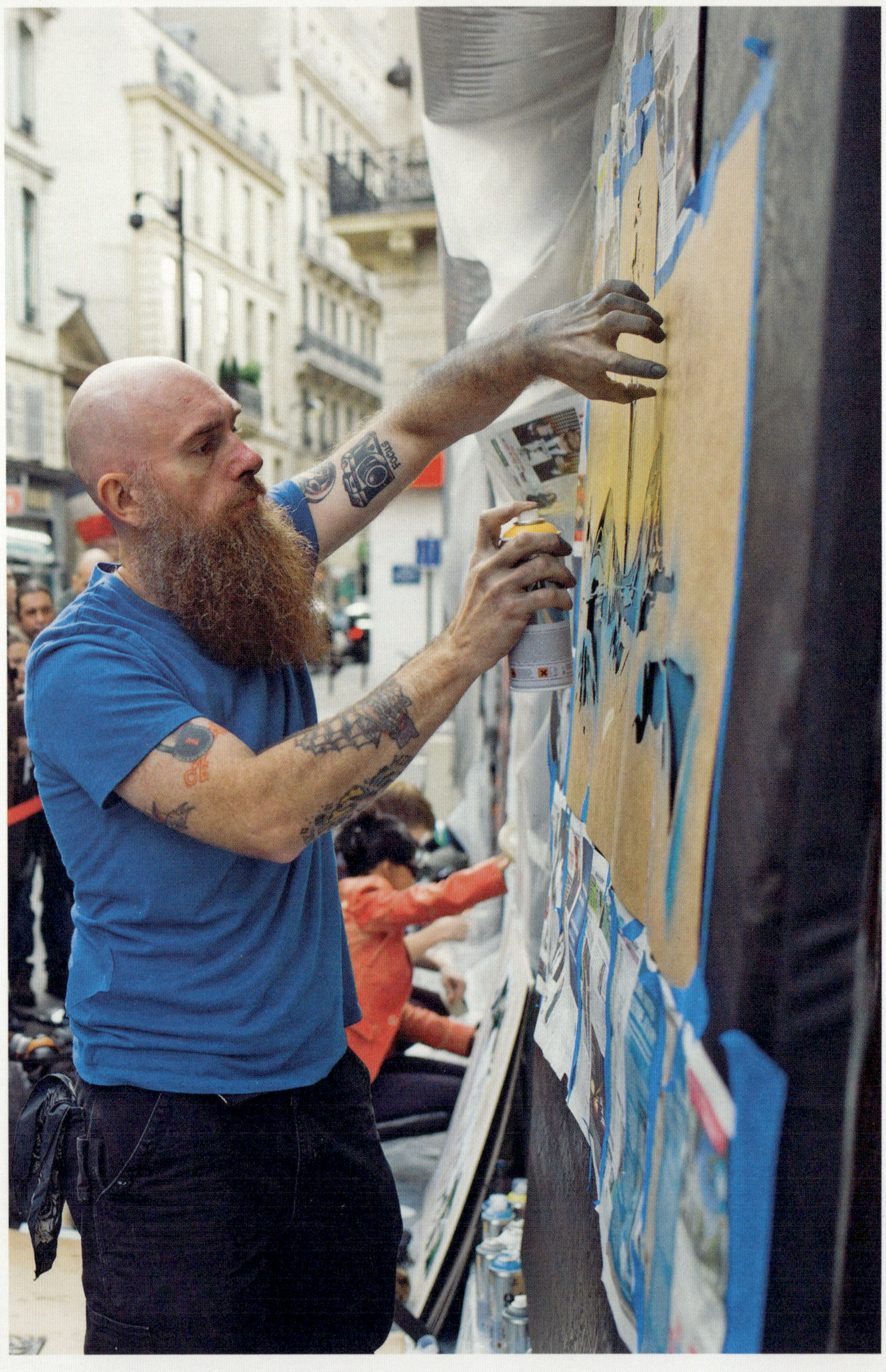

Stencils

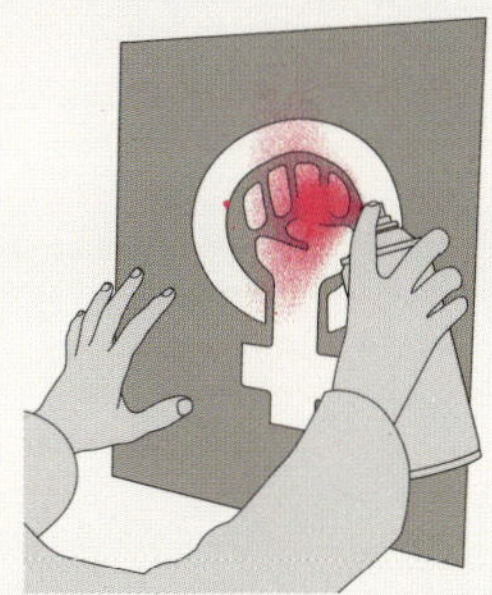

Heutzutage verbreiten sich Bilder und Meme online wie ein kultureller Virus rasend schnell und können auf der ganzen Welt grenzenlos vervielfältigt werden. Schablonenkunst ist eine Form von Sachbeschädigung, mit der du auf deine Idee aufmerksam machst, indem du dein Kunstwerk in den Straßen auf der ganzen Welt und online endlos wiederholst und kopierst. Sogenanntes Stencilling ist nicht teuer, sehr gut sichtbar, problemlos wiederverwendbar und du erreichst ein riesiges Publikum. Von kleinen Stencils mit einer Farbschicht bis zu komplexen, mehrfarbigen Werken – deiner Freiheit und Flexibilität sind keine Grenzen gesetzt. Du leistet die harte Vorarbeit zu Hause und gehst dann erst in die Stadt. Damit sparst du beim Erschaffen deines Kunstwerkes viel Zeit, die du mit einer Musikband oder beim Yoga verbringen kannst.

Und so wie das Yoga ist auch Stencilling eine spirituelle Kunst, die schon in der Antike praktiziert wurde: Von den ersten Menschen, die vor 40.000 Jahren ihren Handabdruck mit einer Schablone auf Höhlenwänden hinterlassen haben, bis zu den alten Ägyptern, die die Innenwände ihrer Gräber mit Lederschablonen dekorierten. Davon beeinflusst wurden im Mittelalter Kultstätten und Gotteshäuser mit Schablonenkunst ausgeschmückt. Und auch heute kannst du diese spirituelle Tradition auf den Wänden eines Kebab-Ladens fortsetzen, zu dem die Döner-Gemeinde pilgert, um Kebab und Fritten zu kaufen.

In den späten 1960er und 1970er Jahren sprühte John Fekner seine ersten Stencils in einkommensschwachen Gegenden in New York, um auf die immer schlechter werdenden Bedingungen dieser Stadt aufmerksam zu machen. Damit wurde er zum Vorreiter für kritische öffentliche Kunst und die Street-Art-Bewegung. Etwa gleichzeitig inspirierten die Stencils und Pin-ups von Ernest Pignon-Ernest einen anderen Wegbereiter der Stencil-Art in Frankreich: Blek le Rat, der 1981 in Paris sein Markenzeichen, die Ratte (daher sein Name) quasi spielerisch in der ganzen Stadt platzierte. Selbst Ratten brauchen eine Leitfigur und das war Blek.

Anfang der 2000er Jahre kam ein neuer Stern auf: Banksy nahm das Symbol der Ratte auf und passte es an, sodass in ganz Großbritannien subversive Ratten an den erstaunlichsten Orten auftauchten. Manche sagen, dass Banksys Kombination aus Kunst und sozialer Einmischung mit einem Schuss Humor die Street-Art-Szene umgekrempelt hat, aber das entspricht nicht ganz der Realität. Seine Art der Sachbeschädigung zeigte, dass Street-Art-Künstler gleichzeitig Geld verdienen und der Gesellschaft etwas zurückgeben können, indem sie nicht nur auf die Probleme hinweisen, sondern etwas bewirken. Banksys spätere Arbeiten können als Weiterentwicklung der von Joseph Beuys in der 1970er Jahren erfundenen »Sozialen Plastik« angesehen werden. Mit diesem Begriff wollte Beuys ausdrücken, dass Kunst eine Gesellschaft verändern kann. Und auch einige der immer an den Standort angepassten Installationen und Projekte von Banksy

Logan Hicks ist ein Künstler aus New York, der bekannt ist für seine technisch ausgefeilten und fotorealistischen Stencils. Hier sieht man ihn bei einer Arbeit in Paris.

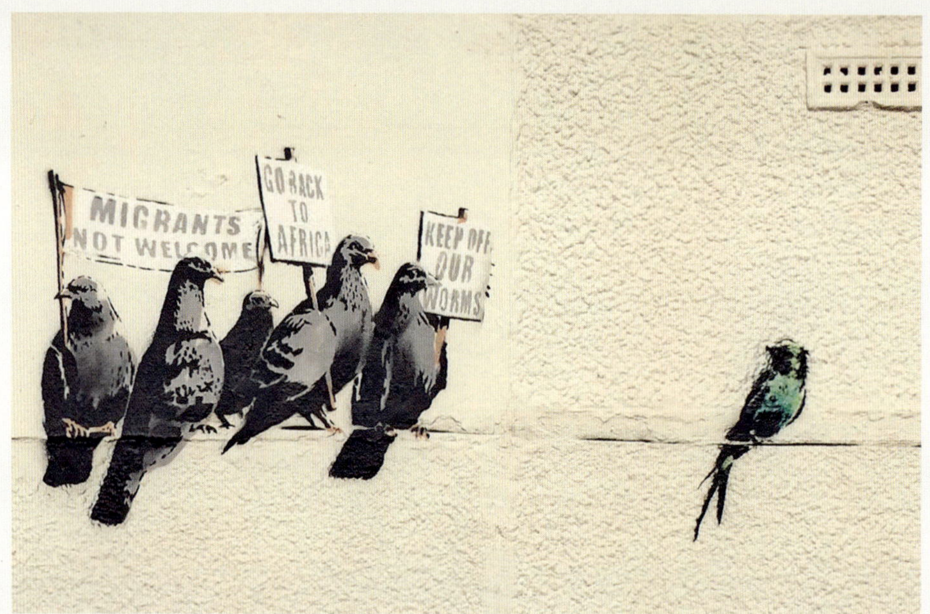

Ein kleines, mehrschichtiges Stencil von Banksy, das er 2014 in Clacton-on Sea in Großbritannien anfertigte, um die in Europa und anderen Ländern geführte Diskussion zum Thema Immigration anzuklagen.

verfolgen genau das gleiche Ziel. Mit einigen Werken unterstützt er einkommensschwache Gesellschaftsgruppen. So brachte seine berüchtigte Ausstellung »Dismaland« 20 Million US-Dollar ein, die an die Stadt Western-super-Mare in England gingen, und er spendete Antikriegskunst an eine Organisation, die kriegstreibende Staaten zur Verantwortung zieht. Auch bemalt er illegal Türen an Jugendclubs und Gemeindezentren. Diese Organisationen können mit seiner Kunst Geld zur Unterstützung junger Menschen eintreiben, die damit wiederum – ironischerweise – von weiteren illegalen Sachbeschädigungen abgehalten werden sollen. Doch Ironie beiseite: Die Zukunft von Kunst im öffentlichen Raum liegt darin, größer zu denken. Die Künstler von heute, wie zum Beispiel Swoon, Lady Aiko, Tank Petrol, Sten and Lex, Vhils und Nafir setzen an den Stellen an, an denen ihre Vorgänger aufgehört haben, und entwickeln die Stencilling-Kunst damit weiter.

Egal, ob du die Erwartung an urbanes Leben unterläufst, eine neue Idee oder ein subversives Mem erschaffst oder ein Kunstwerk spendest, um andere zu unterstützen, die weniger Glück haben als du, ein gutes Stencil kann genau das – und noch mehr – bewirken.

DEIN ZUBEHÖR UND WO DU ES BEKOMMST

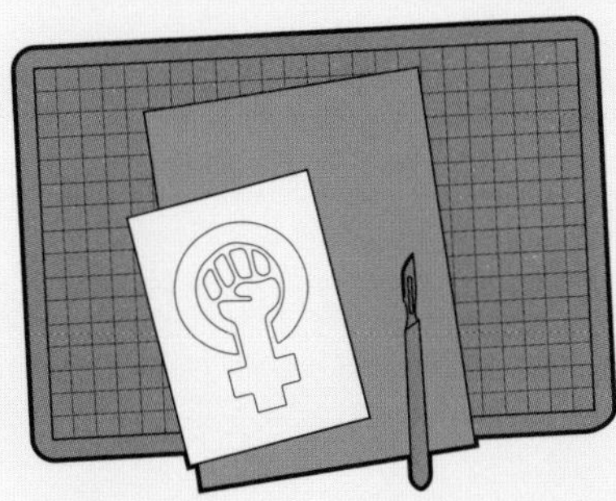

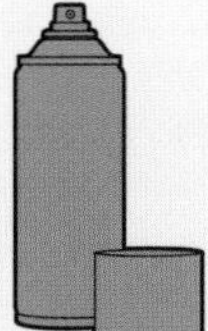

WERKZEUG UND AUSRÜSTUNG

- Pappe oder Plastikplatte
- Skalpell
- Sprühkleber
- Skizze
- Sprühfarbe und Cap
- Schneidematte

SKALPELL/MESSER

Du brauchst ein richtig scharfes Messer am besten mit einer versenkbaren Klinge, damit du nicht dich selbst oder deinen Cousin verletzt. Dünnere Klingen sind besser. Das Messer sollte gut in der Hand liegen – Mamas Küchenmesser ist wohl weniger geeignet.

- Falls du doch die Küche plündern musst, suche in der Schublade mit dem ganzen alten Kram drin.
- Viele Geschäfte verkaufen Messer im Paket. Im Künstlerbedarf findest du richtig gute Messer, die aber ihren Preis haben.

PAPPSCHABLONE

Für die Schablone kannst du Pappe, dünnen Kunststoff, Wellpappe, Bastelpapier, Schaumstoffplatten oder Pinnwände verwenden. Die meisten Künstler bevorzugen dünne Pappe oder halbfeste Kunststoffplatten. Wenn du Tausende von Stencils sprühen möchtest, entscheide dich für ein Material, das die Farbe aushält. Dünne Schablone werden unbrauchbar, wenn sie feucht werden, aber dickere Materialien lassen sich schlechter schneiden. Du musst also die goldene Mitte finden.

- Pappkartons gibt es überall. Auch Müslikartons eignen sich prima.
- Im Künstler- und Bastelbedarf findest du größeres und nicht teures Bastelpapier, das in Öl getaucht wurde und damit beim Besprühen nicht feucht wird und länger hält.

SCHNEIDEMATTE

Schneide deine Schablonen immer auf einer Unterlage aus dickem Kunststoff oder einer Schneidematte aus, damit du nichts beschädigst. Auf einer zu harten Oberfläche ruinierst du dir dein Messer.

- Schneide auf dem antiken Tisch in der Küche deines Cousins.

SPRÜHKLEBER

Es ist hilfreich, wenn du dein Kunstwerk auf das Schablonenmaterial klebst, um es auszuschneiden. So kannst du auch kleine Details genau ausschneiden, ohne dass sich das Papier verschiebt.

- Sprühkleber findest du im Supermarkt, im Baumarkt und beim Künstlerbedarf in rauen Mengen.
- Du kannst auch einen Klebestift verwenden, aber vermeide Sekundenkleber oder Joghurt.

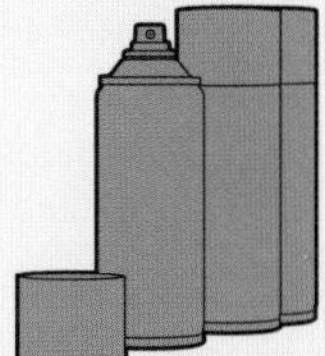

SPRÜHFARBE UND DÜSEN

Die beste Sprühfarbe hängt von der Oberfläche ab, aber ich empfehle Montana 94, Belton oder Alien für detaillierte Schablonenbilder. Der Druck in der Dose ist geringer als bei der Montana Hardcore oder anderen Hochdruckfarben, sodass du den Strahl besser kontrollieren und Tropfen vermeiden kannst. Verwende außerdem für eine Niederdruck-Sprühfarbe ein dünnes oder weiches Cap. Auf Seite 32–33 findest du weitere Informationen dazu.

- Du kannst Farbe im Geschäft klauen – oder besser kaufen!

LOS GEHT'S

In dieser einfachen schrittweisen Anleitung erfährst du, wie du eine Schablone aus einem der bekanntesten Feminismussymbole der Frauenbewegung herstellst.

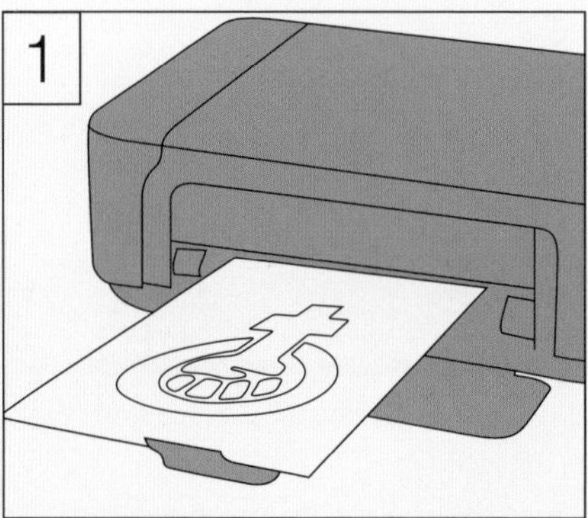

Drucke oder zeichne die Umrisse des Symbols auf Papier.

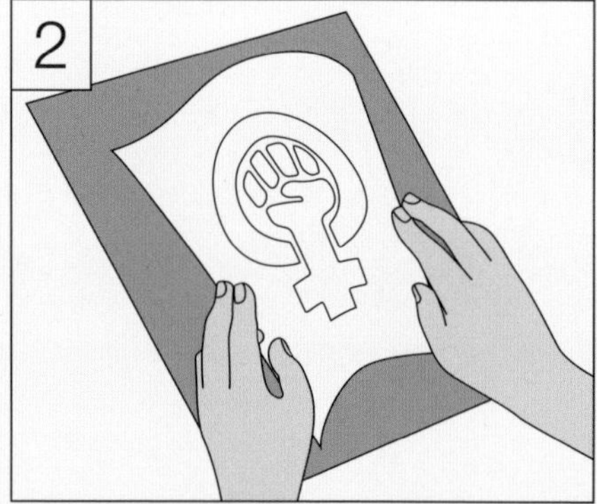

Klebe das Papier auf das Schablonenmaterial.

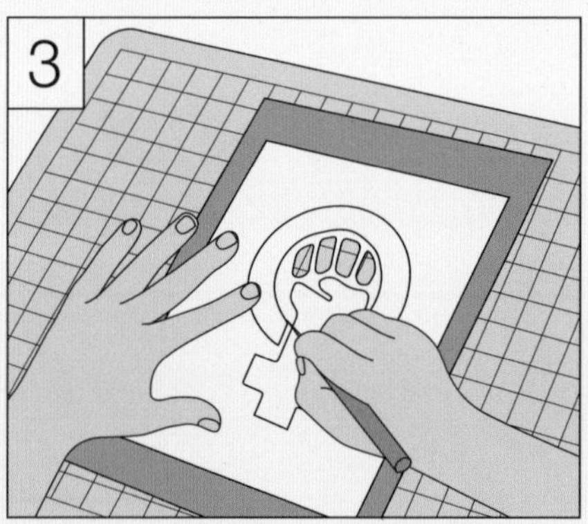

Schneide das Symbol aus.

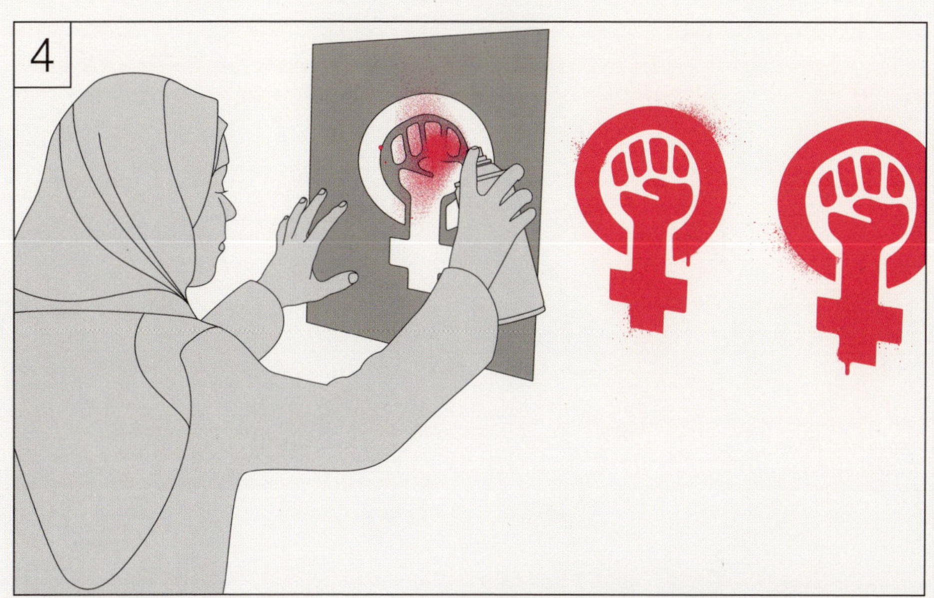

Halte die Schablone an eine Wand, halte die Sprühflasche ca. 15–20 cm von der Wand entfernt und drücke vorsichtig auf die Düse. Bewege die Dose von rechts nach links, um die Schablone gleichmäßig mit Farbe auszusprühen. Achte darauf, dass du nicht über die Kanten der Schablone sprühst, nicht zu viel Farbe aufträgst und Tropfen vermeidest.

EXTRA-TIPPS

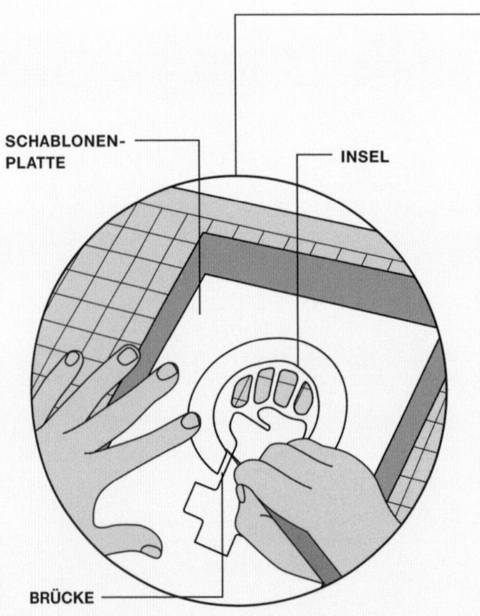

DIE SKIZZE VORBEREITEN

Deine Skizze muss schwarz-weiß sein, damit du die Linien erkennst, an denen du schneiden musst. Schneide die gefüllten schwarzen Bereiche aus. Alternativ kannst du einen Umriss deiner Skizze abzeichnen, bevor du sie ausdruckst, um Tinte zu sparen. Dann schneidest du die Innenbereiche aus. Handgezeichnete Skizzen sind leichter und schneller gezeichnet, aber es ist schwieriger zu erkennen, wo geschnitten wird und was stehen bleiben muss. Du kannst auch eine Crack-Version von Photoshop oder eine Open-Source-Software verwenden und ein Digitalbild bearbeiten. Im Internet findest du tonnenweise Informationen dazu, wie du aus einem Digitalbild eine Skizze anfertigst. Du musst dann nur entscheiden, was du von dem Bild brauchst und was weg kann. Halte dich aber am besten an die Informationen in diesem Kapitel, damit du alles Wichtige über Stencils weißt.

TEILE EINER SCHABLONE

Definiere die Kanten deines Bildes so genau wie möglich. Dunkle und helle Bereich sollten sehr klar zu erkennen sein. Jedes Stück, das du ausschneidest, muss mit dem Rest des Papiers/Kartons eine Verbindung haben. Dieses Verbindungsstück wird in der Stencil-Sprache »Bridge« (Brücke) genannt. Der Bereich, der stehenbleibt, heißt »Island« (Insel). Die goldene Regel lautet: Ein umrahmter Bereich des Bildes, der beim Schneiden aller Kanten verloren ginge, muss über eine Brücke mit dem Rest der Skizze verbunden sein.

MEHRSCHICHTIGE SCHABLONEN

Fange mit einfachen Bildern an und finde heraus, was am besten funktioniert. Durch mehrschichtige Schablonen erhält dein Bild Tiefe. Dazu baust du es mit unterschiedlichen Farben auf, musst aber genau überlegen, wie du dunkle und helle Farben einsetzt. Arbeite vom Hintergrund aus zum Vordergrund und sprühe erst am Ende die schwarze Umrissschicht, damit das Bild klare Konturen bekommt.

DETAILS

Deine Skizze muss nicht sehr viele Details haben. Augen und Gehirn füllen Lücken automatisch. Überlege, welche Details in deinem Bild bleiben sollen. Mit der Zeit wirst du lernen, was wichtig ist und was nicht. Dann sparst du viel Zeit und Nerven.

LOGISTIK

Wenn du eine riesige Schablone durch die Stadt trägst, könnte das ziemlich auffällig sein. Falte sie, rolle sie ein oder wickle sie in eine Zeitung. Auch aus dem Pappkarton kannst du eine Art Umschlag machen, den du dann für eine neue Schablone verwenden kannst, wenn die alte nicht mehr brauchbar ist.

GROSSE STENCILS

Unterteile dein Bild in Kacheln und drucke einzelne Teile aus. Oder zeichne es als Ganzes auf einen Karton, schneide die einzelnen Teile aus und verbinde sie auf der Wand miteinander. Richte die Schablone genau auf der Wand aus, damit die Teile zueinander passen. Wenn du mit einer einzelnen Schablone einen Schatten- oder Tiefeneffekt erzielen möchtest, kannst du mehrere Farbschichten auftragen. Große Stencils kosten viel Zeit. Finde also heraus, an welcher Stelle du Zeit und Mühe sparen kannst, ohne dass die Qualität des Bildes leidet.

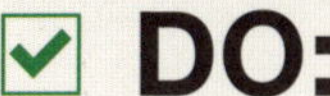

DO:

- Schneide langsam und sorgsam. Mit ein bisschen Übung wirst du sicherer und es geht schneller.
- Beginne mit kleinen, einfachen Bildern, Symbolen oder Texten. Du kannst sie dann Stück für Stück größer und komplexer gestalten – und damit deinem Ärger immer mehr Luft verschaffen.
- Suche nach Orten in der Stadt, die zu der Botschaft passen, die du der Öffentlichkeit mitteilen möchtest.
- Nimm einen Freund mit, der dir den Rücken frei hält.
- Sprühe Stencils als Signal in die Nähe von Polizeiwachen.
- Verarsche die Politik und das Großkapital.

DON'T:

- Schneide deine Finger nicht ab.
- Gestalte dein Stencil am Anfang nicht zu kompliziert.
- Verwende nicht allzu dünne Pappe, um Schwachstellen in der Schablone zu vermeiden.
- Verwende keinen Teppich als Schablonenmaterial.
- Beschädige dein Stencil nicht beim Tragen. Passe vor allem auf, wenn die Schablone feucht ist!

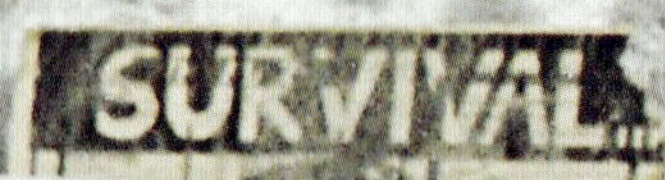
SURVIVAL
WHEN RACISM & SEXISM ARE
NO LONGER FASHIONABLE,
WHAT WILL YOUR ART
COLLECTION BE WORTH?
GUERR A GIRLS
ACISM & SEXISM ARE
FASHIONABLE,
YOUR ART
BE WORTH?

Paste-ups

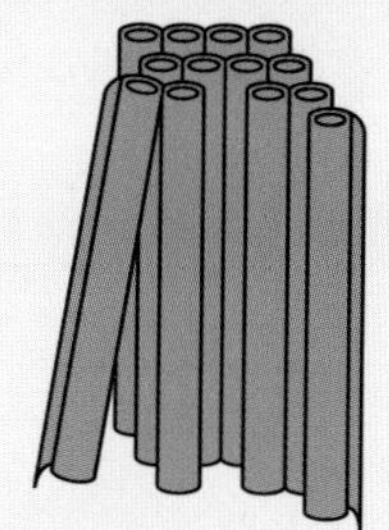

Flyposting oder auch wildes Plakatieren ist die Kunst, legal oder illegal Plakate an Oberflächen im öffentlichen Raum zu kleben. Ihre Anfänge liegen Jahrhunderte zurück in der Zeit, als Theater, Wanderzirkusse und Karnevalsumzüge modern wurden und Werbeflächen suchten. Heute ist daraus die Außenwerbungsbranche im Wert von mehreren Milliarden Dollar geworden. Auf der ganzen Welt ist es legal, im öffentlichen Raum Plakate zu hängen – vorausgesetzt, du hast sehr viel Geld. Hast du das nicht, ist es illegal. Aber warum dürfen nur Großunternehmen Spaß haben? Plakate ankleben kostet nicht viel Zeit und Geld und ist eine gute Möglichkeit, deine Botschaft in nur wenigen Stunden über die ganze Stadt zu verteilen.

In der Street-Art-Szene wird das Flyposting als »Wheat Pasting« (nach dem verwendeten Kleber), »Paste-ups« oder »Poster Bombing« bezeichnet. Früher wurden Außenplakate »Bills« genannt und ein »Bill Poster« war eine Person, die Plakate an Wände in der Stadt klebte. Es gibt Ausgrabungen von Werberelikten aus dem alten Arabien, China, Griechenland, Rom und Ägypten, wo schon 2000 v. Chr. Plakate und Flyer aus Papyrus hergestellt wurden. In dem 79 n. Chr. durch Asche und Lava zerstörten Pompeji wurde eine Werbung für eine Gaststätte mit einer (heute extrem ironischen) Phönix gefunden, deren Slogan lautete: »Die Phönix ist glücklich, also kannst auch du glücklich sein. Diese Gaststätte gehört Euxenius, dem ›Mr. Hospitality‹ der Stadt.« Ob dabei wohl Geld im Spiel war …?

Die Guerilla-Girls fanden sich 1985 in New York mit der Mission zusammen, das Geschlecht und die Gleichheit der Rassen in der Kunstwelt zu thematisieren. Sie trugen Gorillamasken, um anonym zu bleiben.

Euxenius' Liebe zur Werbung wurde in der zweiten Hälfte des neunzehnten Jahrhunderts in Paris von Jules Chéret getoppt. Er hängte Plakate auf, die mit Farblithografie hergestellt wurden – ein echter Paradigmenwechsel in der visuellen Kultur und der Werbung. Fast genau 100 Jahre später war es wieder in Paris, wo sich die Plakatkunst entwickelte, doch dieses Mal ging es um den Widerstand gegen das Konsumverhalten, gegen das Wertesystem französischer Institutionen und das »C«-Wort, den Crony-Kapitalismus, ein Wirtschaftssystem, das durch die von Wirtschaft und Politik angehäufte Rendite gestützt wird. Mitten in den Protesten, die in Frankreich im Mai 1968 gegen den Kapitalismus und den amerikanischen Imperialismus geführt wurden, gründeten Studenten in den besetzten Lithografie-Werkstätten der École des Beaux-Arts das »Atelier Populaire«, wo sie Plakate zur Unterstützung der streikenden Arbeiter herstellten. Jeden Abend trafen sich Arbeiter und Künstler, um über die besten Designs zu diskutieren. Jedes einstimmig angenommene Plakat wurde in der Nacht gedruckt und am nächsten Tag in der ganzen Stadt aufgehängt, um den Wünschen und Forderungen der Arbeiterklasse Ausdruck zu verleihen. Diese enge Zusammenarbeit zwischen Künstlern und Arbeitern im Kampf für

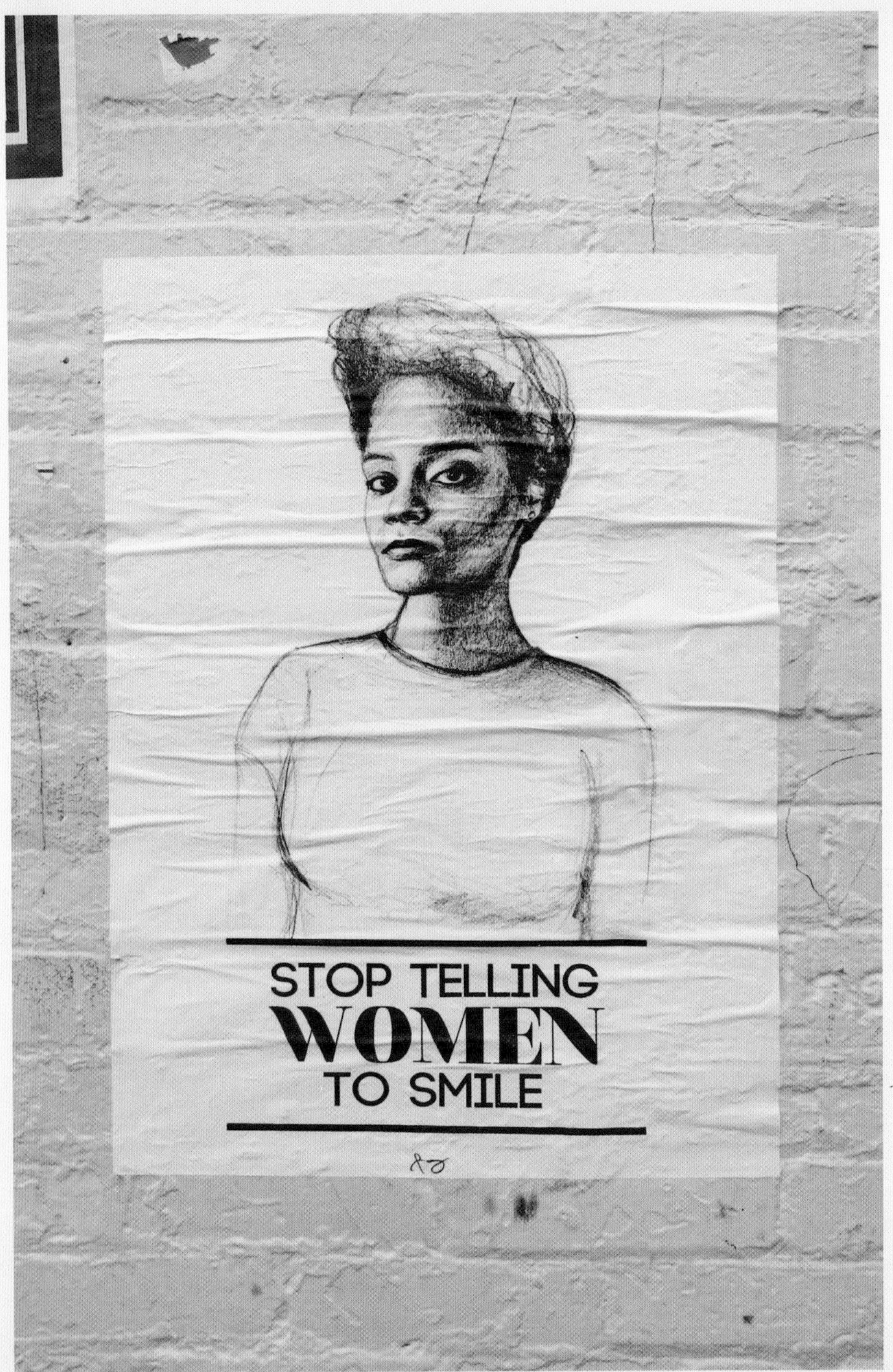
STOP TELLING
WOMEN
TO SMILE

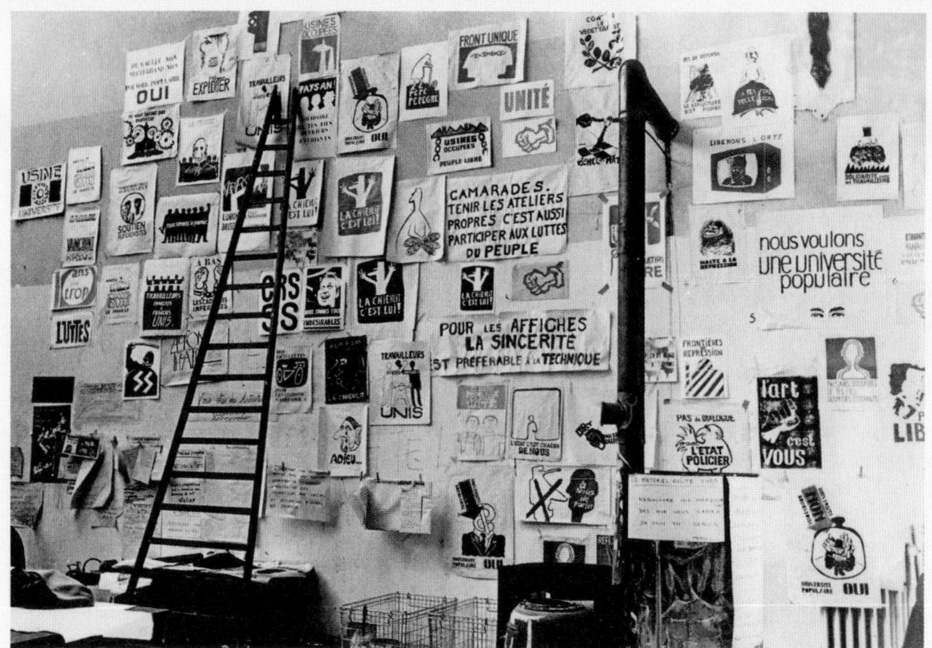

GEGENÜBER: Das 2012 von Tatyana Fazalizadeh installierte Street-Art-Projekt »Stop Telling Women to Smile« richtet sich gegen geschlechterspezifische Belästigungen in der Öffentlichkeit.

OBEN: Dieses Bild wurde 1968 in einem öffentlichen Atelier der Hochschule für Bildende Künste in Paris aufgenommen. Es zeigt mit der Siebdruck-Technik hergestellte Plakate, die die Prozesse und visuelle Sprache darstellen, mit denen Künstler den Träumen der streikenden Arbeiter Ausdruck verliehen.

den kulturellen und politischen Wandel brachte die französische Regierung beinahe zum Sturz. Am Höhepunkt der Proteste befanden sich 11 Millionen Arbeiter im Streik. Die ganze Wirtschaft geriet ins Stocken und Präsident Charles de Gaulle floh heimlich aus Frankreich, sodass die Regierungsarbeit vorübergehend zum Erliegen kam.

Mit der Explosion der Rock- und Punk-Szene in den USA und in Großbritannien in den 1970er und 1980er Jahren entstand die moderne Poster-Bombing-Bewegung. Mit einfachen Produktionstechniken und einem DIY-Design aus ausgeschnittenen Buchstaben, aus kopierten und handgemalten Bildern stießen die Künstler eine grundlegende Veränderung des Außenmarketings als frühe Form der Street Art an. Überall in den Städten tauchten mithilfe völlig überlasteter Kopierer vervielfältigte Paste-ups auf, die die Ästhetik subkultureller Kunstformen neu definierten. Sie waren ungeschminkt, schlicht und höchst sichtbar und legten den Grundstein für die aufkommende Street-Art-Bewegung.

Das Plakat ist – als Ausdruck von kommerzieller Propaganda, Kunst oder Aktivismus – ein zugängliches Medium, das leicht zu vervielfältigen ist. Mithilfe von Siebdruck oder eines Fotokopierers kannst du auf kleinstem Raum in kürzester Zeit Hunderte von Kopien herstellen. Auch Vergrößerungen sind heute kein Problem mehr, da die Paste-ups leicht an die Größe riesiger Außenwerbeplakate angepasst werden können. Auch die Reichweite passt sich an: Mit einem tollen Flyposter kannst du ein großes Kunstwerk in wenigen Minuten installieren und brauchst nicht, wie bei einem Wandbild, viele Stunden dafür. Paste-ups sind die ideale Taktik, mit der du deine Fähigkeiten und Überzeugungen in der Stadt sichtbar machen kannst.

DEIN ZUBEHÖR UND WO DU ES BEKOMMST

WERKZEUG UND AUSRÜSTUNG

- Plakate
- Kleister
- Besen
- Eimer

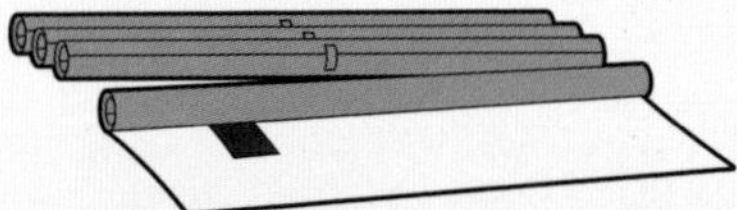

PLAKATE

Der Größe und Farbgestaltung deiner Plakate sind keine Grenzen gesetzt. Schwarz-Weiß-Druck ist viel billiger als Farbdruck. Auch ein großes Plakat lässt sich zu relativ niedrigen Kosten herstellen. Das Plakatpapier hat ein Gewicht von etwa 90–120g/m. Dünneres Papier solltest du am besten nicht verwenden. Wähle mattes anstelle von satiniertem oder glänzendem Papier, da letzteres eine synthetische Oberfläche hat, die den Kleister nicht gut aufnimmt. Weißes Papier ist am besten. Außerdem musst du dein Kunstwerk nicht unbedingt drucken – du kannst es auch auf Papier zeichnen, malen oder schreiben und in der Öffentlichkeit aufhängen.

- In der Druckersprache wird das Drucken eines großes Kunstwerkes »Großformatdruck« genannt. Nach diesem Begriff musst du online suchen, wenn du ein preiswertes Druckangebot für dein Riesenplakat suchst.
- Universitäten haben meist einen Druckservice, der sowohl kleine als auch große Formate drucken kann. Frag dort einfach nach.
- Bei kommerziellen Druckanbietern kannst du Drucke in der Größe von Plakatwänden bestellen. Suche nach dem günstigsten Preis.

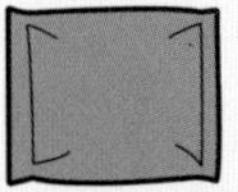

KLEISTER

Du kannst ganz normalen Tapetenkleister verwenden, der auch wirklich billig ist. Alternativ kannst du aus Mehl, Zucker und Wasser deinen eigenen »Weizenstärkekleister« herstellen. Gib dazu 750 ml Wasser in einen Topf und bringe es zum Sieden. Gib 3 Esslöffel Mehl in eine Schüssel, füge nach und nach 4 Esslöffel kaltes Wasser hinzu und rühre so lange, bis eine dickflüssige Masse entsteht. Gib diese Masse in das siedende Wasser. Nun musst du ununterbrochen umrühren, damit die Masse nicht überkocht und keine Klumpen entstehen. Nach 2 Minuten schalte den Herd aus und füge 2 Teelöffel Zucker hinzu, damit der Kleister richtig gut klebt. Lasse die Masse auskühlen und fülle sie in einen festen Behälter (am besten mit Deckel).

- Suche in einem Baumarkt oder Kramladen nach billigem Kleister (ca. 1 Euro).
- Stelle deinen eigenen Weizenstärkekleister mit Mehl und Zucker aus dem Supermarkt und Wasser aus der Leitung her.
- Suche im Kramschrank zu Hause nach den Überresten der letzten Renovierungsaktion deiner Eltern.

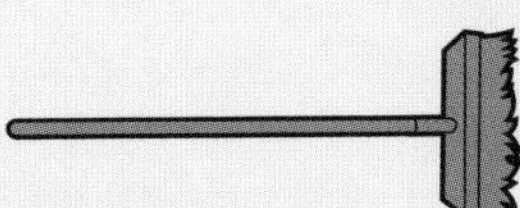

BESEN

Ein weicher Besen ist perfekt, da er dein Plakat nicht beschädigt, wenn es feucht ist. Solche Besen sind nicht teuer. Ein langer Stiel eignet sich gut für hoch angeklebte Plakate. Wenn du einen abgesägten Besen mit einem kurzen Stiel verwendest, fällst du allerdings bei deiner Bombing-Aktion nicht so sehr auf.

- Im Küchenschrank zu Hause gibt es sicher einen weichen Besen. Achte darauf, dass unten am Stiel keine Naturborsten angebracht sind, sie sind definitiv zu hart.
- Besen, mit denen Tapeten angeklebt werden, sind ideal und nicht teuer. Und mit einem breiten Besen kannst du dein Kunstwerk einfacher und schneller ohne Beulen ankleben.
- In Bastelgeschäften bekommst du ziemlich breite Besen. Wichtig: Achte darauf, dass der Kopf in deinen Eimer passt, damit du den Kleister problemlos aufnehmen kannst.

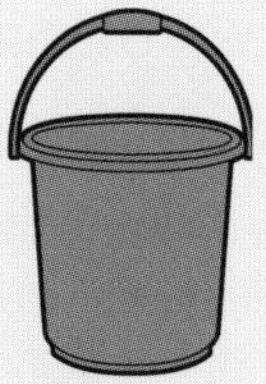

EIMER

Wähle einen Eimer aus, in dem du den Kleister einfach transportieren und aufbewahren kannst. Schmutz und Dreck machen deinen Kleister unbrauchbar, daher ist ein Behälter mit Deckel oder ein tiefer Eimer am besten geeignet. Finde die perfekte Lösung: Dein Behälter sollte gut tragbar sein, aber auch Platz für ausreichend Kleister bieten.

- Wo bekommt man einen Eimer? Ich glaube, diese Frage kannst du dir selbst beantworten.

LOS GEHT'S

In dieser schrittweisen Anleitung lernst du, wie du ein großes Paste-up mit mehreren Drucken aufhängst.

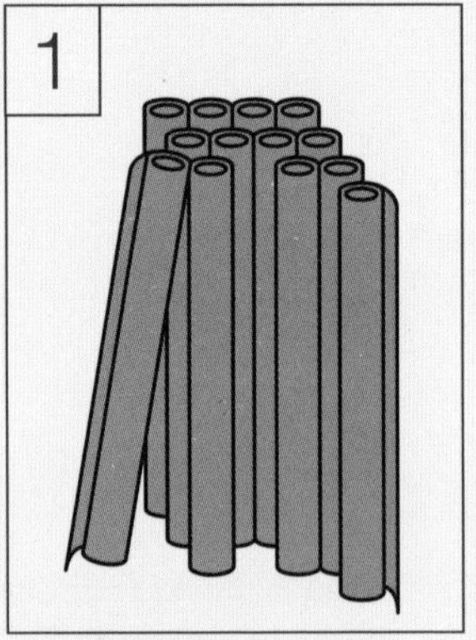

Gestalte dein Kunstwerk mit allen Werkzeugen, die dir in die Hand fallen. Siebdruck, Digitaldruck, handgezeichnet oder fotokopiert – alles ist gut. Rolle die einzelnen Teile von unten auf, damit du sie schnell ankleben kannst.

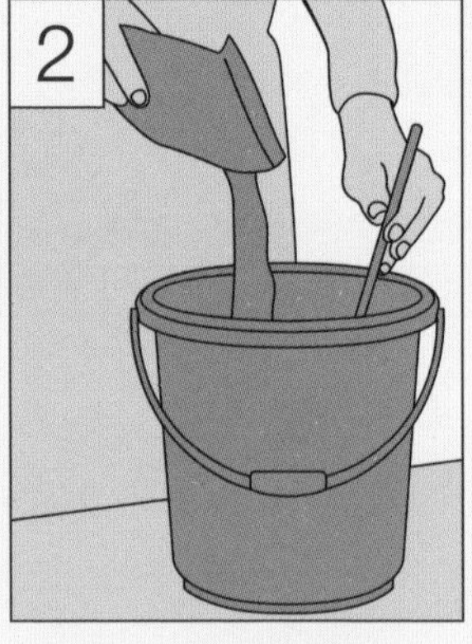

Mische den Kleister in einem Behälter mit Wasser. Du musst viel rühren, damit keine Klumpen entstehen. Es kann 1–2 Minuten dauern, bis sich die Kleisterkristalle im Wasser auflösen. Daher solltest du am Anfang nicht zu viel Kleister in den Eimer füllen. Beim Rühren siehst du, wie der Kleister andickt.

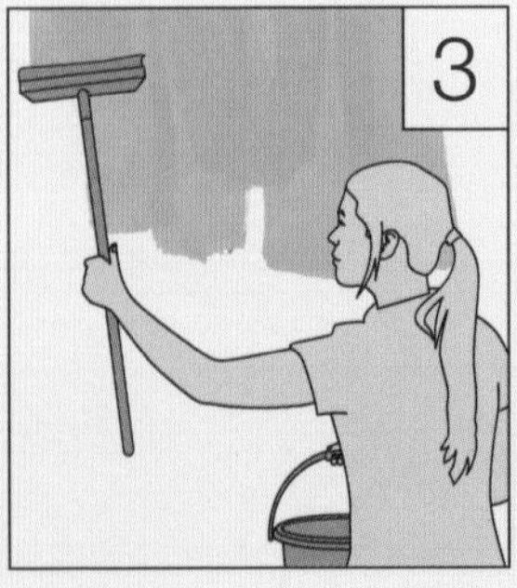

Tauche deinen Besen in den Kleister und bedecke eine Wandfläche in der Größe deines Plakats damit. Achte darauf, dass der Kleister glatt aufgetragen ist.

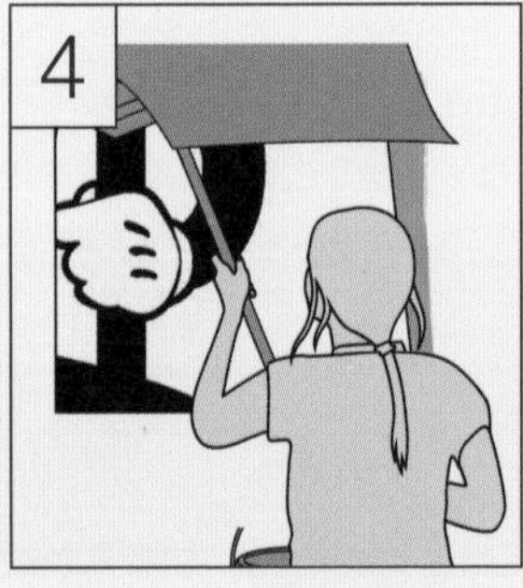

Klebe dein Plakat auf die Wand. Bei einem großen Plakat fängst du oben an und hältst den unteren Teil von der Wand entfernt. Wenn du ein Plakat in Überkopf-Höhe aufhängst, klebst du zuerst den unteren Teil an und schiebst den Rest mit dem Besen nach oben.

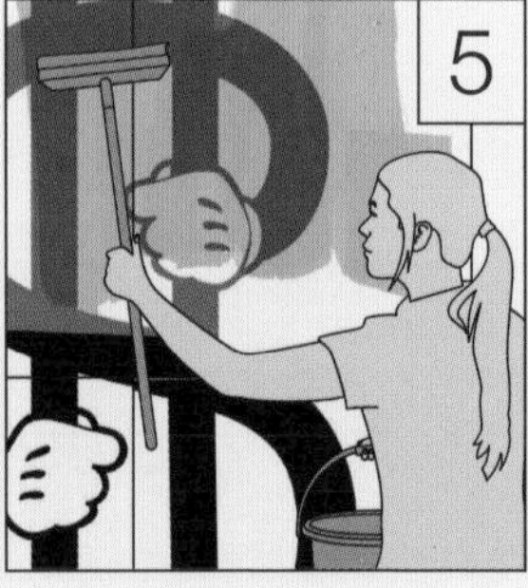

Tauche den Besen noch einmal ordentlich in den Kleister und »kehre« von oben nach unten und über die Mitte über das Plakat, um es richtig anzukleben.

6

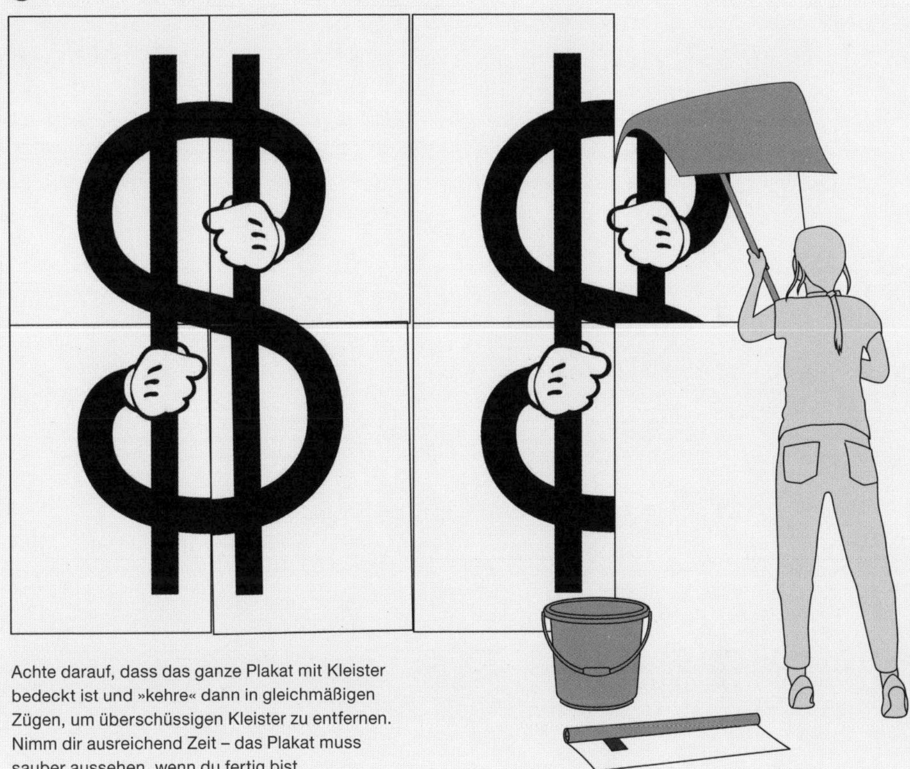

Achte darauf, dass das ganze Plakat mit Kleister bedeckt ist und »kehre« dann in gleichmäßigen Zügen, um überschüssigen Kleister zu entfernen. Nimm dir ausreichend Zeit – das Plakat muss sauber aussehen, wenn du fertig bist.

Dann tauchst du den Besen noch einmal in den Kleister und wischst von der Mitte nach außen, um alle Blasen zu entfernen.

EXTRA-TIPPS

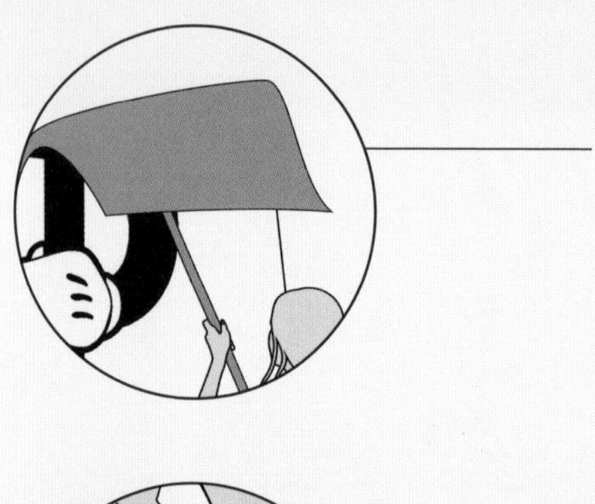

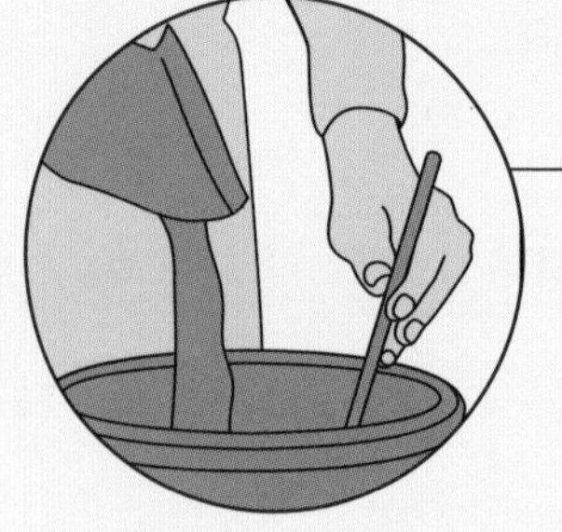

KLEBEN

Rolle die Plakatteile von unten nach oben ein. Nummeriere sie auf der Rückseite, damit du siehst, in welcher Reihenfolge du sie ankleben musst. Bekleistere die Wand, rolle das Plakat nach unten auf und bekleistere es dabei. Trage solange Kleister auf, bis der Druck richtig angeklebt ist.

AUFLÖSUNG DES KUNSTWERKS

Es ist nicht schlimm, wenn dein Bild nicht die beste Qualität hat. Größere Bilder können eine niedrigere Auflösung haben als kleinere, weil sie aus größerer Entfernung angeschaut werden. Bleibe gelassen – sonst siehst du auf deinem Foto blöd aus.

KLEISTER MISCHEN

Der Kleister braucht ein bisschen Zeit, um anzudicken. Und weil du ungeduldig bist, hast du in der Zeit wahrscheinlich dreimal so viel Kleister in den Eimer gefüllt, wie du wirklich brauchst. Warte einen Moment. Der Kleister muss dickflüssig sein, darf aber nicht tropfen. Er hat die richtige Konsistenz, wenn er am Besen kleben bleibt. Wenn er aussieht wie zu feste Porridge-Pampe, füge noch ein bisschen Wasser hinzu und rühre erneut um.

KLEISTER TRANSPORTIEREN

In einem Fahrradkorb oder einer Schultertasche lässt sich der Kleister gut tragen. Wenn du an vielen Spots arbeiten möchtest, brauchst du ausreichend Kleister. Mische die richtige Menge an, bevor du losgehst.

GROSSE FORMATE DRUCKEN

Wenn du ein großes Plakat erstellen möchtest, drucke es auf lange Streifen (wie bei einer Tapete) oder auf einzelne Kacheln. Mit Photoshop oder GIMP kannst du deinen Entwurf um 25–50 Prozent vergrößern. Auch dein Laptop wird dir das danken. Suche nach einem Druckanbieter für Plakatwände oder einem Freund eines Freundes, der einen Großformatdrucker besitzt.

EINEN DRUCKER KAUFEN

Auf lange Sicht sparst du viel Geld, aber du solltest das Modell mit Bedacht auswählen. Große Schwarz-Weiß-Drucker bekommst du gebraucht recht preiswert. Stecke Zeit in die Recherche und entscheide dich eher für einen Drucker mit weniger Funktionen, der aber lange hält. Ein Farbtintendrucker ist sicher toll, aber auch teuer.

SO WIRST DU GROSS

Es dauert meist weniger als eine Minute, um ein kleines Plakat zu kleben. Suche dir also einige Orte in der Stadt aus, die gut sichtbar sind. Nutze alle spontanen Gelegenheiten, aber schaue dir die Orte auch an, bevor du losgehst.

WETTER

Regen ist keine gute Bedingung für ein Poster-Bombing. Mit Kleister, der auf dich runter tropft, gibst du kein gutes Bild ab.

DO:

- Finde die passende Technik heraus und beginne mit kleinen Werken, bevor du dich an die großen machst.
- Passe die Größe des Besens an die Plakatgröße an. Für breite Plakate solltest du einen breiteren Besen verwenden.
- Klebe dein Plakat über ein Faschisten-Graffiti.
- Suche dir für den Anfang einen billigen Schwarz-Weiß-Drucker. An Universitäten gibt es meist einen Druckservice – setze hier all deinen Charme ein.
- Rolle die Drucke von unten auf, um sie zu transportieren.
- Investiere in eine Faltleiter, wenn du große Plakate kleben möchtest.

DON'T:

- Verschwende kein Papier und keine Tinte. Drucke dein Werk erst, wenn es wirklich gut ist.
- Lasse deine teure Jacke zu Hause. Paste-ups machen Dreck, kleide dich also angemessen.
- Lasse deine Partner nicht im Stich, wenn du erwischt wirst. Solange das Plakat feucht ist, kannst du es wieder abnehmen, ohne einen Schaden zu verursachen.
- Die Einzelteile großer Bilder müssen genau zueinander passen. Wenn dein Bild nicht auf die Wand passt, nimm es vorsichtig wieder ab und richte die Teile erneut aus, bis alles zueinander passt. Nimm dir ausreichend Zeit. Feuchtes Papier reißt – du musst also vorsichtig sein, wenn du es neu auflegst.

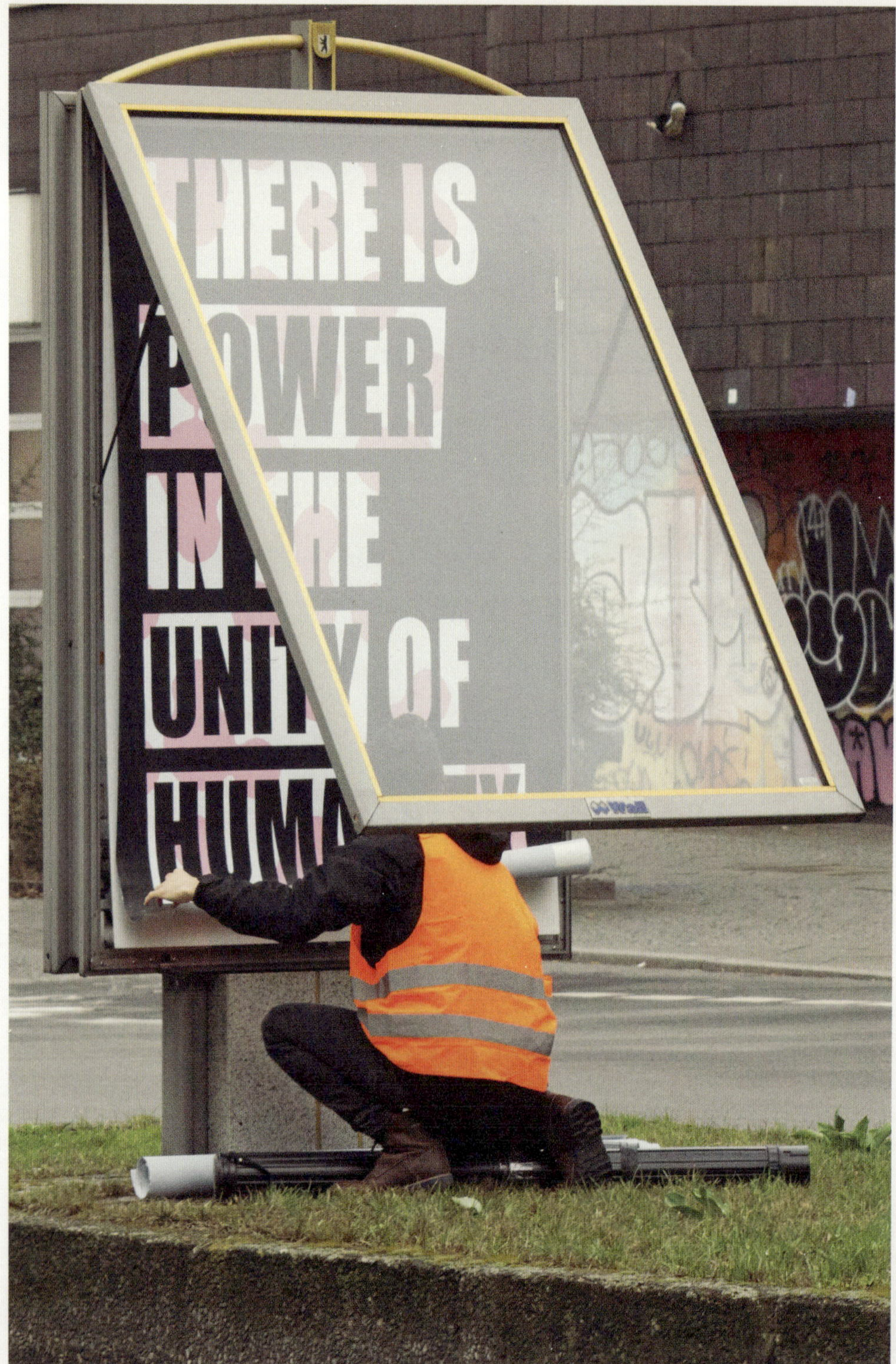
THERE IS
POWER
IN THE
UNITY OF

Subvertising/ Adbusting

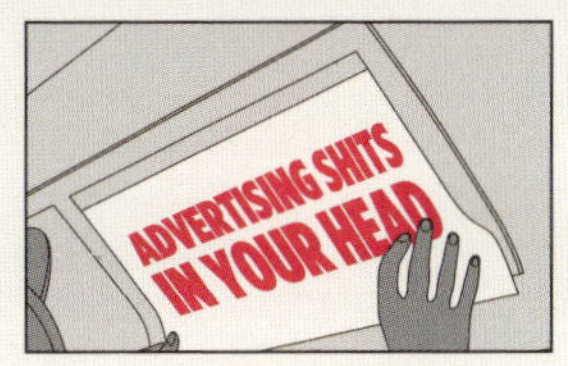

Subvertising – die Kurzform für »Subverting Advertising« (Subversive Werbung) – bzw. Adbusting ist eine visuelle und performative Form der Street Art, die den Einfluss von kommerzieller Werbung an den Pranger stellt. Eine Form kreativen Widerstands gegen den schreienden und den Konsum vergötternden Mainstream der Werbetreibenden. Der israelische Historiker Yuval Noah Harari stellt fest, Menschen haben »immer Mythen erschaffen, um unsere Spezies zu vereinheitlichen und wenigen zu Macht zu verhelfen.« Das Konsumdenken ist ein solcher Mythos, den Subvertiser/Adbuster aufzubrechen versuchen, indem sie die Werbeflächen, auf denen der Kommerz gefeiert und angepriesen wird, stören oder sogar zerstören und damit die Macht von Unternehmen schmälern und infrage stellen. Egal, ob du eine Plakatvitrine mit einem Spezialschlüssel öffnest und neu gestaltest, ein Statement auf ein Werbeplakat sprühst oder große digitale Bildschirme hackst – das Gefühl dabei ist unbeschreiblich.

Modernes Subvertising/Adbusting ist eine Reaktion auf die Außenwerbebranche und das Wirtschaftssystem des Kapitalismus, dem sie dient. Die Wurzeln des Subertising/Adbusting liegen in der Geschichte von Kunst und Aktivismus: vom Dadaismus mit seinen satirischen und oft sinnlosen Skulpturen, Gedichten und Performance-Kunstwerken über die »Anti-Kunst«-Bewegung Agitprop, die sich als Reaktion auf den Horror des Ersten Weltkriegs entwickelte, bis zum Situationismus der 1960er Jahre, der sich dem »Schauspiel« des amerikanischen Imperialismus (Konsumverhalten) entgegenstellte. Auch dazu zählen die DIY-Prinzipien des Punk und die Graffiti-Bewegungen der 1970er Jahre und das »Culture Jamming« der 1980er Jahre, das sich gegen die herkömmliche »Verbraucherkultur« wendet. Alle diese Einflüsse treffen im »Do It Together« (DIT) der Antiglobalisierungsbewegung der 1990er Jahre zusammen und nähren die moderne Subvertising/ Adbusting-Bewegung. Subvertiser bzw. Adbuster glauben an das Recht, nicht mit Werbung überschüttet zu werden, und nutzen die Macht der sozialen und digitalen Netzwerke, um ihre subversive Kunst in der Öffentlichkeit zu verbreiten und damit im Bewusstsein der Menschen auf der ganzen Welt zu verankern. Teils Kunst, teils Propaganda schickt Subvertising/Adbusting den Unternehmen den von ihnen erzeugten Mist sozusagen wieder zurück.

Der Berliner Künstler Vermibus installiert ein Plakat von Aida Wilde auf einer Plakatfläche während des Projekts Subvertiser's International (#SubvertTheCity). Dabei handelt es sich um die erste international koordinierte Aktion, die gleichzeitig in 18 Ländern stattfand.

Diese Technik des *Détournement* (also des Umlenkens) wurde in den 1940er Jahren von den Mitgliedern von »Letterist International« eingeführt, einer Gruppe radikaler französischer avantgardistischer Künstler, die Buchstaben als »Töne« und dann als »Bilder« bezeichneten und damit Poesie in Musik und Schrift in Malerei umwandelten. Später nutzten die Sozialrevolutionäre des Situationismus das *Détournement*, um Ausdrücke des kapitalistischen Systems und seiner Medienkultur ins Gegenteil zu verkehren. Subvertiser/Adbuster führen diese Tradition fort, indem sie die Macht der Unternehmen durch Hacking, Reworking (also »Umarbeiten«) und Kritisieren der Markenidentitäten, die Werte sowie die sozialen und ökologischen

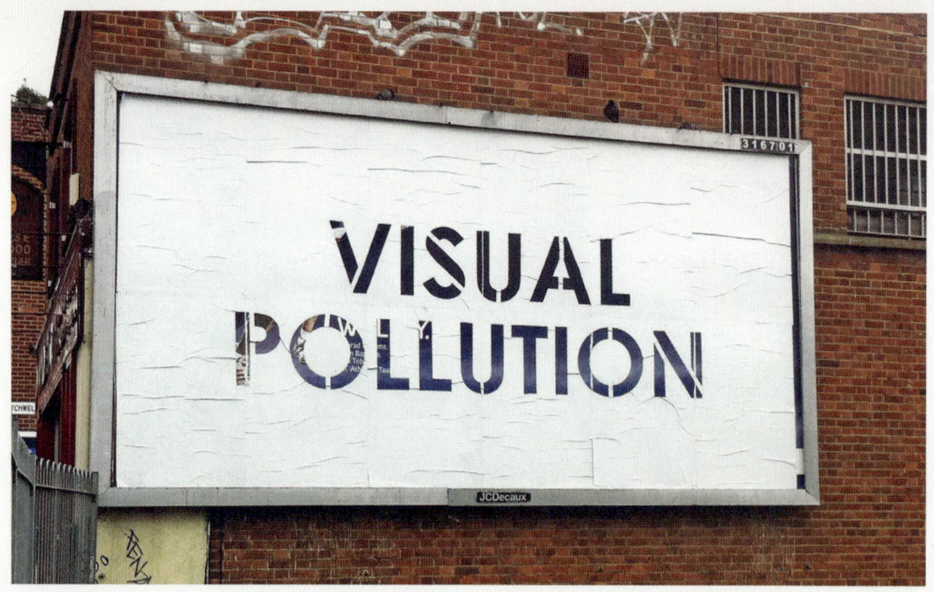

Einflüsse dieser Unternehmen unterwandern. Die subversiven Werke werden häufig anonym im öffentlichen Raum installiert; ein wichtiger Teil dieser Kunstrichtung besteht darin, sich unbefugten Zugang zu Plakatvitrinen zu verschaffen. Es handelt sich um einen performativen Akt des Ungehorsams, der den einseitigen Strom unternehmerischen Bullshits stoppt.

Das ist ein wichtiger Aspekt, denn Psychologen und Neurologen bestätigen, dass Werbung unsere Wahrnehmung der Dinge beeinflusst, die wichtig sind. In der Folge verändert sie unser Verhalten, selbst wenn wir denken, dass wir ihr nicht bewusst Aufmerksamkeit schenken. Werbung dominiert unseren Alltag – sowohl online als auch im öffentlichen Raum – und normalisiert absoluten Blödsinn durch die sogenannte »Persuasion Architectures«. In der Öffentlichkeit sind diese Architekturen Werbeflächen, Plakate und Anzeigen, die überall auftauchen und uns erfolgreich vorgaukeln, was uns wichtig sein soll, welche Werte wir verfolgen und nach welchen Zielen wir streben sollen. Die Unternehmen und die Regierung gehen davon aus, dass wir uns dem Einfluss von Werbung nicht entziehen können, aber glücklicherweise sind die Street Artists, also die Subvertiser/Adbuster auf der ganzen Welt anderer Meinung.

In den 1970er und 1980er Jahren bekritzelte eine Gruppe australischer Protestanten, die sich selbst als BUGA-UP bezeichneten, Werbeflächen im ganzen Land mit Anti-Zigaretten-Botschaften und bewirkten damit ein landesweites Verbot von Tabakwerbung. Die Mitglieder dieser Gruppe waren die Vorreiter des sogenannten »Culture Jamming«. Als Reaktion auf die Globalisierung, die Habgier von Unternehmen und insbesondere den Horror des Disney-Konzerns entwickelt sich Subvertising/Adbusting als eine Form des Culture Jamming in den 1970er Jahren in den USA und wurde immer berühmter. Die humorvollen Werbe-Hacks der Billboard Liberation Front in ganz New York bereiteten den Weg für andere Künstler. In den frühen 1990er Jahren entwickelten Gruppen wie Artfux und Adbusters und Künstler wie Ron English eine Technik, bei sie die Technologie und Prozesse des Desktop-Publishing nutzten. Als Großformatdruck und Designtechnologie erschwinglich und leichter zugänglich wurden, konnten plötzlich nicht nur große Unternehmen, sondern auch die Kids der Mittelklasse ihre Botschaften auf Werbeflächen veröffentlichen.

Die wachsende Popularität von Subvertising/Adbusting in jüngster Zeit steht im engen Zusammenhang mit der zunehmenden Unzufriedenheit

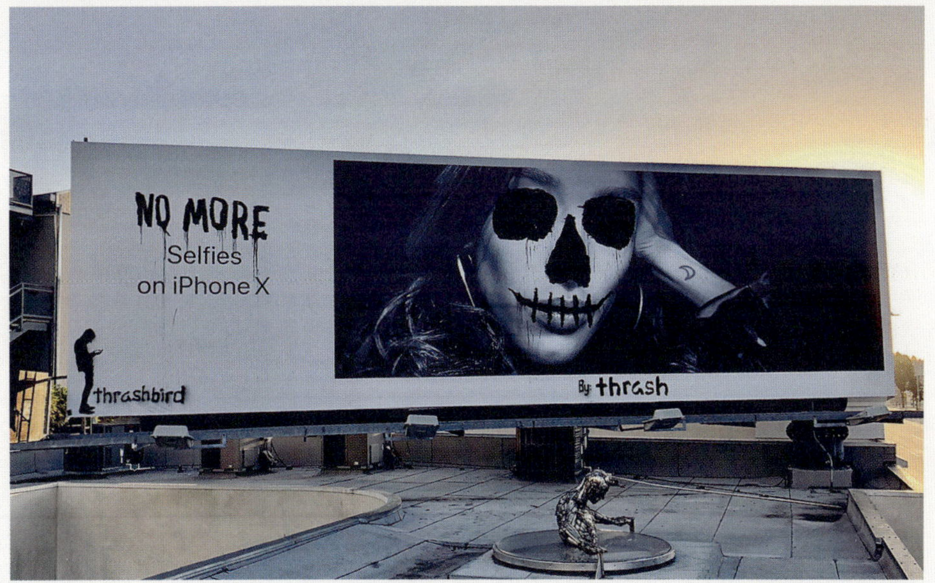

darüber, dass sowohl kommerzielle als auch politische Formen der Massenmedien jeden Aspekt unseres Alltags bestimmen: unsere Gefühle, unseren Körper, unser Verständnis von Geschlecht, Herkunft und Klasse sowie unsere Wahrnehmung anderer und der Welt, in der wir leben. Einige Subvertiser/Adbuster wie Special Patrol Group, Jordan Seiler, Bill Posters, Resistance is Female, Hogre und Trashbird fordern die Dominanz von Unternehmen in der Kultur und in der Öffentlichkeit heraus, stellen sie infrage und widersetzen sich ihr. Darüber hinaus ist der Klimawandel nicht mehr zu leugnen, sodass es vielleicht nicht die beste Idee ist, die Menschen zu immer mehr Konsum zu animieren.

In den letzten Jahren haben Gruppen wie Public Ad Campaign, Brandalism, Art in Ad Places, NO AD Day und Dies Irae eine kollektive, netzwerkbasierte Kunstform entwickelt, in der sie Künstler auf der ganzen Welt mithilfe sozialer Medien und digitaler Netzwerke mobilisieren. Diese Gruppen arbeiten zusammen und überwinden den Status quo (anstatt ihn lediglich zu kritisieren), um eine Welt jenseits des Kapitalismus denkbar zu machen. Gemeinsam mit Hunderten von Künstlern und Aktivisten versuchen einige Subvertising/Adbusting-Gruppen, den Menschen den Zugang zu Kunst im öffentlichen Raum zu ermöglichen, deren Stimmen in der Regel in Städten nicht gehört werden.

Dank der Globalisierung kannst du heute für etwa 4 Euro ein paar Schlüssel oder Schraubenzieher kaufen, mit denen du über 100.000 Werbeflächen auf der ganzen Welt öffnen kannst. Damit hast du zwischen Moskau und Toronto und zwischen London und Melbourne schier unendliche Möglichkeiten, die Öffentlichkeit mit deiner Kunst zu erreichen. Eine Investition, die sich lohnt. In der folgenden Anleitung lernst du alles, was du wissen musst, um die drei wichtigsten Arten von Werbeflächen (Straßenplakate, Werbeflächen und U-Bahn-Plakate) zu hacken. So kannst du deine Kunstwerke problemlos installieren und freie öffentliche Kunst erschaffen, die die Kontrolle unseres Alltags durch Unternehmen infrage stellt.

GEGENÜBER: Über die vier Hauptarten der Umweltverschmutzung herrscht immer mehr allgemeiner Konsens: Land-, Luft-, Meeres- und visuelle Verschmutzung.

OBEN: Auf einer Werbefläche in Los Angeles kehrte der US-amerikanische Künstler Trashbird 2017 die Botschaft dieser iPhone-Werbung mithilfe der *Détournement*-Technik in die Aussage »Fuck that!« (Scheiß auf Selfies on iPhoneX) um.

DEIN ZUBEHÖR UND WO DU ES BEKOMMST

GROSSE PLAKAT-WERBEFLÄCHEN

WERKZEUG UND AUSRÜSTUNG

- Leiter
- Eimer
- Kleister/Farbe
- Besen
- Kunstwerk

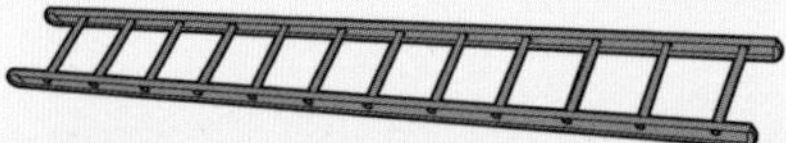

LEITER

Werbeflächen sind meist riesig, und wenn du gefahrlos an den oberen Teil der Werbung reichen oder die ganze Anzeige verändern möchtest, brauchst du eine Leiter. Einige Werbeflächen befinden sich auf Erhebungen, die bereits mit einer Leiter versehen sind – gut für dich!

- Überzeuge einen Freund, der Handwerker ist, dir eine Leiter zu leihen.
- Ältere Männer lieben Leitern – das scheint männlich zu sein. Nutze also ihre Schwäche.

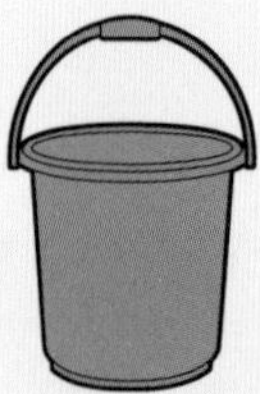

EIMER

Wenn du eine Werbefläche mit Plakaten und Kleister verändern möchtest, brauchst du einen Eimer, in dem du den Kleister mischen und transportieren kannst. Der Eimer sollte groß genug sein, damit du deinen Besen in den Kleister eintauchen kannst. Und er sollte einen Griff haben. Ein Metalleimer eignet sich besser als ein Kunststoffeimer, weil du damit wie ein Profi aussiehst.

- Kleiner Tipp: das Gartenhaus
- 1-Euro-Shops

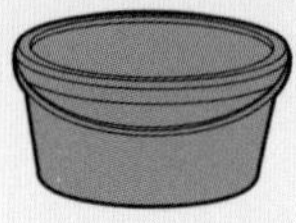

FARBE/KLEISTER

Einige Subvertiser/Adbuster bearbeiten Werbeflächen schnell und einfach mit Spray oder Emulsionsfarbe – eine preiswerte, problemlose und risikofreie Lösung.

- Graffiti-Shops bieten eine breite Palette an Farbsprays an.
- Überzeuge einen Freund, der in einem Baustoffhandel arbeitet, mitzumachen und ein paar Dosen zu »spenden«.

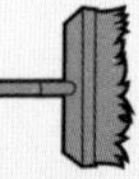

BESEN

Mit einem Besen mit langem Stiel erreichst du auch die Oberkante großer Werbeflächen, um dein Kunstwerk anzubringen. Verwende weiche Borsten, damit dein Werk nicht beschädigt wird, wenn es feucht ist. Und mit einem breiten Besenkopf kannst du viel Kleister aufnehmen.

- Bastelgeschäfte bieten zahlreiche Besen- und Bürstenarten an.
- Schau im Keller nach, welche Werkzeuge von der letzten Renovierungsarbeit deine Eltern übriggeblieben sind.

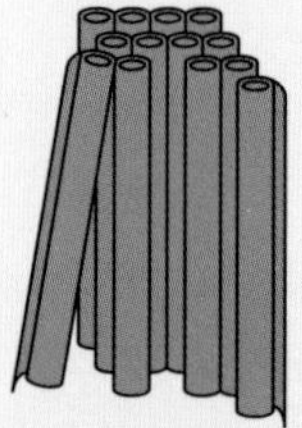

KUNSTWERK

Einige Subvertiser/Adbuster hacken Werbeflächen mit digital gedruckten, auf Schablonen gemalten oder handgefertigten Kunstwerken. Du musst selbst herausfinden, welcher Stil zu dir passt. In den Extra-Tipps werden auch ein paar komplexere Verfahren aufgeführt.

- Zeichne dein Werk von Hand, damit es provokant und ruppig aussieht.
- Sprüh deine Botschaft mit einer Schablone auf Posterpapier.
- Lasse dein Kunstwerk auf einem Großformatdrucker im Druckservice einer Universität oder in einer Druckerei ausdrucken.

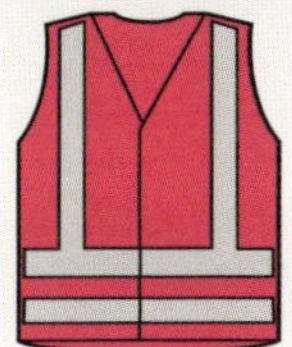

SIGNALWESTE (OPTIONAL)
Viele Subvertiser/Adbuster imitieren das Aussehen von Arbeitern, die ein kommerzielles Werbeplakat anbringen. Mit einer Signalweste siehst du so aus, als seist du berechtigt, die Werbung zu »bearbeiten«. Außerdem sieht sie verdammt cool aus.

- Signalwesten gibt es überall. Sie kosten etwa 1 Euro.
- Leih dir die Weste deines Bruder, der viel zu viel Fahrrad fährt.

1

76,2 cm

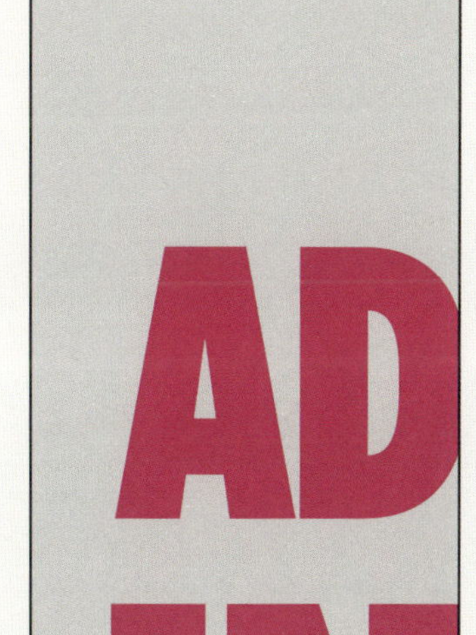

50,8 cm

Das sind die Beispielmaße für die einzelne Plakatkachel einer typischen großen Plakatwerbung (aus 12 Teilen) in Großbritannien. In Deutschland sind die gängigen Formate DIN A0/A1/A2/A3 usw. Miss vorher die Maße selbst aus. Du kannst auch in den Broschüren von Anbietern für Außenwerbung nachschauen. Dort findest du die genauen Maße für Werbeflächen.

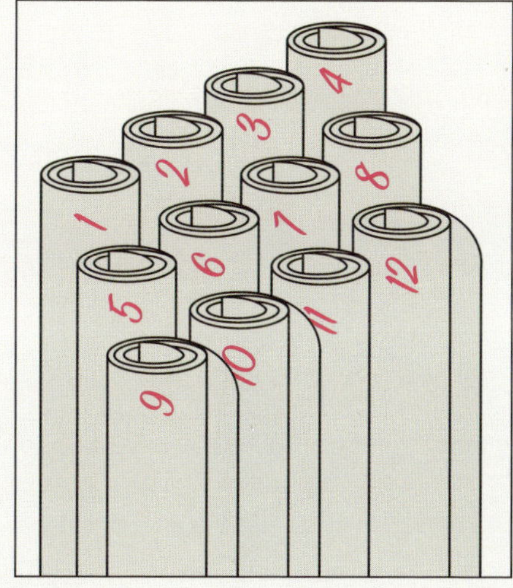

Rolle deine 12 Blätter von unten auf und befestige die Rollen mit einem leicht anzubringenden Klebeband. Nummeriere sie in der Reihenfolge, in der du sie auf die Werbefläche kleben musst.

GROSSE PLAKATWERBEFLÄCHEN

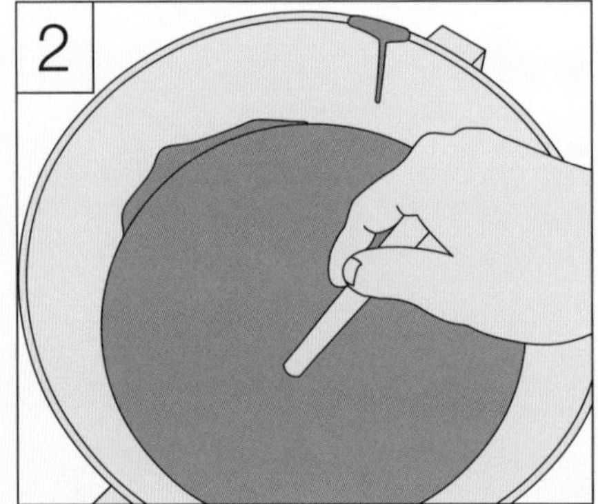

Fülle Wasser in deinen Eimer und füge den Tapetenkleister hinzu. Du musst ständig rühren, damit sich keine Klumpen bilden. Es kann einige Minuten dauern, bis die Kleisterkristalle mit dem Wasser reagieren, fülle also nicht zu viel Kleister in den Eimer. Wenn die Lösung zu dünn ist, fügst du Kleister hinzu und rührst so lange weiter, bis die Masse andickt. Sie sollte langsam vom Besen tropfen, aber nicht wie Wasser laufen.

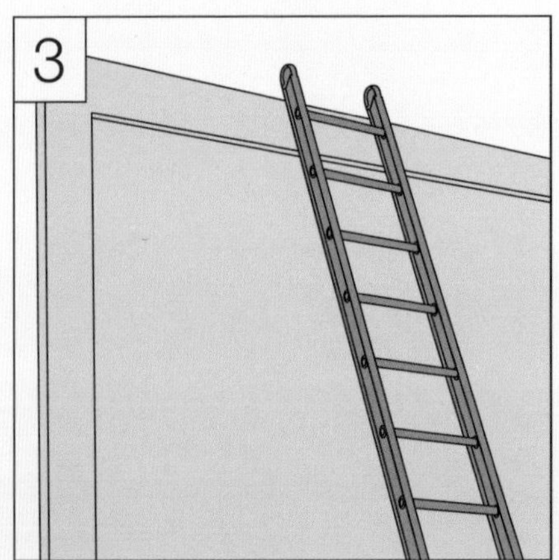

Ziehe deine Leiter aus, bis sie die Oberkante der Werbefläche erreicht. Das ist sehr wichtig, damit du sicher auf der Leiter stehen kannst. Sorge immer dafür, dass beide Leiterfüße auf ebener Fläche und flach auf dem Boden stehen.

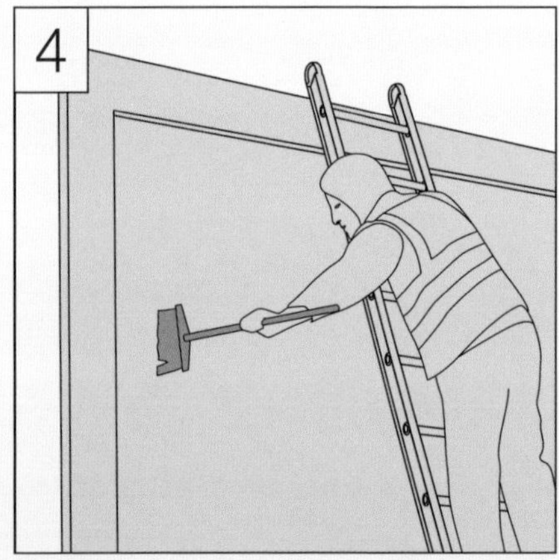

Tauche deinen Besen in den Kleister und bestreiche die Fläche, auf die du das erste Plakat kleben möchtest. Es muss ausreichend Kleister auf der Fläche sein, bevor du das Plakat aufklebst. Richte die Oberkante des Plakats an der Oberkante der Werbefläche aus und rolle das Papier nach unten, sodass es flach auf der Werbefläche aufliegt. Bestreiche es von der Papiermitte aus in Richtung Kanten mit Kleister und entferne alle Blasen.

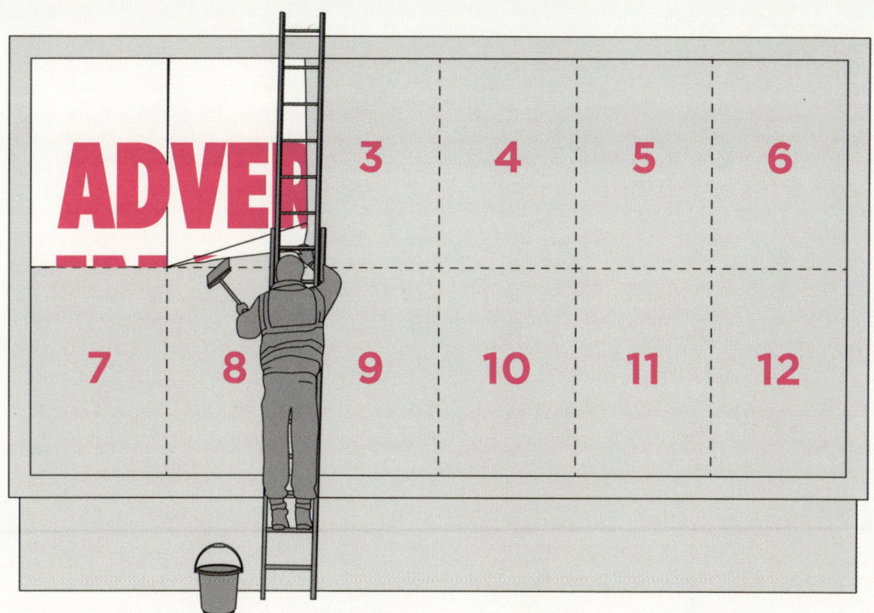

5 Verschiebe die Leiter nach rechts und wiederhole Schritt 4 für alle Einzelteile, die du über die obere Reihe der Werbefläche verteilst. Achte darauf, dass jedes neue Teil genau an den Kanten des vorherigen Teils ausgerichtet ist, damit das gesamte Plakat gerade ist. Gehe genauso mit allen restlichen Teilen des Plakats vor.

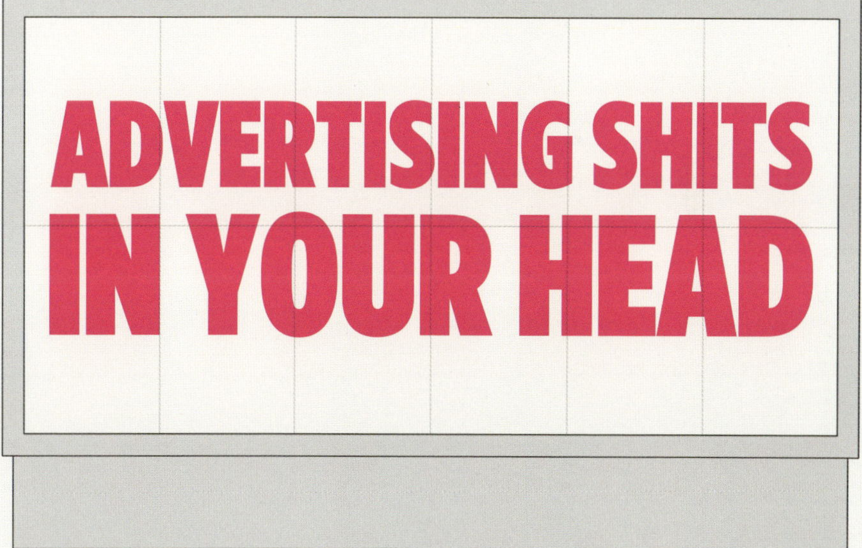

6 Tritt ein paar Schritte zurück und bewundere deine erste Werbefläche. Mache einige schöne Fotos, pack deine Sachen zusammen und lasse keinen Müll liegen.

EINZELPLAKAT

WERKZEUG UND AUSRÜSTUNG

- Inbusschlüssel / Steckschlüssel
- Kunstwerk
- Signalweste (optional)

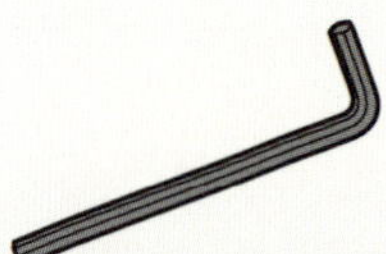

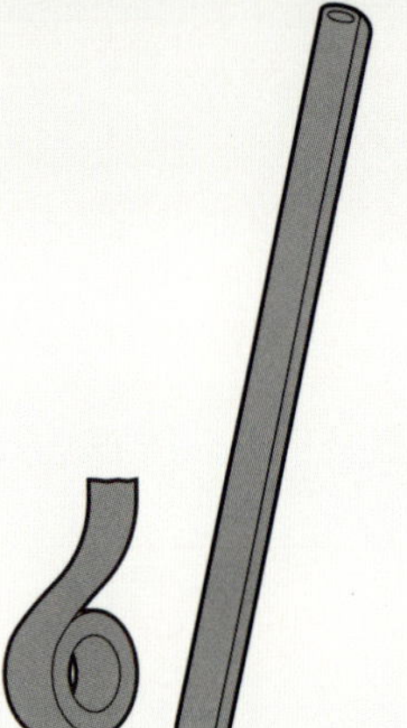

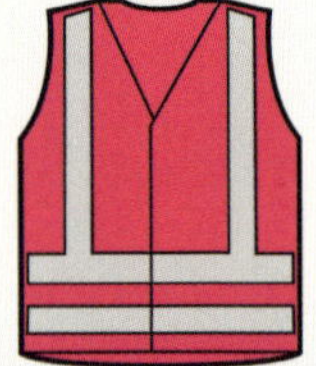

INBUSSCHLÜSSEL

Wenn du dein Kunstwerk in einer Plakatvitrine installieren möchtest, wie sie meist an Bushaltestellen zu finden sind, brauchst du einen Inbus- oder Steckschlüssel. Glücklicherweise haben Subvertiser/Adbuster auf der ganzen Welt sich schon darum gekümmert und du bekommst die passenden Schlüssel online oder im Baumarkt.

- Im Baumarkt, im Werkzeughandel oder im Fahrradladen bekommst du alle Arten von Inbus- oder Steckschlüsseln.
- Eine Abbildung der gängigsten Arten findest du in diesem Kapitel.

KUNSTWERK

Auf Werbevitrinen an Bushaltestellen sind meist Plakate der Größe 356 x 252 mm (18/1-Großflächenformat in Großbritannien) installiert. Man findet auch Plakate der Größe 1200 x 1800 mm. Einige Subvertiser/Adbuster entnehmen die Plakate aus der Werbefläche, verändern sie und installieren sie wieder – das kostet nichts. Andere lassen ihr Plakat in einer Druckerei drucken – das kostet etwa 16 Euro. Andere Street Artists sprühen ein Graffiti oder ein Schablonenbild auf die Plakatvitrine. Du kannst also viele Möglichkeiten ausprobieren.

- Wenn du die Plakate drucken lässt, entscheide dich für eine Druckerei, die Großformatdruck anbietet. Du findest sie online.
- Überzeuge den Mitarbeiter im Druckservice der Universität, dein Plakat kostenlos zu drucken.
- Nimm einfach eine Dose mit Sprühfarbe, dann musst du kein Plakat drucken.

SIGNALWESTE (OPTIONAL)

Auf Seite 65 findest du alle nötigen Infos zu diesem vielseitigen Kleidungsstück.

1

Finde heraus, welchen Schlüssel du für die Werbefläche an der Haltestelle benötigst. Auf der rechten Seite sind die gängigsten Schlüsselarten aufgeführt, die in Großbritannien, Europa, den USA und Australien verwendet werden.

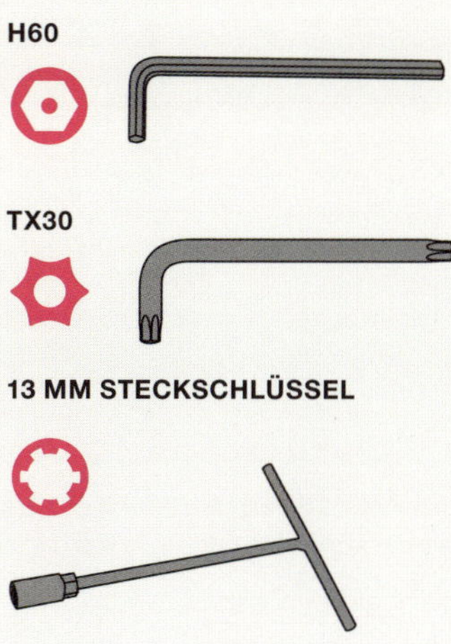

2

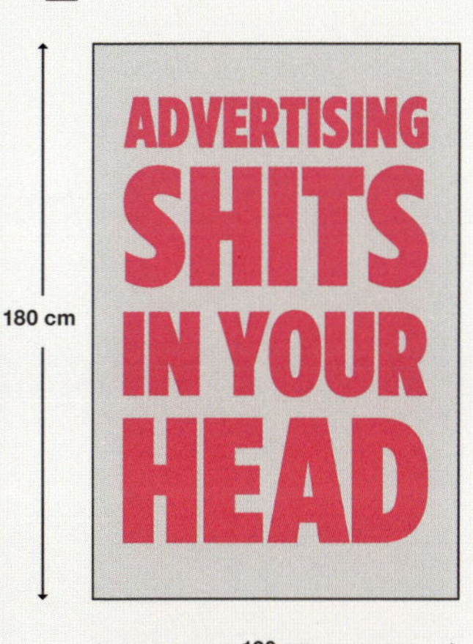

Dies ist ein sehr gängiges Maß in Großbritannien.

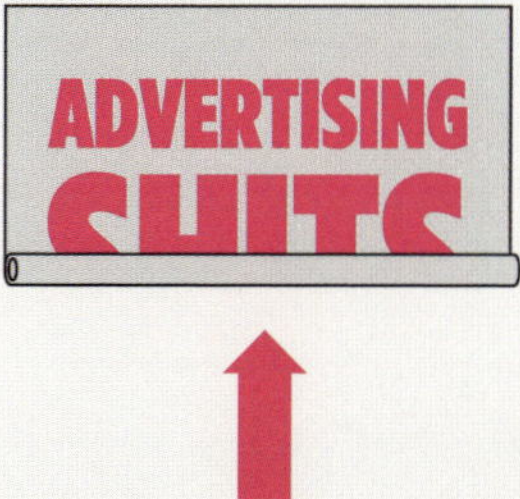

Rolle dein Plakat von unten auf und verschließe die Rolle mit einem leicht klebenden Klebeband. So kannst du sie leichter transportieren und installieren.

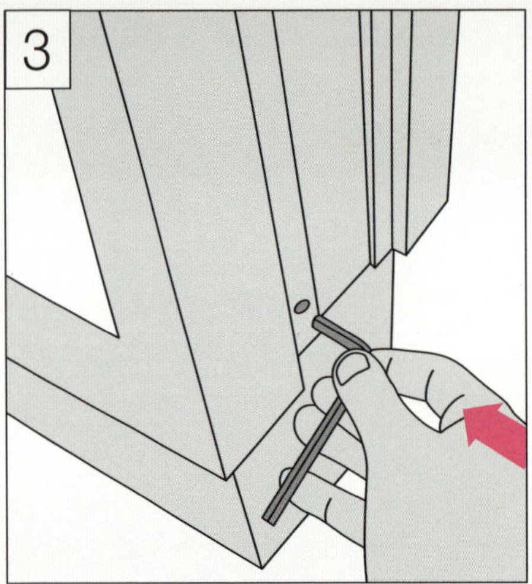

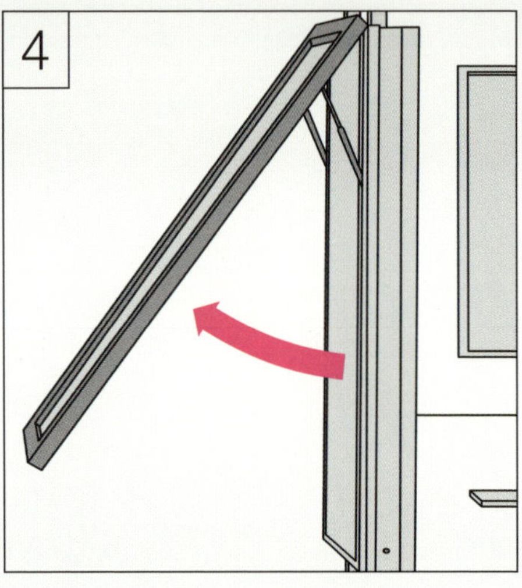

Führe den Inbusschlüssel in das Schloss der Werbefläche ein. Die meisten Schlösser befinden sich an der unteren rechten Ecke des Vitrinenrahmens. Drehe den Schlüssel um 90 Grad, dann »fällt« der untere Rahmen fast von selbst heraus.

Hebe das Vitrinenfenster vorsichtig an und achte darauf, dass niemand hinter dir steht. Der Rahmen ist durch Kolben befestigt, halte ihn also beim Öffnen fest.

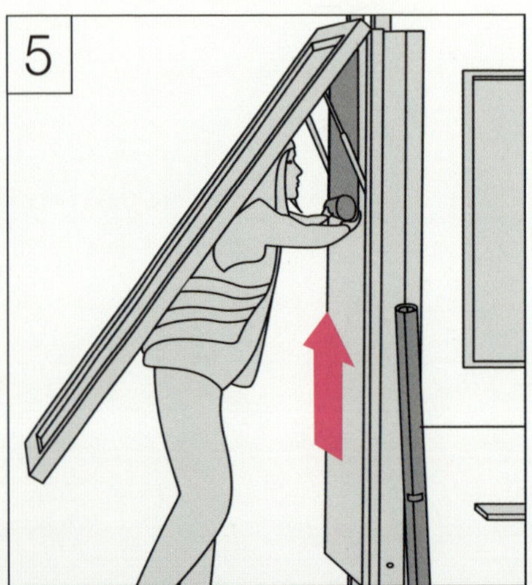

Rolle die vorhandene Werbung auf und entferne sie. Eventuell musst du vorsichtig daran ziehen, damit sie sich aus den Klemmen oben am Rahmen löst.

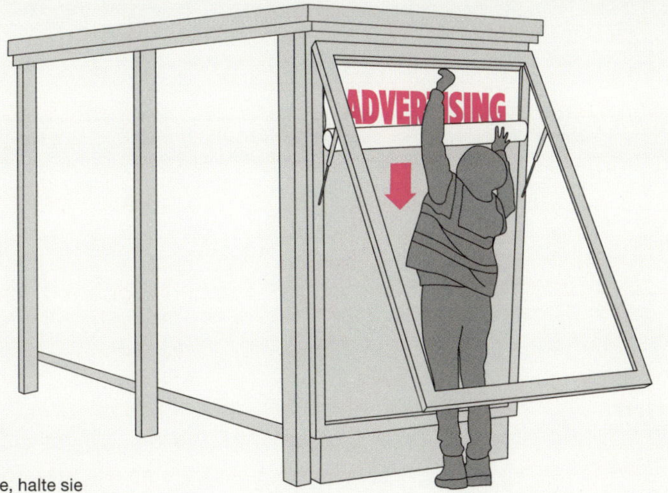

6

Entferne das Band von deiner Rolle, halte sie aber solange aufgerollt, bis du die Oberkante des Plakats in der Klemme befestigt hast. Die Klemmen sind in vielen Ländern unterschiedlich. Du solltest daher Klebeband mitbringen, mit dem du dein Plakat im Notfall auch befestigen kannst.

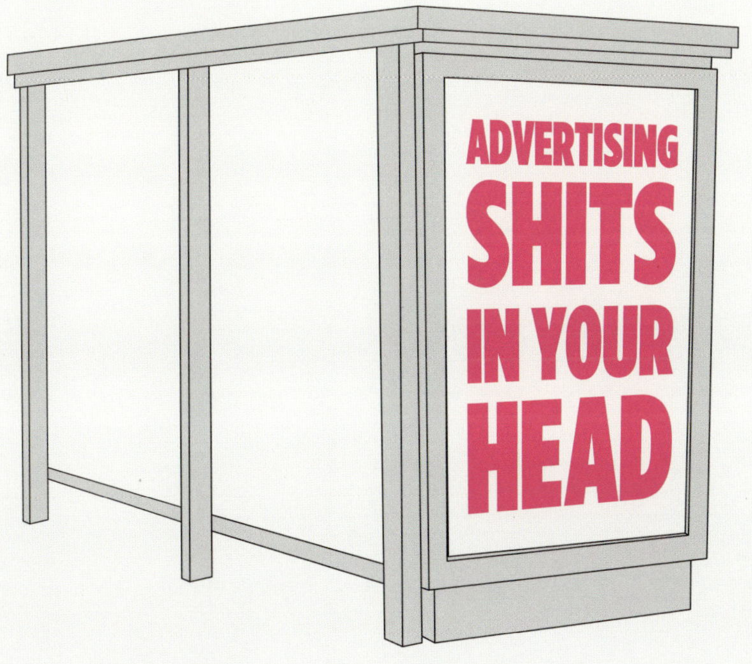

7

Rolle das Plakat dann auf, sodass es flach in der Vitrine liegt. Schließe nun den Rahmen. Halte dabei dein Plakat an der Unterkante fest, damit es richtig in den Rahmen passt. Schieße ein paar Fotos und teile diese mit deinen Freunden.

DEIN ZUBEHÖR UND WO DU ES BEKOMMST

WERBUNG IN DER U-BAHN

KUNSTWERK

In den meisten U-Bahn-Waggons gibt es kleine Werbeflächen. Die Plakate in diesen Flächen lassen sich leicht entfernen und durch dein Kunstwerk ersetzen. Die Maße unterscheiden sich stark; du musst also vorher eine Werbefläche in einem U-Bahn-Waggon ausmessen. In den Abbildungen auf dieser Seite siehst du, wie du die Plakate einfach entfernst.

- Entferne eines der Plakate und messe es aus.
- Drucke dein Plakat auf dickerem Papier (z. B. 200 g/m^2) in den gleichen Maßen wie das Originalplakat aus. Auf dem Heimweg von der Arbeit kannst du dann dein Plakat installieren.

1

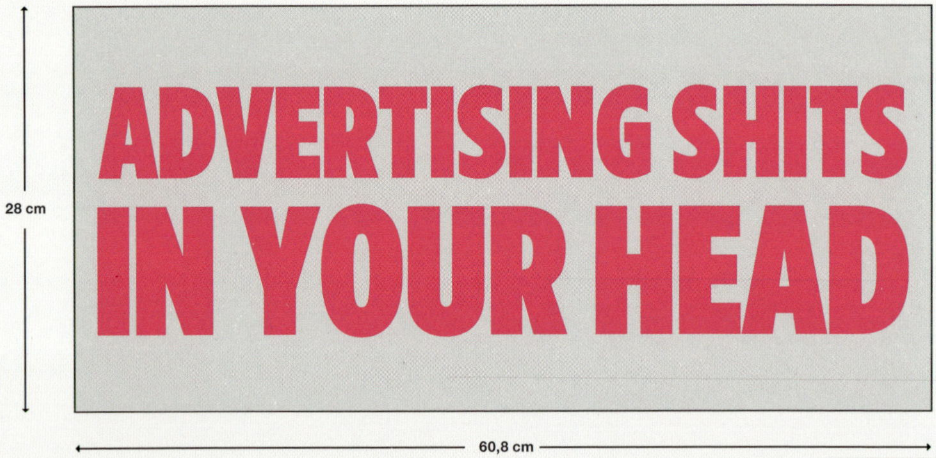

Bereite dein Kunstwerk in den gleichen Maßen vor wie die Plakate im U-Bahn-Waggon (hier siehst du die Maße der Plakate in der Londoner Underground). Wenn du die Maße nicht kennst, solltest du ein Plakate aus einem Waggon »ausleihen«.

2

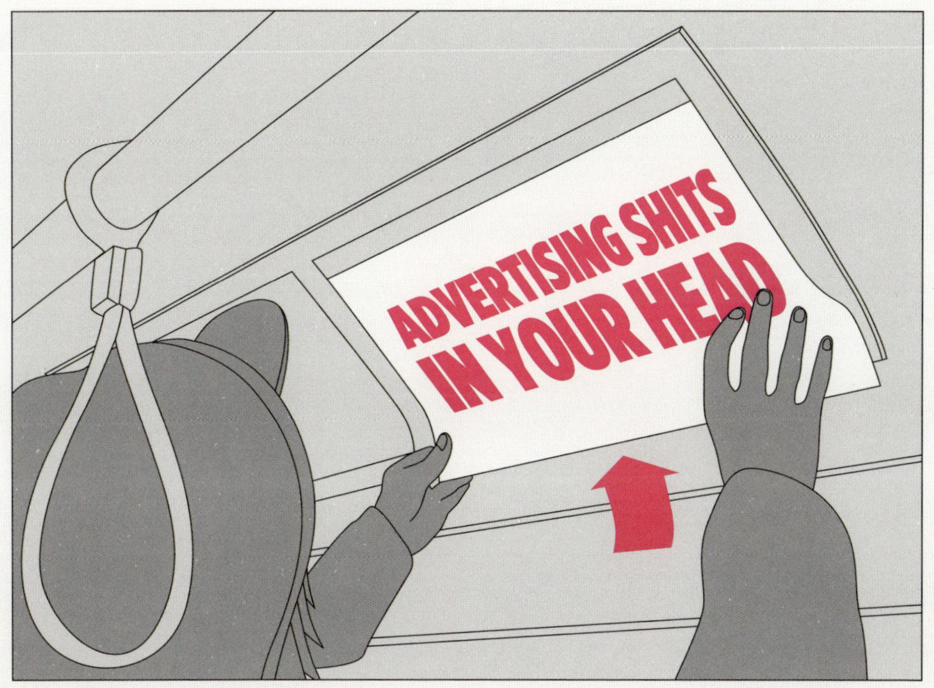

Entferne das vorhandene Plakat und installiere dein eigenes.

EXTRA-TIPPS

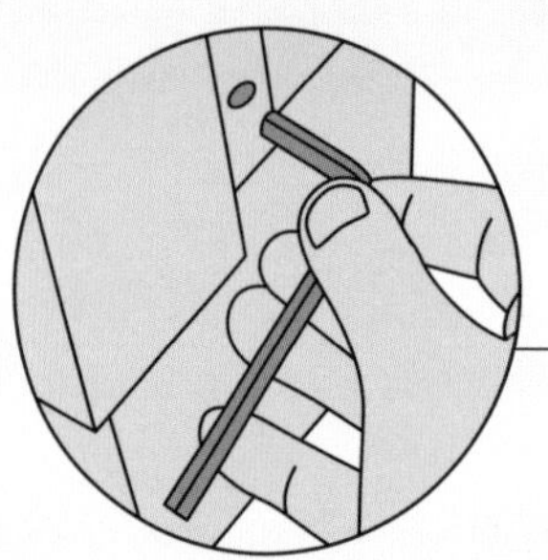

REGELN

Es gibt keine Regeln. Die besten Subvertisings/Adbustings verdrehen einfach einen bekannten Werbeslogan oder entfernen einen Buchstaben in einem Satz. Es gibt aber auch ganz eigenständige Drucke. Wichtig ist, dass du kreativ bist. Dazu brauchst du erst einmal eine gute Idee. Wenn dir gar nichts einfällt, kannst du auch einfach ein Foto der Katze deines Nachbarn auf die Werbefläche kleben. Die Menschen mögen Katzen mehr als Werbung.

WERBEFLÄCHEN

Auf der ganzen Welt werden vier gängige Größen als Werbefläche verkauft. In Deutschland werden häufig die Formate A1 (59,4 cm x 84,1 cm) oder A0 (84,1 cm x 118,9 cm), aber es gibt auch viele andere Formate. In der U-Bahn sind die Größen der Werbeflächen sehr unterschiedlich.

DEIN KUNSTWERK

Wie du dein Kunstwerk herstellst, hängt davon ab, wie groß es werden soll und wie oft du es vervielfältigen willst, um möglichst viele Plakate zu installieren. Manche Street Artists öffnen die Werbevitrinen, entfernen das Plakat und gestalten ihr Werk auf der Rückseite – das kostet gar nichts. Auch Stencils, Siebdruck-Poster und jede Art von Farbe oder Marker eignen sich prima. Auch Digitaldrucke sind relativ preiswert (zwischen 15 Euro und 50 Euro). Schwarz-Weiß-Drucke sind dabei billiger als Farbdrucke. Wenn du keinen Drucker für Großformate zur Verfügung hast, kannst du das vollständige Plakat für eine Werbefläche auch in Einzelteilen (Kacheln) oder langen Streifen drucken. Je einfacher du dein Werk gestaltest, umso erfolgreicher wirst du sein. Mache die Dinge also nicht zu kompliziert.

AUSWAHL DER FLÄCHE

Die meisten Werbeflächen befinden sich an Stellen, an denen viele Menschen vorbeigehen. Das ist perfekt! Wenn dein Werk von vielen Menschen gesehen wird, hast du dein Ziel erreicht. Oft sind die Werbeflächen auch beleuchtet – damit ist deine Botschaft auch nachts sichtbar. Kunstwerke mit direktem Bezug zur Stellfläche, also z. B. in Touristengegenden, an Hauptsitzen von Unternehmen oder einem stadtbildprägenden Gebäude, sind ebenfalls eine gute Idee.

TESTE DEINEN SCHLÜSSEL

An vielen Werbeflächen ist das Schloss alt oder verschlissen. Gerate nicht in Panik, sondern gehe einfach zur nächsten Vitrine, die sich leichter öffnen lässt.

KLEIDUNG

Kleide dich wie ein offiziell arbeitender Mensch. Damit siehst du vertrauenswürdig aus. Die Mitarbeiter von Unternehmen für Außenwerbung tragen oft eine gelbe oder orange Signalweste. Bestenfalls druckst du noch ein Unternehmenslogo auf den Rücken der Weste. Auf der Website »Brandalism« findest du einige Logos zum Herunterladen. Du solltest dafür aber nicht zu viel Arbeit investieren.

TAGESZEIT

Wenn du am Tag arbeitest, sparst du dir eine Menge Ärger mit der Polizei und der Öffentlichkeit. Plane deine Aktion also besser nicht für 2 Uhr in der Nacht in einem zwielichtigen Outfit (so wie ich am Anfang). Ärger ist damit vorprogrammiert. Wenn du tagsüber unterwegs bist, bist du sicher zuerst nervös und fühlst dich beobachtet. Aber wenn du deine erste Vitrine mit deinem Kunstwerk versehen hast – mit einer Menge Adrenalin im Blut –, merkst du, dass dich, wenn du normal gekleidet bist, niemand beachtet.

WANN SOLLTEST DU DEINE KUNST INSTALLIEREN?

Werbeplakate werden meist alle zwei oder drei Wochen ausgetauscht, je nachdem, wie lange das entsprechende Unternehmen die Fläche gebucht hat. Manche Unternehmen für Außenwerbung haben auf ihrer Website sogar einen Kalender mit den Daten für den Plakatwechsel. Sehr praktisch!

DEINE EINSTELLUNG

Bei deiner ersten Installation schlägt dein Herz sicher schneller als die Anwälte von Donald Trump Klagen bearbeiten. Das ist zwar nervig, aber völlig normal. Nur wenn du deine Komfortzone verlässt, lernst du auch viel. Dein Gehirn arbeitet am besten, wenn du komplett in Panik bist. Du kannst diese Panik also genießen.

Vergiss bitte nicht, dass die Mitarbeiter von Unternehmen für Außenwerbung sehr viel für sehr wenig Geld arbeiten und die gleiche Tätigkeit etwa hundertmal am Tag ausführen müssen. Du kannst dir vorstellen, dass das ziemlich langweilig ist. Verhalte dich also wie diese Arbeiter: Gib dich entspannt, vielleicht ein bisschen gelangweilt oder sogar angepisst. Stelle dir vor, du musst an einem Sonntag Überstunden machen und dein Partner geht dir gewaltig auf die Nerven. Im Grunde musst du nur so tun, als sei das der Job, den du Tag für Tag machen musst. Außerdem macht ein bisschen Schauspielerei deine Aktion erst richtig interessant.

DO:

- **Kleide dich wie ein Mitarbeiter eines Unternehmens für Außenwerbung. In der Regel tragen diese Menschen dunkle Arbeitshosen und eine dunkle Jacke oder ein dunkles T-Shirt.**
- **Trage robuste Schuhe oder Stiefel. Deine schicken Slippers sind fehl am Platz.**
- **Trage eine Kappe oder ein Tuch. Mit einer Kopfbedeckung fühlt man sich komischerweise sicherer.**
- **Trage eine Signalweste.**
- **Trage dünne Arbeitshandschuhe, wenn du möchtest. Fausthandschuhe stören eher.**
- **Transportiere dein Plakat oder deine Plakate in einer Plakatrolle. Rolle jedes einzelne von unten auf, um sie leichter anbringen zu können.**

DON'T:

- **Lasse deine Dreadlocks nicht auf dem Plakat kleben.**
- **Überlege dir keine komplizierten Bilder. Eine clevere Idee ist besser als ein teurer Druck.**
- **Trage keine Kleidung, die sich von der Kleidung eines Menschen unterscheidet, der die gleiche Arbeit tut wie du. Ein Sport-Trikot deiner Lieblingsmannschaft ist viel zu auffällig – du kannst es ja unter den anderen Kleidungsstücken tragen.**
- **Arbeite nicht zu einer ungewöhnlichen Zeit für diese Art von Arbeit.**
- **Arbeite nicht hektisch. Nimm dir Zeit und entspanne dich. Wenn du fertig bist, erkennst du, dass dich niemand beachtet hast.**
- **Trage deine Signalweste nicht beim Kuscheln mit deinem Lieblingsmenschen.**

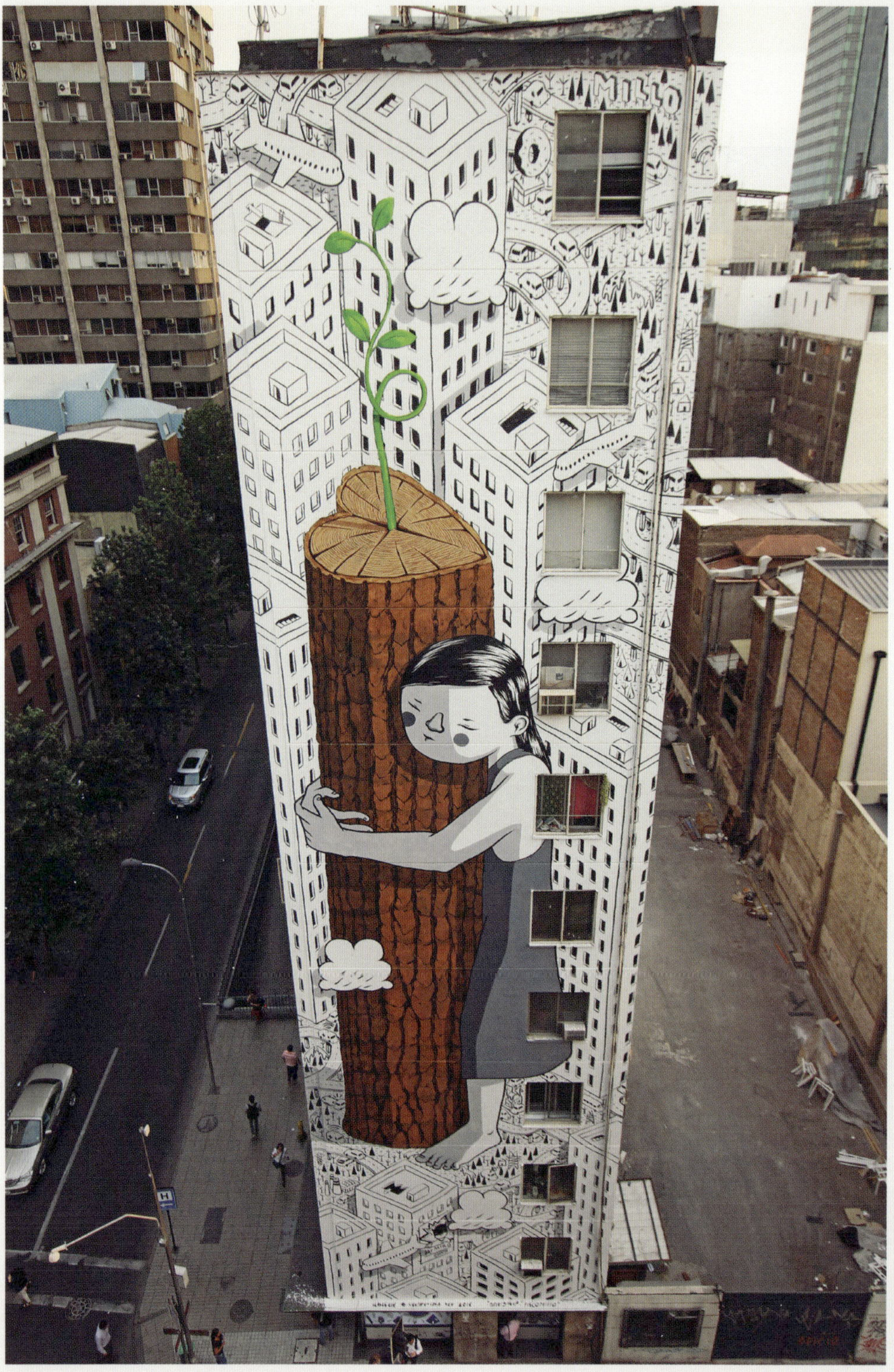
MILLO

Großformatige Wandbilder

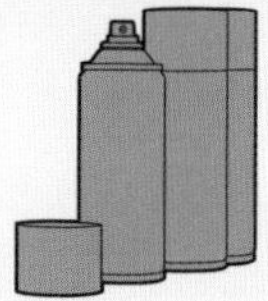

In den letzten Jahrzehnten wurden die Menschen auf der ganzen Welt immer mehr mit der transformativen Macht großformatiger Wandbilder konfrontiert. Das ist auch keine Überraschung, denn diese Kunstform ist höchst auffällig und basiert in vielen Ländern, vor allem in Asien, Afrika und Südamerika auf einer langen Tradition. Wandbilder haben ihre Wurzeln in der sozialen, politischen und kulturellen Geschichte zahlreicher Orte und Kulturen. Sie erwecken die Visionen, Ansichten und Realitäten von Künstlern und Gemeinschaften zum Leben und verkörpern ihre Überzeugungen.

Früher war es nur wohlhabenden und mächtigen Menschen vergönnt, den öffentlichen Raum so zu gestalten, zu kontrollieren und zu verändern, dass er eine sichtbare Geschichte erzählt. Schaue dir nur einmal die Propaganda von Unternehmen und Regierungen, die Stadtplanung und die Architekturpolitik an. Doch jetzt eröffnen sich ganz neue Möglichkeiten, mit denen sich Ideen und Botschaften auf großen Bildern im urbanen Raum kommunizieren lassen. Monumentale Kunstwerke verändern nicht nur das Aussehen unserer Städte, sondern auch die Art und Weise, wie Macht entsteht und geteilt wird. Einige Künstler verändern damit nicht nur die Oberfläche eines Gebäudes, sondern auch das Leben der Menschen in der Stadt. Und darum geht es in diesem Kapitel: Auch du kannst durch die Welt reisen, große Wandbilder malen und damit den Menschen, die in den Städten leben, etwas zurückgeben.

Der italienische Künstler Francesco Camillo Giorgino, als Millo bekannt, malte dieses elfstöckige Gemälde im Herzen von Santiago. Betitelt mit *Never give up* symbolisiert es die Hoffnung, die wir im Schutz unserer Umwelt und bei der Umkehrung ökologischer Zerstörung, die die Klimakatastrophe verursachen, finden müssen.

Immer mehr Städte nutzen die Vorteile von Street Art. Und so verändert sich auch langsam die Vorstellung davon, wer das Recht (und die Macht) hat, Geschichten in der Stadt zu gestalten und zu erzählen. So tauchen die Geschichten und Gesichter von Menschen wie dir und mir auf großen Wänden auf und überschatten Botschaften großer Unternehmen, die für künstliche Schönheitsstandards und anderen Lifestyle-Mist werben. Damit wird die Stadt zu einem demokratischeren Ort, an dem zu erkennen ist, wie die Stadt der Zukunft aussehen *könnte*. Das ist in der Geschichte der Menschheit – von den Anfängen komplexer Zentren in Mesopotamien bis hin zu modernen Metropolen wie New York, Lagos oder Busan – einzigartig! Du hast also heute mehr denn je die Gelegenheit, die Grenzen deiner Kunst in den öffentlichen Raum zu verlegen.

Seit den ersten Wandbildern der Vorzeit war diese Kunstform ein wichtiges Werkzeug, um Kulturgeschichte zu erzählen. Schon vor fünftausend Jahren malte das Buschvolk der San im heutigen Namibia, Botswana und Südafrika Bilder auf Felsdächer. Traditionell war es die Aufgabe der Schamanen, ihre Visionen und die Ansichten des Stammes auf Wänden zu illustrieren. Diese Form der Macht wurde in späteren Religionen (und noch später durch Unternehmen) beibehalten. Gute Beispiele sind die ägyptischen Gräber, Moscheen, buddhistische Tempel, christliche Kirchen und Werbetafeln. Heute hat der Künstler, der ein Wandbild malt, Macht. Aber die Frage ist, wie

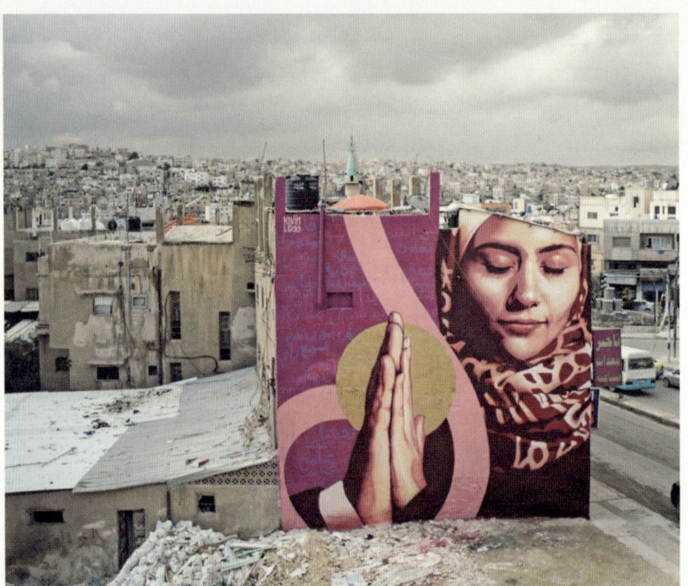

LINKS: 2016 schuf der kanadische Künstler Kevin Ledo gemeinsam mit muslimischen Frauen in Jordanien eine Serie von Wandbildern, um die Macht und die Würde der Frauen in dieser Region zu demonstrieren.

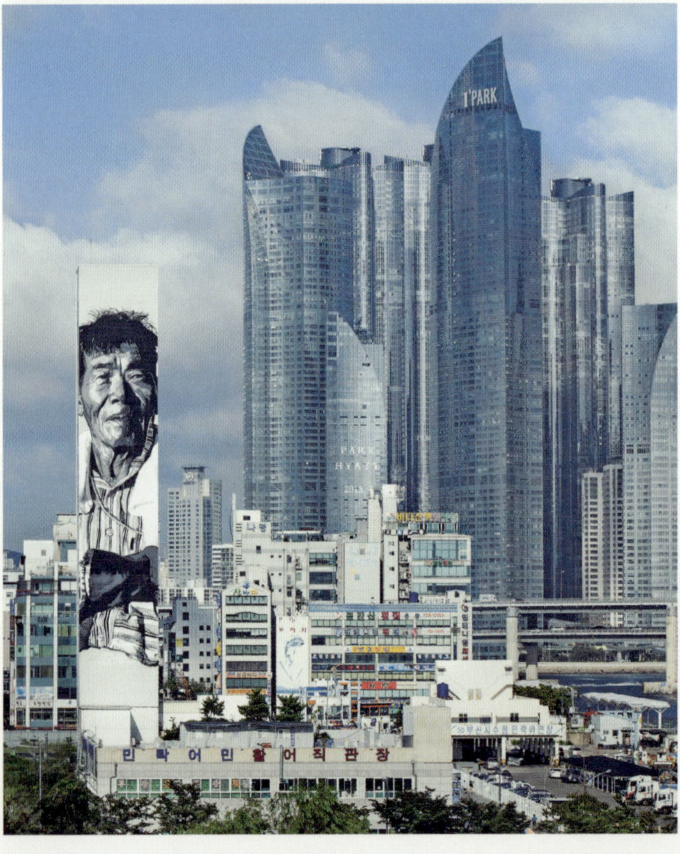

UNTEN LINKS: Hendrik Beikirchs Portrait eines südkoreanischen Fischers als Wandbild auf der Seite des Gebäudes des Fischereiverbandes in Busan. Es ist das größte Wandbild in Asien. Der alte Fischer von Beikirch steht für eine Vielzahl von Südkoreanern, die die Vorteile der schnell wachsenden Wirtschaft des Landes, die durch die Wolkenkratzer aus Glas und Stahl im Hintergrund symbolisiert wird, nicht spüren.

GEGENÜBER: Keith Haring vor seinem bahnbrechenden Werk *Crack is Wack* an einer Sporthalle in der 128th Street/2nd Avenue in New York. Das Wandbild aus dem Jahr 1986 wurde durch die Crack-Epidemie und deren Auswirkungen auf die Stadt inspiriert.

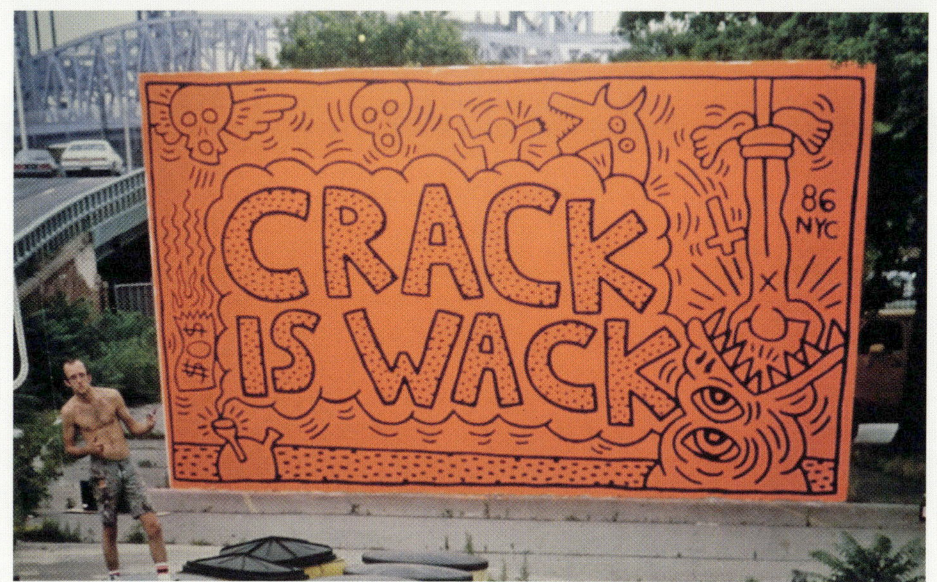

er diese Macht nutzen kann, um den Menschen eine Stimme zu verleihen, die in der und um die Stadt herum wohnen.

Im Verlauf der letzten Jahrhunderte haben sich viele Künstler der Gefahr einer Inhaftierung oder schlimmeren Repression ausgesetzt, um dafür zu sorgen, dass die Geschichten und Ansichten lokaler Gemeinschaften gesehen werden und nicht in Vergessenheit geraten: So entwarf Diego Rivera seine großflächigen Wandbilder als Reaktion auf die sozialen Umbrüche und Reformen durch die Mexikanische Revolution der 1910–20er Jahre. Der mosambikanische Maler und Poet Malangatana Ngwenya wurde in der 1960er Jahren von der portugiesischen Geheimpolizei gefangen genommen und inhaftiert, weil die meisten seiner Kunstwerke und Wandbilder mehrere Körper darstellten, die in der Menge gegen das repressive portugiesische Regime opponieren. In den 1980er Jahren weckten während des Völkermordversuchs an den Tamilen in Sri Lanka Wandbilder das Bewusstsein für den Horror. Und in Nordirland zeichnen Wandbilder den 30 Jahre andauernden Widerstand gegen die Unterdrückung durch die Briten nach.

In den 1980er Jahren arbeitet ein weiterer, an den Rand der Gesellschaft gedrängter (und nach seinem Tod im Jahr 1990 hoch verehrter) Künstler allein in den Straßen von New York. Keith Haring erkannte die Komplexität und Universalität dieser queeren Erfahrung und setzte sie um. Er stützte sich auf die Ikonografie der Azteken, Mayas, Nordafrikaner und eingeborenen Kulturen und war nicht nur Gründer der frühen Street-Art-Bewegung, sondern auch bekannter AIDS-Aktivist und arbeitete eng mit Aktivisten des ACT UP (AIDS-Interessenverband in New York) sowie später mit der Anti-Apartheid-Bewegung zusammen. Heute setzen Graffiti- und Street-Art-Künstler auf der ganzen Welt seine Traditionen des sozialen Aktivismus fort. Vor allem an Orten wie Teheran, Kabul und Nairobi riskieren Künstler physische Gewalt und Inhaftierung, sobald sie Diktatoren, Korruption oder die sozialen Bedingungen der ärmeren Bevölkerung mit ihren großen Wandbildern anprangern.

In der guten Tradition sozial-orientierter öffentlicher Kunst nutzen Mural Artists wie BLU, Os Gemeos, Yazan Halwani, Osa Seven und Millo die Möglichkeiten dieser Kunstform in Städten auf der ganzen Welt, um eine positive Veränderung der Gesellschaft anzustoßen. Jetzt ist es an dir, deine Dosen und Pinsel einzupacken und eine große Aktion zu starten, mit der du etwas bewegst. Mithilfe der folgenden Anleitung sollen diese Riesenwände ein wenig zugänglicher für dich werden.

DEIN ZUBEHÖR UND WO DU ES BEKOMMST

WERKZEUG UND AUSRÜSTUNG

- Farbe (viel)
- Pinsel
- Leiter/Hebebühne
- Verlängerbare Rolle (optional)
- Ausdruck deines Bildes
- Maßband

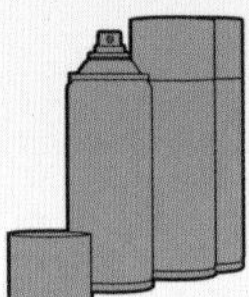

FARBE

Wasserbasierte Emulsionsfarbe ist kostengünstig und eignet sich gut für große Bilder. Sprühfarben sind ebenfalls gut, aber teuer. Finde heraus, wo du sie preiswert bekommen kannst. Je nachdem, wie viel Zeit du hast und was für ein Bild zu malen möchtest, kannst du auch mit Emulsions- und Sprühfarbe arbeiten.

- Suche im Baumarkt, im Künstlerbedarf und in Graffiti-Shops.
- Überzeuge deinen Vermieter davon, dass dein Haus neu gestrichen werden muss. Biete ihm an, diese Arbeit kostenlos zu übernehmen …
- Schaue im berühmten Kramschrank in der Garage nach.

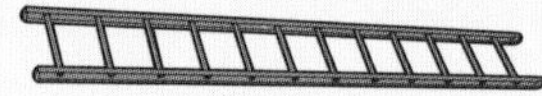

LEITER/ARBEITSBÜHNE

Mit einer hydraulischen Arbeitsbühne kannst du beliebigen Höhen erreichen. Du solltest eine solche Hebebühne aber nur verwenden, wenn du Fake-Poster an der Wand anbringst oder die Erlaubnis des Gebäudebesitzers hast. Leitern gibt es in allen erdenklichen Größen, sogar in klappbarer und extrem leichter Ausführung. Die perfekte Lösung für unbefugtes Arbeiten, und wenn du kein Auto hast, um eine Hebebühne zu transportieren.

- Unternehmen, die große Anlagen oder Maschinen vermieten, bieten auch Hebebühnen an, die du z. B. für einen Tag mieten kannst. Du brauchst aber eine Person, die dieses Gerät qualifiziert bedienen kann.
- Du kannst eine Leiter von einer Baustelle ausleihen – oder es lassen.
- Im Garten deines Nachbarn findet sich mit Sicherheit eine Leiter.

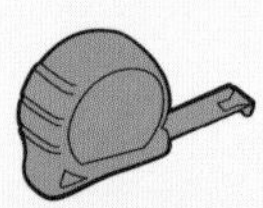

MASSBAND

Du brauchst ein Maßband, um die Wand auszumessen. Dann kannst du dein Bild mithilfe eines Rasters auf die richtige Größe vergrößern. Dein Maßband sollte lang genug sein, damit du auch eine große Wand ausmessen kannst.

- Dazu müssen wir wohl nichts sagen.

FARBPINSEL

Welchen Besen du auswählst, hängt davon ab, wie dein Werk aussehen soll und wie groß die Wand ist, auf der du arbeitest. Mit Farbrollen lassen sich große Bereiche schnell und günstig abdecken, während ein großer Pinsel für Details und die richtige Textur sorgt. Wenn du nur mit Sprühfarbe arbeitest, brauchst du gar keinen Pinsel. Doch wenn du unterschiedliche Farben verwendest, kannst du spannendere Texturen erzeugen. Sei also kreativ.

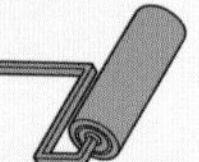

VERLÄNGERBARE ROLLEN

Farbrollen sind sehr hilfreich, wenn du große Flächen schnell bemalen möchtest. Es gibt verlängerbare Stile in allen Größen; so erreichst du also auch große Höhen von einer Leiter oder vom Boden aus. Aber sie eignen sich auch gut für »Reaches«, also wenn du von einem Dach herunter an der Wand heruntermalen möchtest.

- Du kannst selbst einen Stil aus Holzteilen herstellen, die du mit Bändern oder Klebebändern befestigst.
- Kaufe eine verlängerbare Rolle in einem Geschäft.

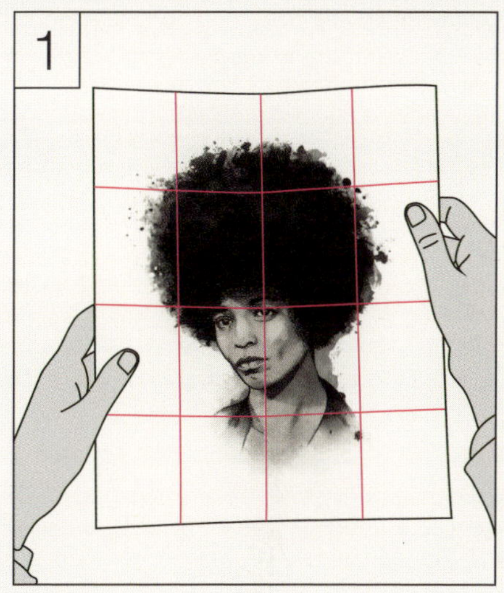

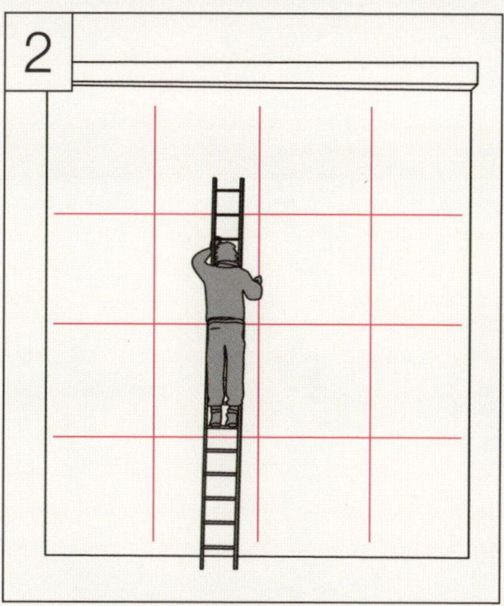

Miss die Wand aus. Zeichne oder drucke dein Bild in den gleichen Proportionen wie die der Wand.

Teile die Wand in gleichgroße Kacheln. Diese kannst du z. B. in heller Farbe und gepunkteten Linien auf die Wand sprühen. Du solltest diese Linie allerdings später übermalen können.

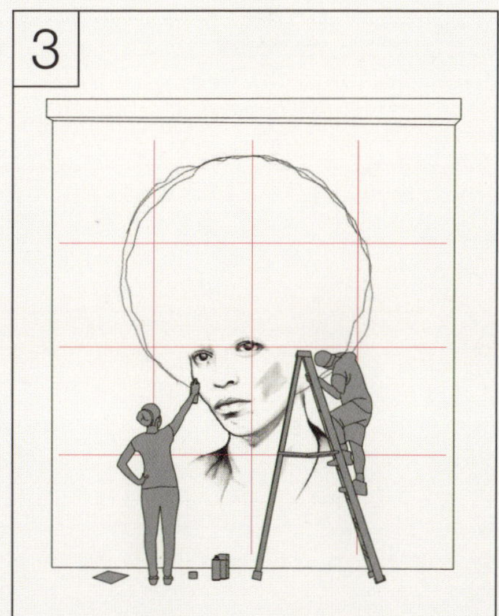

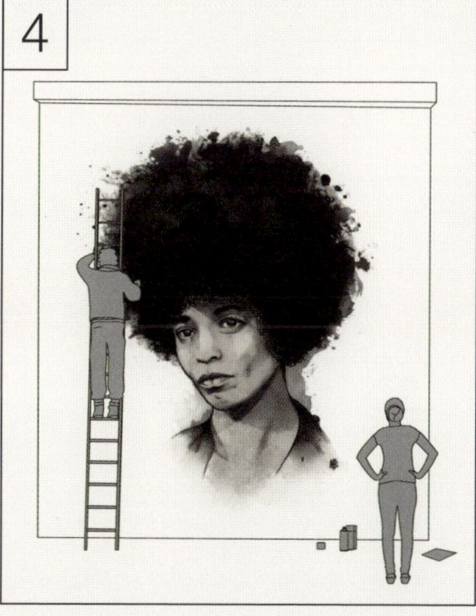

Skizziere dein Bild mit heller Farbe auf der Wand. Verwende die Gitterlinien als Referenzpunkte, damit die Größe und die Proportion deines Bildes stimmen. Beginne in der Mitte des Bildes und verwende diesen Teil als Referenz für den Rest der Skizze. Wenn der erste Teil in der richtigen Größe gemalt ist, sind die übrigen Teile kein Problem mehr.

Beende dein Bild, indem du die Farbschichten aufträgst. Viele Künstler beginnen mit den Farbschichten im Hintergrund. Gestalte saubere Farblinien, damit alle Kanten klar und scharf werden.

Dokumentiere das Ergebnis.

EXTRA-TIPPS

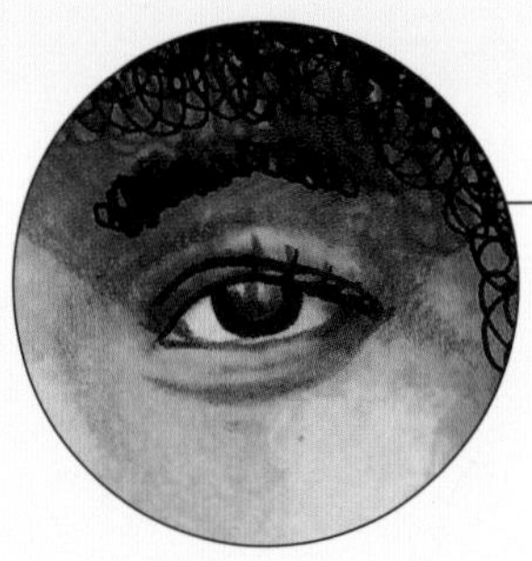

PROPORTIONEN

Wenn dein Wandbild am Ende wie ein ungeübter Picasso aussieht, ist das keine gute Idee. Beginne daher beim Skizzieren mit dem wichtigen und zentralen Teil des Bilds und arbeite dich dann nach außen vor. Nimm dir für den ersten Teil ausreichend Zeit, dann wird der Rest einfacher.

DETAILS

Wandbilder werden meist aus der Entfernung betrachtet. Daher musst du dir um hochkomplizierte Details keine Sorgen machen. Manchmal ist weniger mehr und du sparst auch Zeit und Farbe. Du brauchst ein bisschen Erfahrung, um herauszufinden, was du weglassen kannst. Probiere es einfach aus und finde so deinen eigenen Stil.

ZEIT

Je nach Stil und deiner Erfahrung kann es etwas dauern (Tage oder Wochen), bis ein großes Wandbild fertig ist. Male zuerst kleinere Wandbilder, um die Grundlagen zu lernen. Mach also nicht den zweiten vor dem ersten Schritt.

PROZESS

Worum geht es bei deinem Wandbild? Kunst kann mehr sein als ein ästhetisches Bild, das gefällt. Denke darüber nach, wie dein Bild entstanden ist. Ist es eine Gemeinschaftsarbeit? Welche Ideen spiegeln sich darin wider? Wie kann dieser Prozess dich und andere verändern, die an dem Ort, an dem du dein Bild malen möchtest, leben, arbeiten oder ihn nutzen?

KUNSTWERK VERGRÖSSERN

Künstler haben unterschiedliche Methoden, um ein Bild auf eine Wand zu vergrößern. Der einfachste und schnellste Weg ist, es frei Hand und nach Augenmaß zu zeichnen. Aber das kostet Zeit. Andere teilen die Wand mithilfe eines Gitters in kleinere Bereiche auf. Und wieder andere verwenden einen Projektor – das geht natürlich am schnellsten. Finde einfach heraus, womit du am besten klarkommst.

SKIZZE

Skizziere dein Bild mit heller Farbe (beige oder hellgrau) auf der Wand. Du kannst die Linie solange anpassen, bis alles richtig ist. Die helle Farbe hat den Vorteil, dass du sie übermalen und damit Fehler ausgleichen kannst. Verstärke die Linien, wenn du die nächsten Farbschichten aufträgst und die Details malst.

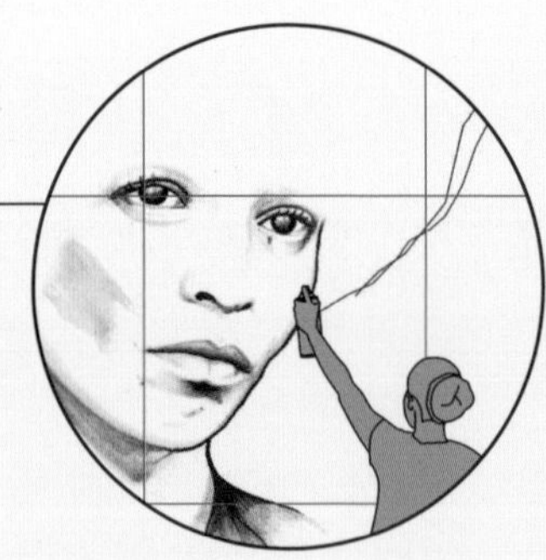

HINTERGRUNDFARBE(N)

Wenn die Skizze fertig ist, malst du den Hintergrund mit der oder den Emulsionsfarbe(n). Das ist die preiswerteste und einfachste Lösung und du kannst die Farbe nach dem Trocknen anfassen.

DO:

- Beginne mit kleinen Bildern. Lerne, wie du Kunstwerke vergrößerst.
- Entwickele deinen eigenen Stil und Prozess.
- Experimentiere mit Materialen und Methoden. Finde die Kombination heraus, die deinen Stil einzigartig macht.
- Konzentriere dich darauf, deinen eigenen Stil zu präsentieren. Lerne dabei von anderen, aber sei auf eigene Weise kreativ.
- Male auf Street-Art-Festivals und sammle dabei Erfahrungen für größere Auftragswerke.
- Sprich mit Gebäudebesitzern und frage sie nach Stellen, die du bemalen kannst.
- Suche selbst nach interessanten Orten und Wänden. Mache einen Rundgang durch die Stadt und finde Plätze, die keiner kennt.
- Wähle gute Fotos aus.
- Binde junge Menschen ein, wenn du malst. Teile deine Leidenschaft und ermutige andere, in den Straßen zu malen.
- Verkaufe Drucke deiner Werke, um damit dein nächstes großes Wandbild zu finanzieren.

DON'T:

- Falle nicht von der Hebebühne herunter.
- Wirf dein Geld nicht zum Fenster raus. Sprühfarben sind teuer, verwende sie also sparsam.
- Betätige dich nicht für die Öffentlichkeit, sondern mit der Öffentlichkeit. Binde andere in deinen Prozess ein. Das ist manchmal wichtiger als das fertige Kunstwerk.
- Springe nicht in Flip-Flops von der Leiter.
- Achte nicht darauf, was andere Street Artists auf Instagram posten. Das ist scheißegal.
- Kümmere sich bei einem großen Werk nicht zu sehr um die Details. Wenn du ein Bild aus der Entfernung fotografierst, werden die meisten Details auf dem endgültigen Bild unvermeidlich untergehen.

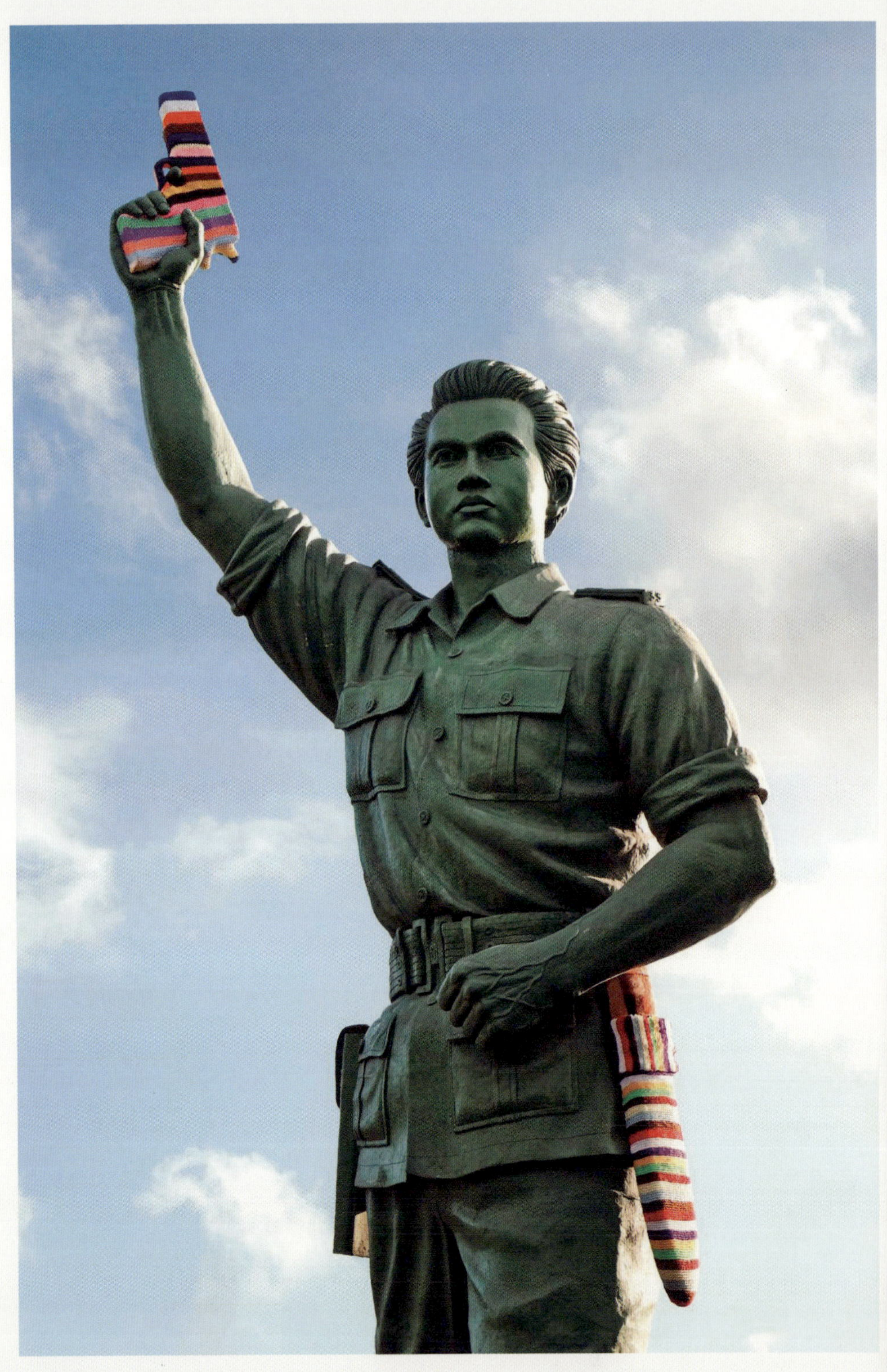

Yarn Bombing

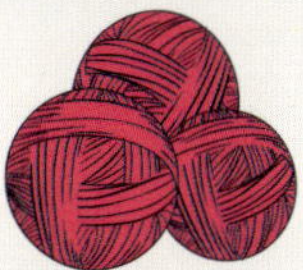

In letzter Zeit ist Stricken wieder modern geworden. Yarn Bombing ist eine illegale Form des Guerilla Knitting, bei dem die Menschen ihre Zeit und ihr Geld in etwas investieren, von dem sie selbst keinen Vorteil haben. Im Gegensatz zu den normalen Graffiti Writern geht es den Yarn Bombers nicht um den Ruhm, denn sie installieren ihre Strick-Tags anonym an Bänken, Laternenpfählen, an Bäumen, städtischer Architektur und Behältern. Ganz schöne Rüpel! An allen Ecken auf der ganzen Welt wickeln Yarn Bomber ihre Arbeiten um Telefonmasten, popeln sie durch Stacheldraht und umstricken und umhäkeln Poller, Geländer, Bäume und öffentliche Denkmäler.

Yarn Bombing/Guerila Knitting wurde 2005 in Houston, Texas, von Magda Sayeg ins Leben gerufen. Einige Monate später hatte Magda bereits ein Team mit dem Namen »Knitta Please« (häufig kurz »Knitta« genannt) um sich versammelt und heute gibt es eine internationale Bewegung von Künstlern aller Altersklassen und Nationalitäten. Yarn Bombing/Guerilla Knitting vereint Disziplinen wie die Installationskunst, Handarbeit und Street Art und zeigt sich in unterschiedlichen Formen: Arbeiten, die früher für den Haushalt angefertigt wurden, erhalten von den »Craftists« (Handarbeitern) eine eigene Form sanfter Macht und sind auf der Straße als wenig risikoreiche Street Art für alle und weithin sichtbar.

Yarn Bombing/Guerilla Knitting ist Teil des internationalen »Craftivism« (Handarbeits-Aktivismus), der Elemente des Antikapitalismus, der Umweltbewegung, der Solidarität und des Feminismus verkörpert. Dieser vielseitige Ansatz gefällt Künstlern, die mit ihren handwerklichen Praktiken die Geschichte und Tradition der Arbeit von Frauen ehren oder vielleicht auch kritisieren und Fragen zur Gleichberechtigung der Geschlechter, zu Machtverhalten und zum häuslichem Leben aufwerfen. Craftivism kann auch die Zeit und Produktivität infrage stellen: Arbeiten, die traditionell von Frauen erledigt werden (Kindererziehung, Haushalt, Handarbeiten) wurden in der Geschichte nicht als »Arbeit« angesehen und deshalb wurde ihnen in kapitalistischen Gesellschaften nie ein Wert beigemessen. Frauen, die den Zweck und die Funktion von Handarbeiten wie Stricken, Häkeln und Nähen unterwanderten, um sich gegen soziale und politische Normen im eigenen Heim, aber auch in der Gesellschaft aufzulehnen, haben eine lange Tradition. Der Craftivism, der häufig als eine moderne westliche Bewegung bezeichnet wird, hat tatsächlich jedoch seine Wurzeln in den 1970er Jahren in Lateinamerika.

Während sich in dieser Zeit die Frauen der westlichen Welt bereits zusammentaten, um gegen Geburtenkontrolle, häusliche Gewalt und das Patriarchat zu protestieren, trafen sich die

Die Gründerin der Yarn-Bombing-Bewegung, Magda Sayed, besuchte 2010 Bali, um diese Statue eigentlich vollständig mit ihrem Strickwerk einzuwickeln. Beim Anblick dieses Monuments militärischer und staatlicher Macht entschied sie sich, nur die Symbole von Gewalt und Unterdrückung – die Waffen – zu umstricken.

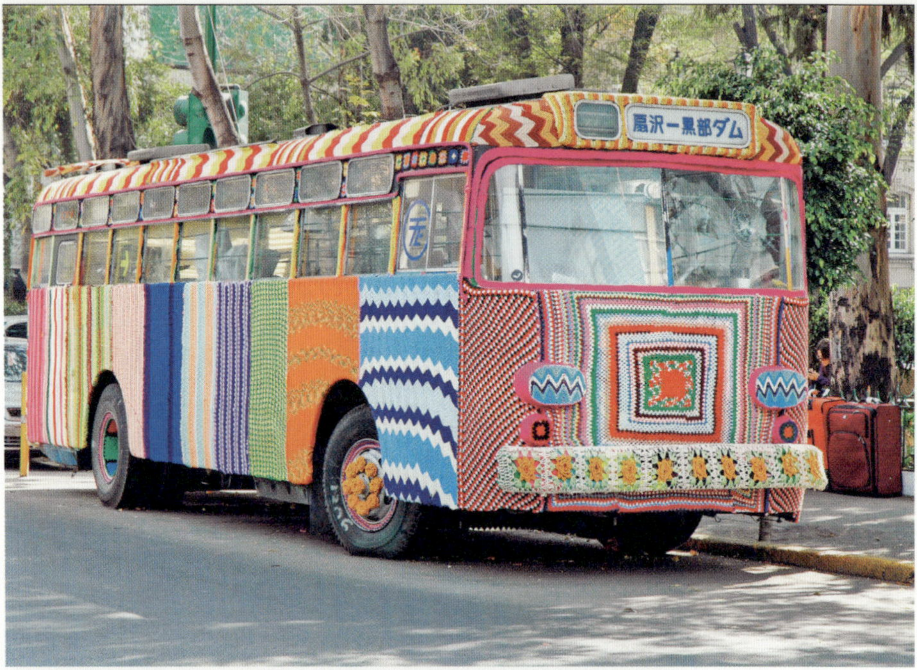

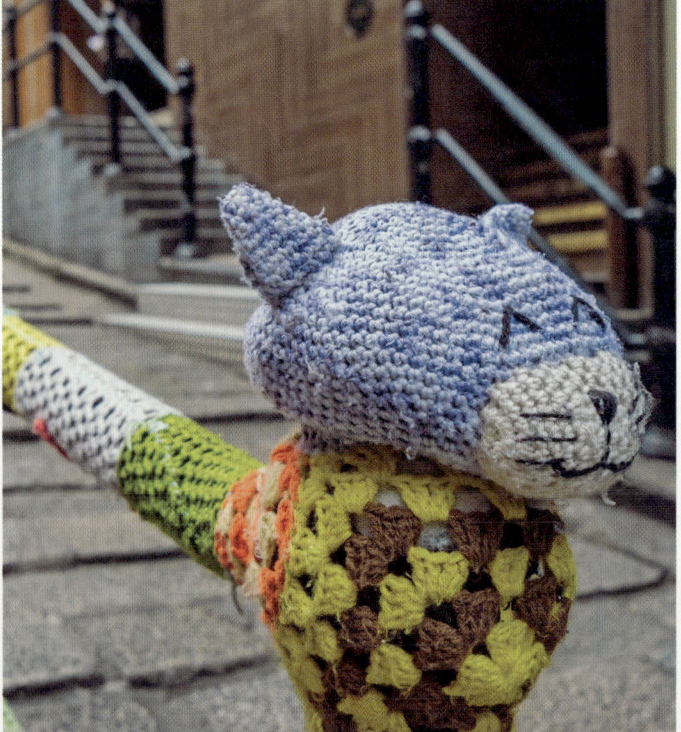

OBEN: Mit ihrem Yarn Bombing eines Busses wird Magda Sayek 2007 in Mexiko berühmt. Nach der Yarn-Bombing-Attacke wurde der Bus ausgemustert und als Atelier für Kunstprojekte der Gemeinde genutzt.

LINKS: Esther Poon Suk-han aus Hongkong wollte die Menschen mit ihrem Werk glücklich machen, weil sie beobachtet hatte, dass die Hongkonger aktuell weniger glücklich waren als während des Wirtschaftsbooms vor der Übergabe der Herrschaft durch die Briten im Jahr 1997.

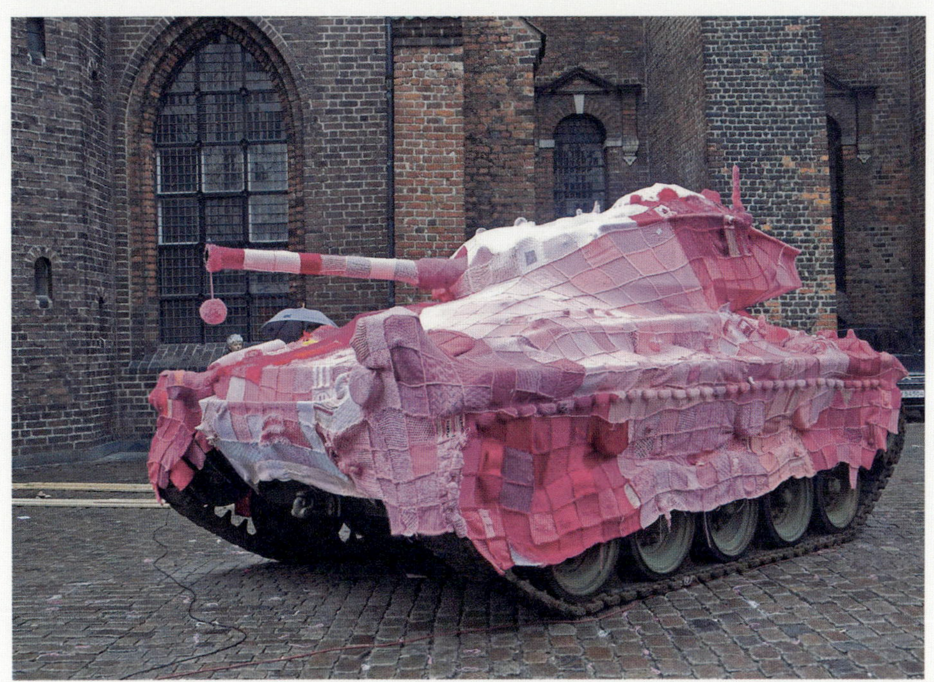

OBEN: Im April 2006 protestierte die dänische Künstlerin Marianne Jørgensen mit ihrem Yarn Bombing/Guerilla Knitting gegen die Beteilung der USA, Großbritanniens und Dänemarks am Irak-Krieg. Sie umstrickte einen Panzer aus dem Zweiten Weltkrieg mit mehr als 4000 pinken Strickquadraten der Größe 15x15 cm. Diese Quadrate wurden von mehr als 1000 Menschen gespendet und stellen laut Jørgensen »die allgemeine Anerkennung des Widerstands gegen den Krieg im Irak« dar.

Frauen der Arbeiterklasse in Chile, um sogenannte »Arpilleras«, Näharbeiten mit applizierten Patchworkbildern, anzufertigen, die die Gewalt und Repressionen der Pinochet-Diktatur (1973–1990) zeigten. Diese Frauen lehnten sich gegen die Unterdrückung auf und konnten dank ihrer Solidarität die Realität ihres Alltags in ihren Näharbeiten ausdrücken. Arpilleras stellten sowohl die Grausamkeit des Militärs als auch den alltäglichen wirtschaftlichen Kampf ums Überleben dar. Gleichzeitig erzählten sie mit Stolz vom Protest und Widerstand der Frauen. Im Unterschied zu anderen Formen des Protests entzogen sich Arpilleras der politischer Zensur, sodass die Frauen ihre Situation sogar außerhalb von Chile kundtun konnten – eine der vielen neuen Taktiken des weiblichen Widerstands, mit denen Militärdiktaturen und andere Regimes überlistet wurden.

Sowohl Yarn Bomber als auch Craftivisten schöpfen ihre Kraft daraus, dass sie rebellisch sind. Sie äußern ihre Aufmüpfigkeit auf unterschiedliche Weise und widersetzen sich den traditionellen sozialen, kulturellen und politischen Normen in Bezug auf Geschlecht, Arbeit und die Rolle der Frau zu Hause und in der Gesellschaft. Die neuen Crafitivismus-Subkulturen wie das Yarn Bombing/Guerilla Knitting sind Akte des Widerstands, durch die ein frischer politischer Wind durch die Straßen der Städte auf der ganzen Welt weht und die die Schattenseiten politischer, sozialer oder ökonomischer Systeme aufwirbeln. Künstler und Kollektive wie Marianne Jørgensen, LanaAttack, Magda Sayek, Knitta Please! und Esther Poon Suk-han zeigen uns, was man mit Stricknadeln und gigantischen Mengen an Wolle in den Straßen erreichen kann.

DEIN ZUBEHÖR UND WO DU ES BEKOMMST

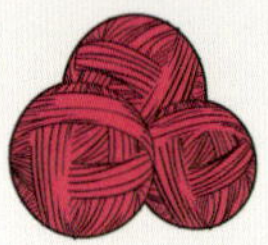

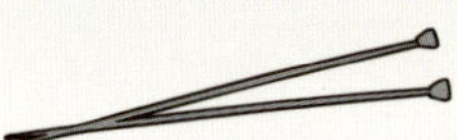

GARN/WOLLE

Halte dein Geld beisammen und arbeite mit Acrylgarn; das ist weich und leicht zu verarbeiten. Verwende vor allem am Anfang kein extrem dickes oder sehr dünnes Gar, denn dickes Garn lässt sich schwer stricken und mit dünnem Garn brauchst du Jahrzehnte, um fertig zu werden. Bevorzuge helles Garn, denn das fällt in der ohnehin schon grauen Straße mehr auf.

- Gehe in Handarbeitsgeschäften, Wohltätigkeitsläden und diesen komisch riechenden Kramläden auf die Jagd.
- Die dicken Knüller findest du im Wollgeschäft, dem Mekka aller Strickerinnen.
- Vielleicht bekommst du auch billiges Zeug auf irgendeinem Flohmarkt.

STRICKNADELN

Es gibt Nadeln aus Holz, Stahl oder Kunststoff. Kaufe einfach die billigsten. Welche Größe du brauchst, erkennst du auf der Banderole des Wollknäuels. Wenn das Strickstück zu fest ist, nimmst du einfach dickere Nadeln, und wenn es zu locker ist, dünnere.

- Deine Mutter hat sicher ein paar Stricknadeln für dich.
- Im Handarbeitsgeschäft ist die Auswahl riesig.

WERKZEUG UND AUSRÜSTUNG

- Stricknadeln
- Wolle
- Maßband
- Wollnadel
- Zeit

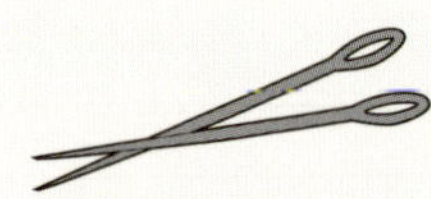

WOLLNADEL

Wenn du dein Yarn-Bombing-Werk oder Tag in der Öffentlichkeit anbringen möchtest, brauchst du eine große, stumpfe Wollnadel. Solche Nadeln sehen aus wie Nähnadeln, haben aber eine wesentlich größere Öse zum Einfädeln des Garns und sind nicht spitz. Metall- oder Kunststoffnadeln sind billig und reichen völlig aus.

- Wollnadeln gibt es auch im Handarbeitsgeschäft.
- Die Schneiderin, zu der deine Mutter geht, hat bestimmt auch ein paar solcher Nadeln.

LOS GEHT'S

In dieser schrittweisen Anleitung lernst du, wie du eines der aggressivsten und mächtigsten Objekte polizeilicher Repression – den gepanzerten Sondereinsatzwagen – mit ein bisschen pinkfarbener Wolle und viel Zeit in ein süßes Schweinchen verwandelst.

1

Finde ein Objekt.

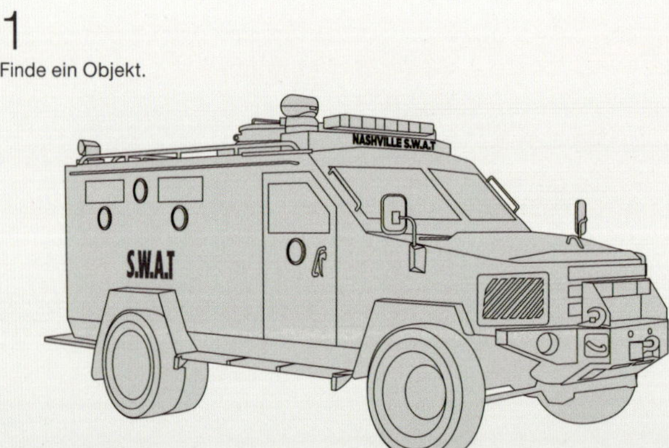

2

Messe das Objekt aus, das du bearbeiten möchtest.

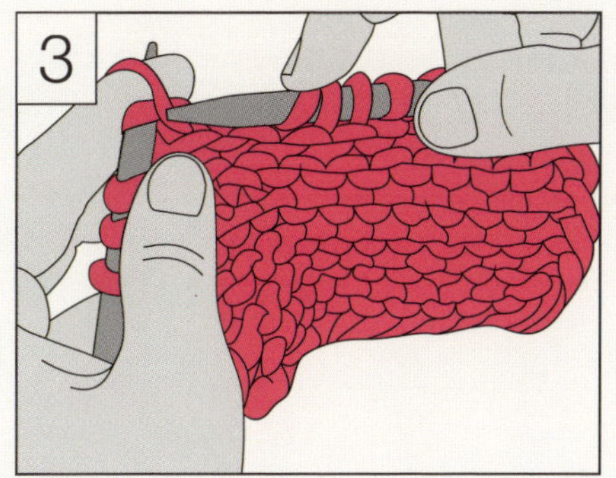

Stricke.

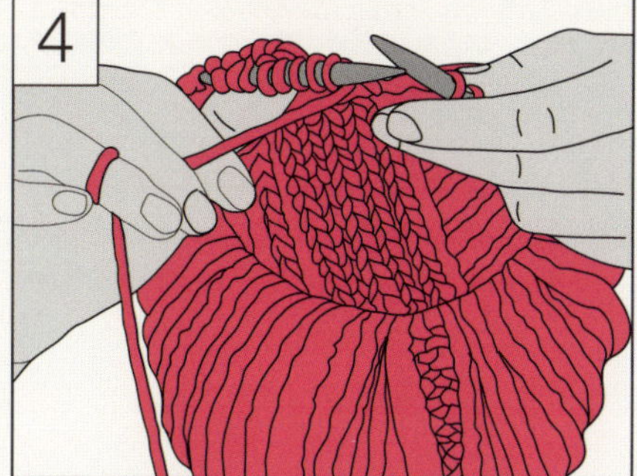

Stricke noch mehr.

5

Nähe das Strickwerk mit Nadel und Faden an das Objekt.

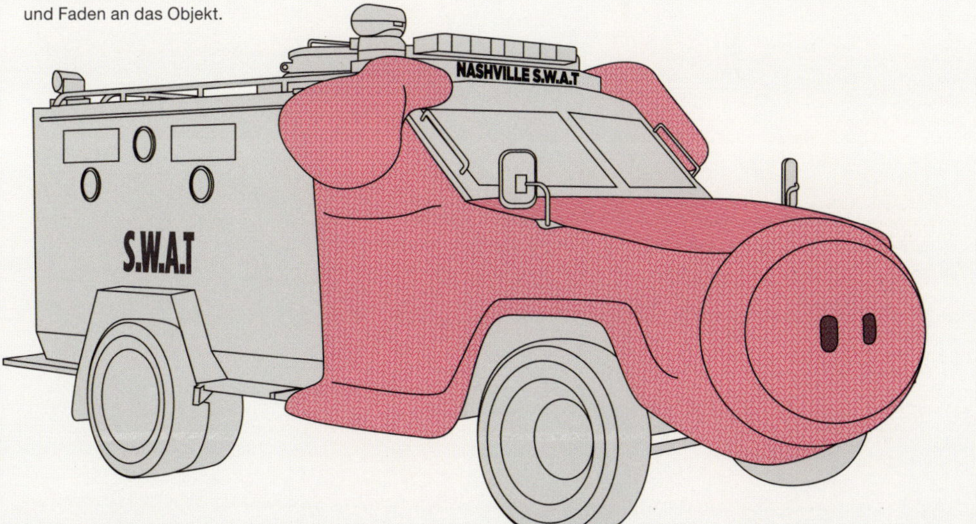

EXTRA-TIPPS

PROZESS
Schließe dich mit anderen zusammen. Der soziale Aspekt ist genauso wichtig wie die fertige Installation. Es gibt Tausende von Online-Communitys (Blogs, Foren, Websites usw.), auf denen du andere Guerilla-Stricker kennenlernst.

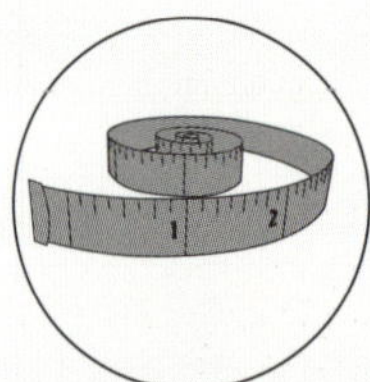

MASS NEHMEN
Miss das Objekt oder die Stelle, die du umstricken möchtest, immer aus, bevor du anfängst. Dazu kannst du ein Maßband, deine Hand oder einen Faden verwenden. Du musst aber nicht supergenau messen, denn Garn ist elastisch, sodass du bei der Installation deines Werkes immer einige Zentimeter Spielraum hast und es immer anpassen kannst. Hab also vor allem Spaß an der Sache.

TAG ANBRINGEN
Wenn du viel Zeit hast, kannst du die Nähte mit Nadel und Faden zunähen. Wenn die Situation brenzliger ist, verwende Klettband, Knöpfe oder Druckknöpfe – das geht schneller.

STRICKSTÜCK
Was dein Yarn-Bombing-Werk angeht, hast du alle Freiheiten der Welt. Vom einfachen Rechteck bis zu komplizierten Tags, die ganze Objekte bedecken, ist alles möglich. In Online-Foren und auf Websites findest du Tausende von Vorlagen und Designs.

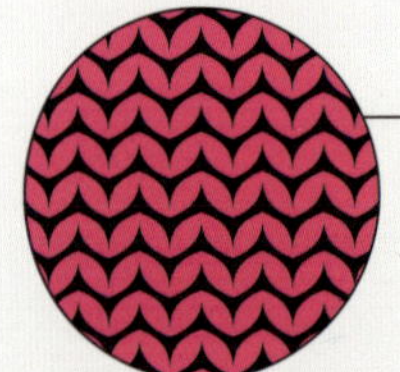

DESIGN
Du kannst dein Werk stricken oder häkeln und du musst dich für eine Form entscheiden. Soll es zum Beispiel ein wiederkehrendes Muster haben? Oder soll es ein Patchwork-Teil werden? Die Stadt ist ein Patchwork aus langweiligem Grau und dunklen Farben. Daher sollte dein Werk vielleicht ein paar lebhafte Farben in die Straßen bringen.

DIE INSTALLATION VORBEREITEN
Du solltest so viele Teile wie möglich zusammennähen, bevor du dein Werk anbringst, damit du die Arbeit vor Ort so schnell wie möglich fertigstellen kannst. Damit sparst du wertvolle Zeit und Stress.

 DO:

- Entscheide dich am Anfang für ein einfaches Tag, mit dem du deine Strickkünste verbessern kannst.
- Suche in der Stadt nach interessanten Locations.
- Kaufe anfangs preiswerte Materialien. Es lohnt sich nicht, viel Geld für edle Wolle auszugeben.
- Verpasse dem Pudel deines Nachbarn ein Yarn Bombing. Er sieht ohnehin seltsam aus, vielleicht tust du ihm damit sogar einen Gefallen.
- Mache dich mit der Geschichte von Handarbeiten und geschlechterspezifischen Arbeiten vertraut. Rüttle Stereotypen auf und lehne dich gegen das Patriarchat auf.
- Suche in Online-Communitys nach Unterstützung und Anregungen.
- Du hast das Recht, deine Meinung im öffentlichen Raum kundzutun. Nutze es.

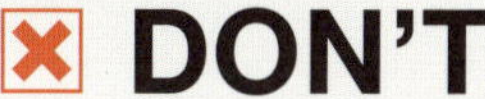

DON'T:

- Piekse dich nicht mit den Nadeln.
- Beeile dich nicht mit dem Ausmessen des Objekts, an dem du dein Tag anbringen möchtest. Nimm dir Zeit und genieße das Gefühl.
- Du musst nicht um 3 Uhr morgens mit einer Kapuze auf dem Kopf arbeiten. Guerilla Knitting ist eine risikofreie Form von Street Art.
- Verwende kein einziehbares Maßband zum Messen deines Zielobjekts. Mit einem flexiblen Maßband lassen sich Objekte einfacher ausmessen.

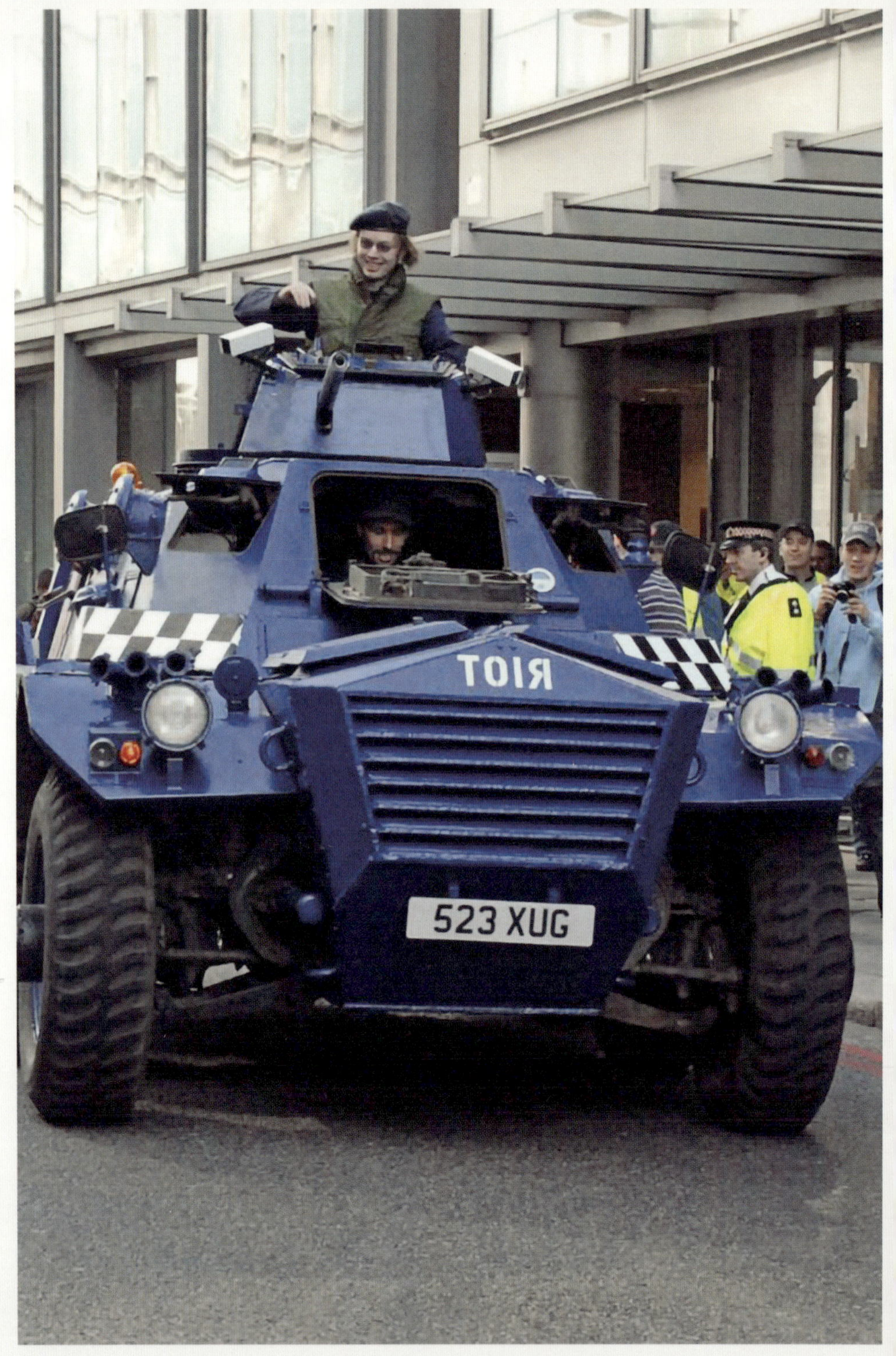
TOIЯ
523 XUG

Guerilla-Theater

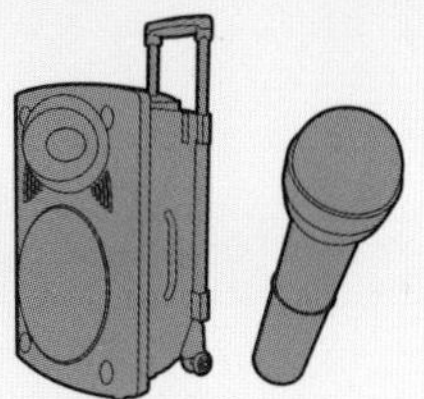

Washington DC. Ein Tag im Sommer 1971. Scharen von Touristen strömen an den berühmten Hotspots vorbei und räkeln sich auf den Stufen des Capitols. Der Journalist Art Goldberg erinnert sich: »Ein Trupp Soldaten taucht auf. Grimmig dreinschauende Kämpfer in Tarnkleidung. Sie springen über den Zaun und schreien eine Gruppe Touristen an. ›OK. Alle stehenbleiben. Stehenbleiben. Niemand bewegt sich. Niemand bewegt sich!‹ Sie klingen böse und angespannt. Ein Mann löst sich aus der Menge. Einige Soldaten schießen, der Mann fällt zu Boden, fasst sich an den Bauch. Blut ist zu sehen. Die Touristen drehen sich entsetzt weg. ›Wieder einen erledigt!‹, ruft ein Soldat. Plötzlich taucht ein weiterer Trupp Soldaten auf. ›OK. Pässe zeigen. Pässe zeigen!‹, schreien sie. Schnell ergreifen Sie eine junge Frau, halten sie im Polizeigriff, stoßen sie mit ihren Waffen und führen sie ab. Die Soldaten verschwinden und weitere Männer in Tarnuniform verteilen Flugblätter an die überraschten Touristen. Auf den pinkfarbenen Blättern steht: ›Gerade ist eine Einheit der US-Infanterie hier durchgelaufen! Wenn Sie Vietnamese wären, hätten wir vielleicht Ihr Haus niedergebrannt. Oder Ihren Hund erschossen. Oder Sie selbst erschossen. HELFEN SIE UNS, DEN KRIEG ZU BEENDEN, BEVOR IHR SOHN ZUM MÖRDER WIRD ODER STIRBT.‹« Hinter dieser Aktion steckte die Antikriegsgruppe »Vietnam Veterans Against the War« – und die Kunstform des Guerilla-Theaters war geboren.

Guerilla-Theater ist eine Form der Intervention, bei der die scheißlangweilige Alltagsrealität durch eine spontane, überraschende Performance an einem unerwarteten öffentlichen Ort vor einem ahnungslosen Publikum unterbrochen wird. Nicht alle Formen des Guerilla-Theaters wirken so intensiv wie das oben beschrieben Szenario. Aber die meisten Performances richten das Augenmerk der Zuschauer mithilfe von Satire, Protest oder karnevalesken Methoden auf ein politisches oder soziales Problem. Viele der frühen Aktionen waren das direkte Ergebnis der radikalen sozialen Bewegungen der 1960er bis Mitte 1970er Jahre. In Brasilien und Argentinien entwickelte der Künstler Augusto Boal 1970 eine Form der Performance, die er »unsichtbares Theater« nannte. Unsichtbares Theater sollte die Unterdrückung im Alltag in einer Alltagssituation vor unbedarftem Publikum sichtbar machen.

Es wurde häufig mit geheimen Schauspielern in Cafés oder Geschäften aufgeführt und

Während der Proteste gegen den G20-Gipfel in London im April 2009 entschieden die Space Hijackers, eine Attrappe eines gepanzerten Bereitschaftsfahrzeugs einzusetzen. Die Metropolitan Polizei fand das nicht lustig und verhaftete alle 11 Hijacker.

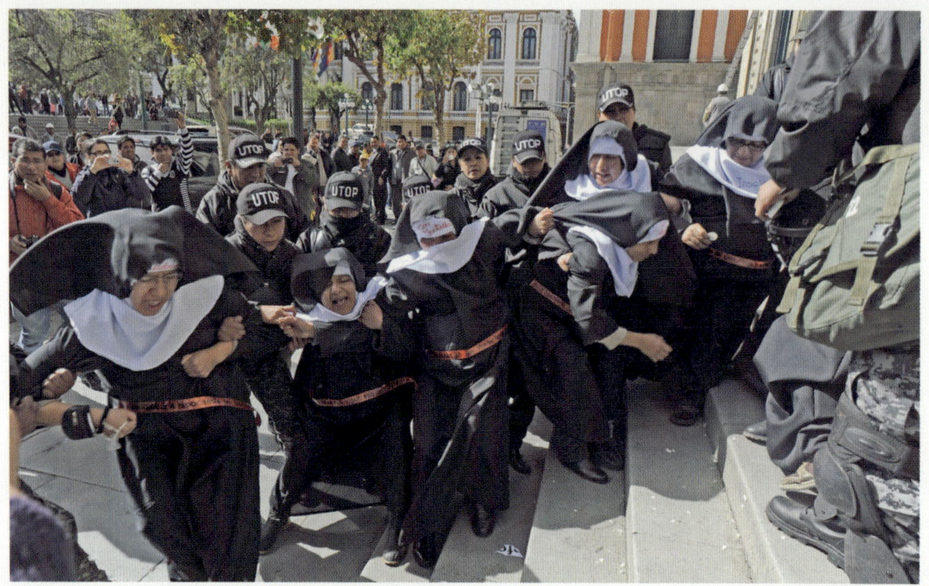

Am 6. Juli 2015 protestieren Mitglieder der bolivianischen anarcho-feministischen Gruppe Mujeres Creando (Kreative Frauen) vor der Kathedrale in La Paz als Nonnen verkleidet gegen den anstehenden Besuch von Papst Franziskus in Bolivien und werden von der Polizei aufgelöst.

erweiterte die sogenannten »Happenings«, die in den 1960er in New York stattfanden, um jenseits von Theatern und Galerien auf soziale Probleme aufmerksam zu machen. Guerilla-Theater gilt als der verstörende, aber liebenswürdige Nachkomme des unsichtbaren Theaters und der Happenings. Danach folgte mehrere Jahrzehnte lang eine kreative Orgie von Karnevalsumzügen, Festzügen, Spektakeln, kreativen Shows und, besonders bemerkenswert, avantgardistischen Dada-Aktionen sowie später die Street-Art-Bewegungen der 1970er und 1980er Jahre.

Wir spulen vor zum Jahr 1998. Ein mittelalter Mann mit einer gigantischen goldblonden Haartolle im weißen Anzug und schwarzen Hemd mit einem weißen Priesterkragen. Aus allen Richtungen kommen zahlreiche Menschen am Times Square in New York zusammen. Die erhobenen Hände des Priesters halten ein Kreuz, auf dem eine Spielzeug-Mickey-Maus befestigt ist. Der Kragen ist fake, aber sein Überzeugung ist echt. Reverend Billy von der »Church of Stop Shopping« wird gleich in einem Disney-Geschäft eine Teufelsaustreibung beginnen. Es handelt sich um eine sogenannte »Shopocalypse« – der Annahme, dass das manische Konsumverhalten zum Ende der Menschheit führen wird – und die Kunden haben keine Ahnung, was hier vor sich geht. Der Geistliche steht auf, erklärt, dass Mickey Maus ein Antichrist ist und beginnt bei einer Kasse mit einer Teufelsaustreibung. Er klagt die Ausbeutung der Arbeit, das Konsumverhalten und seine Auswirkungen auf den Klimawandel und die Gesellschaft als Ganzes an. Seine öffentlichen Gebete sind eines der Paradebeispiele für Guerilla-Theater. Billy, der ursprünglich von einem echten Vikar aus dem Stadtteil Hell's Kitchen in Manhattan geschult wurde, wendet zahlreiche Strategien wie zum Beispiel Interventionen in Einzelhandelsgeschäften oder Mobiltelefon-Opern an, um ein ahnungsloses Publikum für schwerwiegende

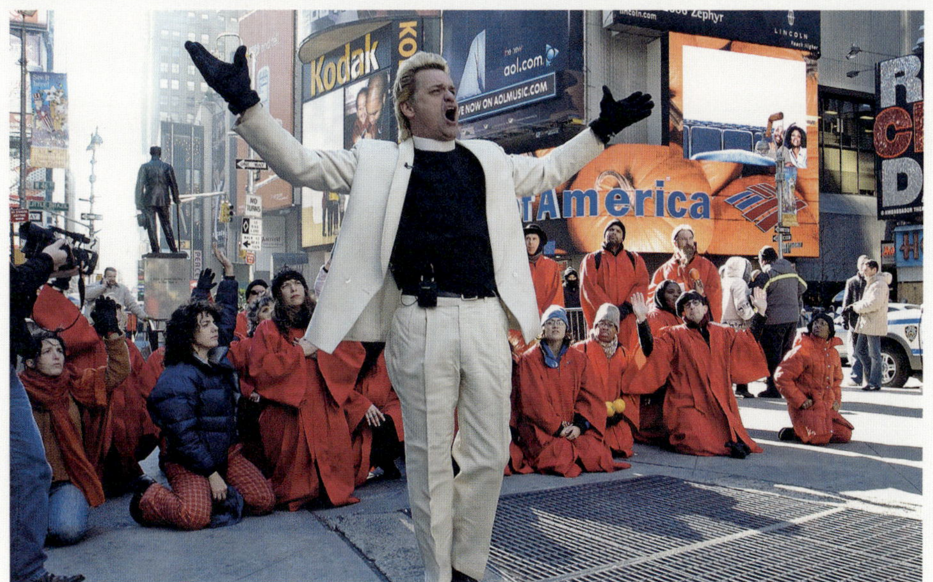

Der Reverend Billy und der Chor »Stop Shopping« beim Gebet am Times Square in New York.

soziale und ökologische Probleme zu sensibilisieren. 2002 gab Starbucks für seine Mitarbeiter ein Dokument mit dem Titel »Was tue ich, wenn Reverend Billy in mein Geschäft kommt« heraus, in dem ein Evakuierungsprotokoll und eine Reihe schriftlicher Maßnahmen aufgeführt waren, mit denen die Mitarbeiter verärgerte oder neugierige Kunden beruhigen sollten. Amen.

Auch während der globalen antikapitalistischen Massenaktionen der 1990er Jahre wurden karnevalsähnliche Formen des Widerstands als wichtige Taktik entwickelt. Künstler-Aktivisten wie Jon Jordan, L. M. Bogad, Jen Verson und Matt Trevelyan gründeten Ende 2003 die »Clandestine Insurgent Rebel Clown Army (CIRCA)«, um den US-amerikanischen Politiker-Clown George W. Bush bei seinem Staatsbesuch in Großbritannien willkommen zu heißen. Durch die Kombination der alten Clownskunst mit modernen, gewaltfreien Aktionen wollte CIRCA damit eine neue Art zivilen Ungehorsams etablieren. Sie entwickelte sich zu einem erfolgreichen und internationalen Kultur- und Protestphänomen, bei dem sich selbst organisierende Gruppen in Dutzenden Städten auf der ganzen Welt vor Veranstaltungsorten von Gipfeltreffen oder Militärstützpunkten Aktionen initiieren. Einige Clowns kamen mit Taschen voll von seltsamen Zeugs, sodass viele Stunden Arbeit und viel Bürokratie nötig waren, wenn solche Proteste aufgelöst wurden.

Die legendäre Anarcho-Feministin Emma Goldman (1869–1940) erklärte einst: »Wenn ich nicht dazu tanzen kann, ist es nicht meine Revolution«. Umso besser ist es daher, dass Künstler und Kollektive wie Alan Kaprow, El Teatro Campesino, Augusto Boal's Theatre of the Oppressed, Guerilla Girls, Reverend Billy, Yes Men, CIRCA, Liberate Tate und Improve Everywhere seit den 1950er Jahren dafür gesorgt haben, dass der Geist der Revolution lebendig bleibt, aber nicht langweilig oder gewalttätig wird.

DEIN ZUBEHÖR UND WO DU ES BEKOMMST

WERKZEUG UND AUSRÜSTUNG

- Freunde
- Smartphone
- Soundsystem
- Kissen (eines für jeden Teilnehmer)

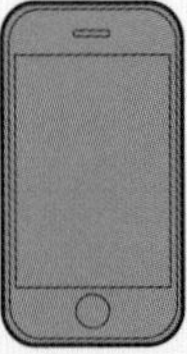

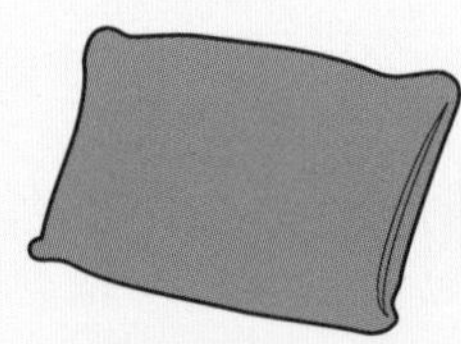

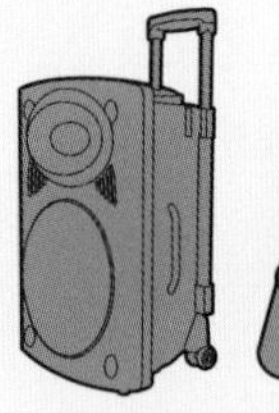

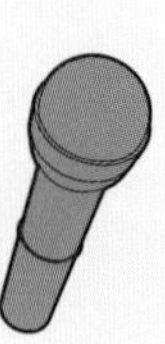

SMARTPHONE

Idealerweise hast du für eine solche Aktion ein Smartphone zur Verfügung. Installiere eine Nachrichten-App wie zum Beispiel Signal, bei der deine Daten geschützt und verschlüsselt sind. Wenn du selbst kein Smartphone hast, plane die Aktion gemeinsam mit deinen Freunden.

- Bitte deinen reichen Onkel um sein Ersatz-Telefon.

KISSEN

Verwende besonders weiche Kissen, die am besten mit Federn gefüllt sind. Die explodieren auf jeden Fall, wenn du deine Freunde damit schlägst. Du solltest sie nicht mit Steinen, Käse oder Melonen befüllen, um eine besondere Wirkung zu erzielen.

- Leih dir eines der teuren Kissen, die deine Eltern nur ihren Gästen geben.

SOUNDSYSTEM

Ein guter Flashmob braucht ein gutes Soundsystem. Es gibt kleine Handlautsprecher oder tragbare Lautsprechersysteme, die du tragen oder auf dem Fahrradanhänger transportieren kannst. Manche lassen sich zu Hause aufladen, andere benötigen Batterien. Entscheide dich also für die für dich günstigste Lösung. Lade das Telefon oder den MP3-Player auf, auf dem du deine Tracks abspielst.

- Frage deinen Freund, der von einer DJ-Karriere träumt und immer die neuesten Tracks spielt.
- Frage eine lokale Band, ob sie dir ihr Soundsystem leiht.

LOS GEHT'S

In dieser Anleitung wird ein Kissenschlacht-Flashmob beschrieben – die perfekte Intervention, mit der du Aufmerksamkeit für das Finanzwesen gewinnst: Verwandle einfach eine Bank in eine Karnevalsvorstellung spielerischen Widerstands.

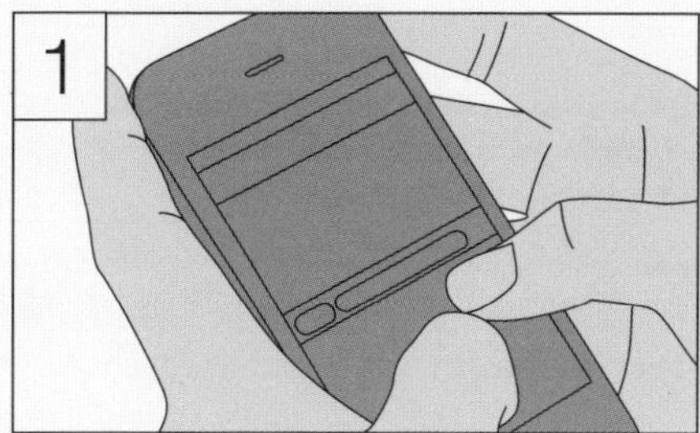

Erstelle eine Chat-Gruppe mit ein paar Freunden, bitte sie, weitere Leute hinzuzufügen, und diskutiere mögliche Ideen für deine Performance.

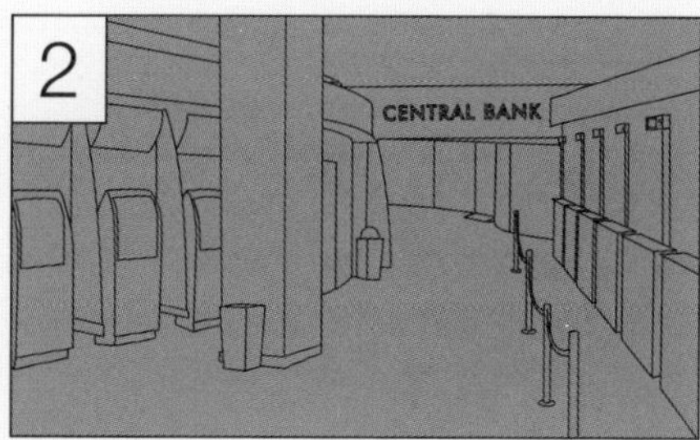

Lege den Ort, die Uhrzeit und das Thema für deinen Flashmob fest.

3

Organisiere ein Soundsystem. Komme pünktlich zum verabredeten Ort. Und jetzt mache ordentlich Krawall!

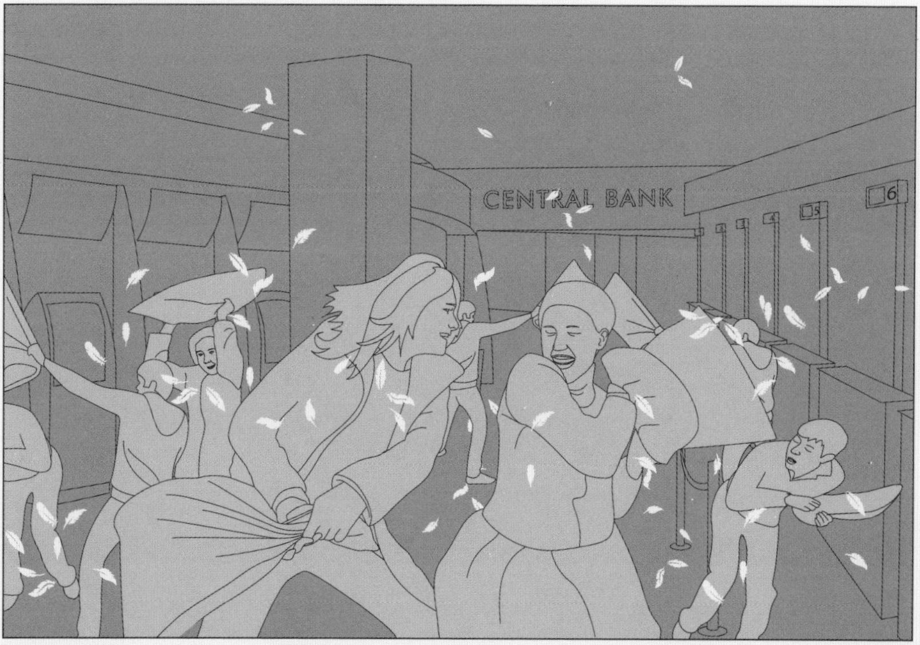

EXTRA-TIPPS

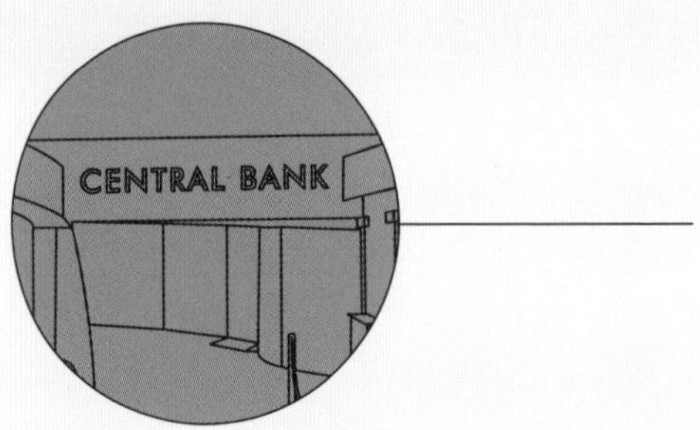

EINE LOCATION AUSWÄHLEN

Wähle eine Location, an der du viel Publikum hast. Ein Flashmob bei einer Konferenz mit Unternehmern oder Politikern macht viel Spaß. Alternativ eignen sich auch Züge, Kinos, Einkaufszentren und öffentliche Plätze hervorragend. Eigentlich passt jeder Ort, an dem viele Menschen zusammenkommen und der sicher ist.

TIMING

Das Timing ist extrem wichtig. Ein Flashmob funktioniert am besten, wenn alle Teilnehmer pünktlich am vereinbarten Ort zusammenkommen, ohne dass die Öffentlichkeit davon weiß. Du solltest deinen Weg zur Location mit militärischer Präzision planen und musst genau zum verabredeten Zeitpunkt auf deinem Soundsystem auf »Wiedergabe« drücken. Plane also die Uhrzeit für deine Performance sehr sorgfältig. Pendler auf dem Weg nach Hause freuen sich immer über eine Abwechslung, genauso wie Zombies auf Shoppingtour.

ZWECK FESTLEGEN

Gibt es zwei Parteien in deiner Kissenschlacht, eine gute und eine böse? Möchtest du einen öffentlichen Ort einfach gern hübscher oder lustiger machen oder möchtest du auf einen Missstand aufmerksam machen? Vielleicht möchtest du deine Intervention gegen ein ausbeuterisches Unternehmen oder ein politisches Ziel richten? Unterschiedliche Intentionen verlangen unterschiedliche Vorgehensweisen. Flashmobs mit Kissenschlachten sind eine sinnvolle Form des Guerilla-Theaters, mit der du auf spielerische Weise recht unterschiedliche Situationen und Kontexte hervorheben kannst. Überlege dir die passenden Plätze oder Veranstaltungen zu deiner Intention. Lege den Sinn deiner Aktion fest, denke dir eine Geschichte dazu aus und plane den passenden Kontext und das passende Publikum.

DAS PUBLIKUM EINBINDEN

Überlege dir, ob du nur performen möchtest (also nur du und deine Freunde sind aktiv) oder ob du auch Kissen für das Publikum mitbringst. Wenn das Publikum an einem Guerilla-Theater teilnehmen kann, kommt deine Botschaft mit viel größerer Wirkung an. Überlege dir ein gutes »Drehbuch« zu deiner Aktion und plane, wie du die Zuschauer am besten einbindest. Brauchst du also vielleicht noch einen Schiedsrichter oder einen Zeremonienmeister?

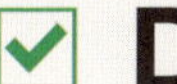 DO:

- Ironie und Absurdität sind wunderbare Waffen gegen eine Behörde.
- Protest muss nicht in einer Konfrontation ausarten. Die Menschen wollen aber auch keine Predigten hören, es sei denn, Reverend Billy hält sie.
- Suche nach ungewöhnlichen Kontexten für deine Aktion. In U-Bahn-Zügen und öffentlichen Bussen muss dir dein Publikum zuhören.
- Ästhetik spielt eine wichtige Rolle. Guerilla-Theater wirkt am besten, wenn die (Ver-)Kleidung gut ist. Die »Schauspieler« müssen eine Identität haben. Die Kostüme sollten nicht teuer, aber interessant sein. Nur wenn die Ästhetik stimmt, hört dein Publikum auch richtig zu.
- Arbeite in der Gruppe. Wie bei allen Formen von Organisation ist man gemeinsam am stärksten.
- Konfrontiere die Polizei und private Sicherheitsteams mit unerwarteten Situationen, die sie nicht sofort lösen können. Erinnerst du dich an die Geschichte mit dem Clown? Absurde und surreale Auftritte hindern die Polizei auf nette Weise daran, ihre Macht auszuüben.
- Achte darauf, dass deine Location sicher ist. Organisiere also zum Beispiel keine Kissenschlacht in einer U-Bahn-Station. Durchdenke und plane deine Aktion sehr genau.

DON'T:

- Ein kleines Kissen hat nichts in einer Kissenschlacht zu suchen. Die goldene Regel lautet: je größer desto besser.
- Wenn deine Kissen knochenhart sind, weil du sie mit Steinen befüllt hast, wirst du deine Freunde verlieren.
- Sei bloß nicht langweilig. Trommle also deine Freunde zusammen und überlegt euch gemeinsam ein spannendes Guerilla-Theater.
- Laufe nicht immer wie ein Clown herum. Im Alltag sind Clowns gruslig.
- Organisiere keinen Flashmob auf einer Autobahn. Es sei denn, du hast Gummi-Autos erfunden.

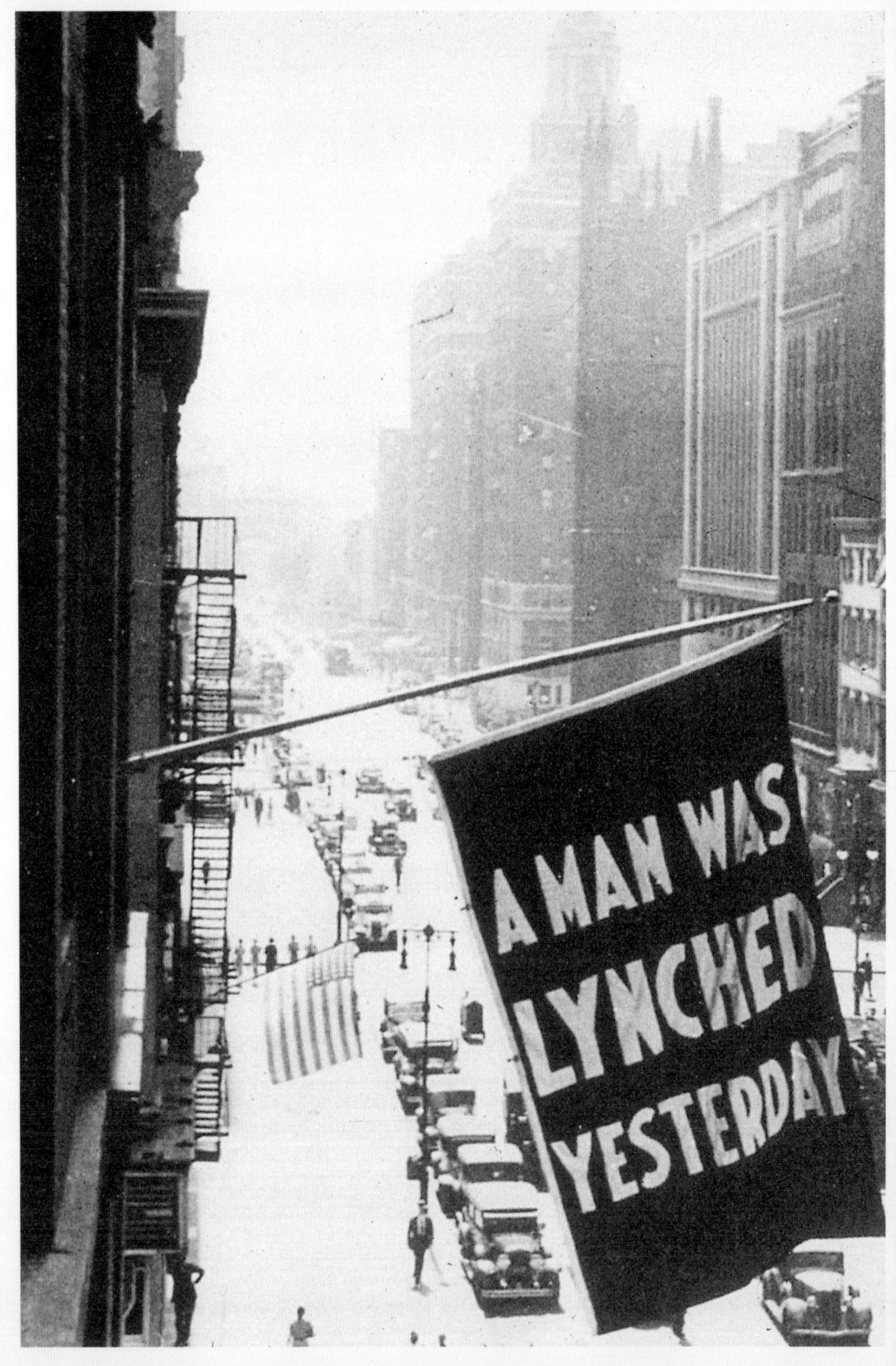
A MAN WAS
LYNCHED
YESTERDAY

Banner Drop

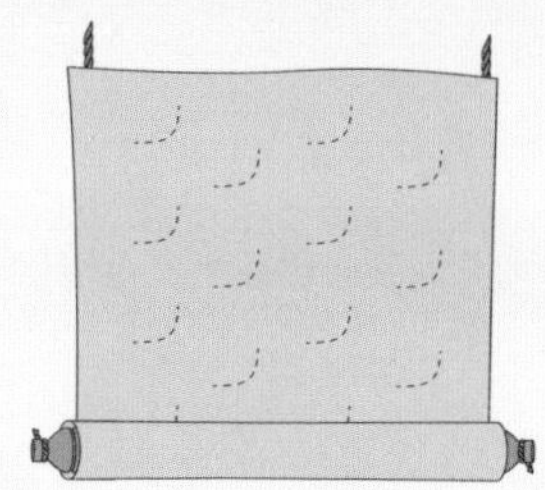

Ein Banner lässt sich am Dach einer Universität, an Hallen, Kränen, Brücken oder Ölplattformen in der Arktis aufhängen – und ist immer eine effektive Form des Protestes für Aktivisten und Künstler. Banner können unterschiedliche Formen und Größen haben und in unterschiedlichen Kontexten und an unterschiedlichen Orten eingesetzt werden. In diesem Kapitel konzentrieren wir uns auf die Kunst des Banner Drop. Ein gut platziertes und gestaltetes Banner ist zum einen eine direkte Aktion, zum anderen performative Kunst, mit der du für deine Botschaft eine maximale Wirkung erzielst. Banner sind ein gängiges Werkzeug für Aktivisten, denn sie sind billig, leicht herzustellen, robust, einfach zu transportieren und schnell zu installieren. Die perfekte Idee für eine kritische Aktion in der Stadt. Zwar werden Banner Drops nicht unbedingt mit Street Art in Zusammenhang gebracht, aber sie sind eine Form der kritischen, öffentlichen Kunst. So haben wir diese Aktionsform in dieses Buch aufgenommen, weil sie eine interessante Alternative für Künstler und Aktivisten ist, die den öffentlichen Raum mit ihrer Kunst politisieren möchten.

Ein Banner oder Transparent ist ein Stück Stoff, das mit Buchstaben, Zeichen oder Symbolen beschrieben ist und an einem Mast oder einer Struktur befestigt wird. Banner sind Flaggen oder Fahnen sehr ähnlich und da sich im Moment so viel nationalistischer Mist in der Welt verbreitet, sprechen wir in diesem Kapitel auch über Flag Drops, damit du erfährst, wie du die Bedeutung von Flaggen im öffentlichen Raum auf den Arm nehmen kannst.

Dieses Banner wurde zwischen 1920 und 1938 zeitweise am Hauptsitz der National Association for the Advancement of Colored People auf der Fifth Avenue in New York aufgehängt. Es erinnerte als eine Art Mahnmal an die radikalen Mörder schwarzer Menschen in den USA.

Gewerkschaften nutzen schon seit einigen Hundert Jahren die Aussagekraft von Bannern, auf denen Sie die Forderungen, Probleme und Träume der Arbeiter auf ästhetische Weise zum Ausdruck bringen. Banner können wie Flaggen eine Identität oder Zugehörigkeit darstellen. Im Unterschied zur Flagge findet sich auf einem Banner aber nie der Mythos der »Nation«. Es ist nicht ganz einfach, ein komplexes Problem oder eine Forderung für ein Banner auf wenige Worte zu reduzieren, die die Zielgruppe aufmerksam machen. Aber mittlerweile gibt es Hashtags, also weißt du schon, wie man sich kurz und bündig ausdrückt.

Zwischen 1920 und 1938 hängte die National Association for the Advancement of Colored People ein Banner an ihrem Hauptsitz in New York auf. Die Aufschrift »Gestern wurde ein Mann gelyncht« bezog sich auf einen grausamen Mord an einem Schwarzen. Diese Flagge wehte als Protest gegen radikale Gewalt über der Fifth Avenue, einer der belebtesten Straßen in New York. 2015 während einer wahren Epidemie von Morden vornehmlich dunkelhäutiger Menschen durch die Polizei in den USA (allein im Jahr 2015 wurden 1134 Menschen auf diese Weise getötet) aktualisierte der amerikanische Künstler Dread Scrott das legendäre Banner mit der Aufschrift »Gestern wurde ein Mann von der Polizei gelyncht.« Scott erklärte: »Die Polizei übt heute den gleichen Terror auf Dunkelhäutige aus, wie die Lynchmobs

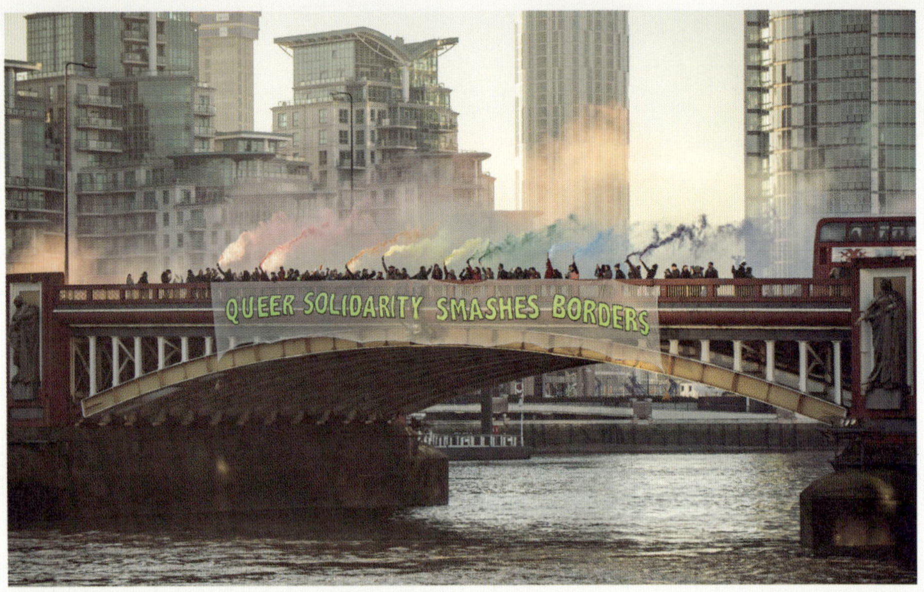

zur Jahrhundertwende«. In der Geschichte finden sich zahllose Beispiele wie dieses, die deutlich machen, wie wirksam sich Botschaften über Banner verbreiten lassen.

Ebenfalls 2015 installierte der spanische Künstler Santiago Sierra im Rahmen seines Projekts »Black Flag« das Symbol der anarchistischen Bewegung – die schwarze Fahne – an den beiden Extrempunkten der Erde: dem Nord- und dem Südpol. Mit dieser Aktion kritisierte Sierra das Konzept des Nationalismus und der Territorialhoheit. Die schwarze Fahne der Anarchisten wandte sich symbolisch gegen die Idee der Nation, denn sie stellt alle Menschen dar. Keine Nationen, keine Grenzen. Ein Jahr früher in der Nacht vom 21. auf den 22. Juli 2014 hängten die Berliner Künstler Wermke und Leinkauf zwei handgenähte weiße amerikanische Flaggen an den Türmen der Brooklyn Bridge in New York auf. Diese subversive Aktion (in den USA gibt es ein Gesetz, das den Respekt vor der Flagge vorschreibt) mit dem Titel *Symbolic Threats* versetzte die Sicherheitsbehörden in Panik und sorgte in den gesamten USA für Verwirrung, zeigte sie doch, wie viel Macht Symbole und kritische Kunst im öffentlichen Raum haben.

Mit Banner Drops hast du zahlreiche Möglichkeiten, in die Strukturen der Stadt einzudringen. Und je mehr Erfahrung du mit Bannern an unterschiedlichen Orten sammelst, desto komplexer kann deine Aktion werden. Seit den berühmten Protesten »Earth First!« und »Reclaim the Streets« in den 1990er Jahren und den Aktionen gegen die Welthandelsorganisation 1999 in Seattle haben Aktivisten immer neue Techniken für Banner Drops entwickelt. Dazu gehören riesige Banner, die an hohen Gebäuden, Hängebrücken oder Kränen aufgehängt werden. Mit dem Wissen, dass die Polizei bei Einsätzen in großer Höhe strenge Sicherheitsvorschriften beachten und solche Einsätze genaustens planen muss, wird klar, dass Banner sehr lange sichtbar sein können. Dank dieser taktischen Innovationen sind Banner Drops, die zum richtigen Zeitpunkt am richtigen Ort durchgeführt werden, eine zuverlässige Aktion.

Mit einem Banner kannst du die ursprüngliche Botschaft von Flaggen verspotten, auf Ungerechtigkeit und Rassismus aufmerksam machen oder deine Solidarität mit anderen Menschen auf der ganzen Welt bekunden. Für ein gelungenes Banner Drop sind viele Vorüberlegungen notwendig. In der folgenden Anleitung beschreiben wir ein Banner Drop von einem Dach. Dazu brauchst du Freunde, ein paar Materialien und den Wunsch, für die gute Sache Grenzen und Gesetze zu überschreiten.

GEGENÜBER: Am Tag der Amtseinführung von Donald Trump 2017 wurden Menschen auf der ganzen Welt mit dem Banner »Bridges Not Walls« zur gemeinsamen Reaktion auf die wieder erstarkende Politik nationaler Identität mobilisiert.

RECHTS: Im August 2013 installierten zwei Greenpeace-Aktivisten ein technisch höchst anspruchsvolles Banner Drop an einem Kran. Sie protestierten damit während eines großen Wirtschaftsforums (dem Major Emitters Forum) in Washington gegen die mangelnde Aktivität der Regierung in Bezug auf den Klimawandel.

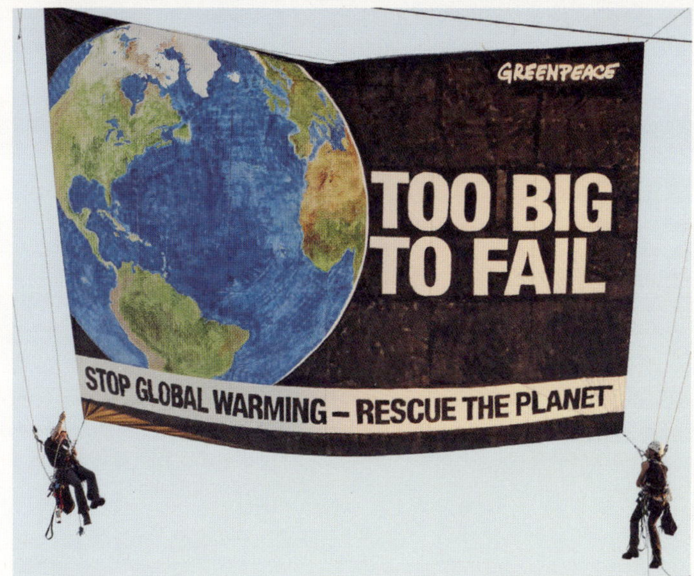

UNTEN RECHTS: Poesie oder Bedrohung? Ein Akt der Kapitulation oder Kunst? Diese Fragen stellten sich die verblüfften New Yorker im Sommer 2015, als plötzlich zwei weiße Fahnen mit weißen »Stars and Stripes« an der legendären Brooklyn Bridge hingen.

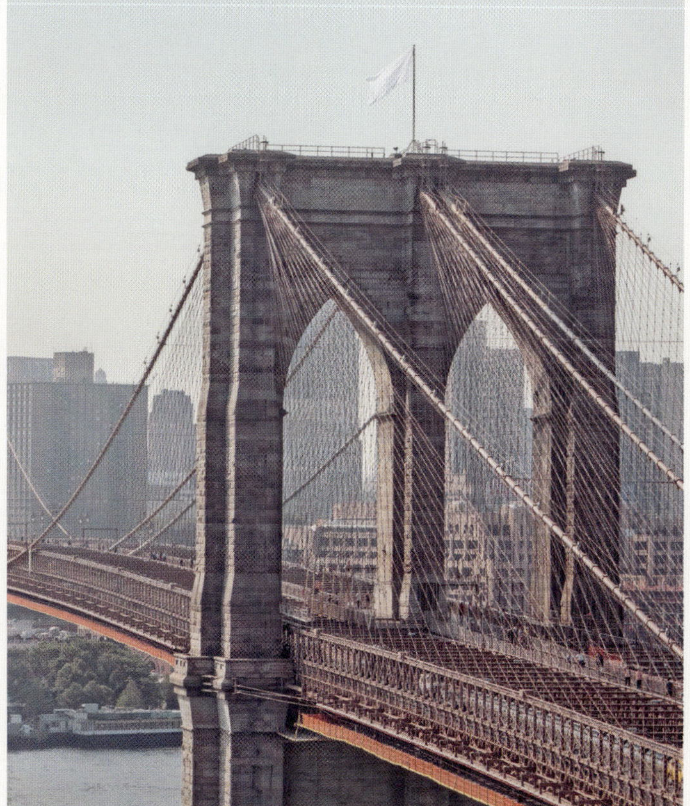

DEIN ZUBEHÖR UND WO DU ES BEKOMMST

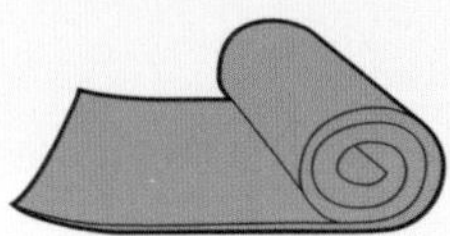

BANNERMATERIAL

Zwei Materialien eigenen sich sehr gut für Banner: Gittergewebe und leichtes Synthetikmaterial mit vielen Löchern, damit der Wind gut durchwehen kann. Baumwolle nimmt die Farbe gut auf und ist billig von der Rolle zu kaufen.

- Verwende die Vorhänge aus eurem Wohnzimmer.
- Trenne dich von deinem Bettüberwurf, der dein Zimmer seit deinem 12. Lebensjahr verschönert. Verhilf ihm zu einem neuen Leben – draußen ...

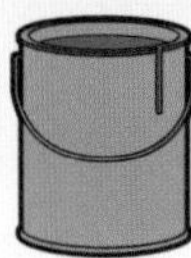

FARBE

Wasserbasierte Farben sind am billigsten und trocknen am schnellsten. Du kaufst am besten einen großen Eimer Innen- und Außenfarbe (5–10 Liter). Du kannst auch Sprühfarbe verwenden. Achte jedoch darauf, dass sie auf Baumwolle zerläuft und vom Stoff aufgesogen wird. Das sieht blöd aus. Verwende Sprühfarbe nur auf Synthetikfasern, du musst aber mehrere Schichten auftragen, damit das Bild oder die Worte gut aussehen und sichtbar sind.

- Im Keller oder in der Garage findest du sicher einen Eimer Farbe.
- Du kannst auch im Malergeschäft oder Graffiti-Store fragen.

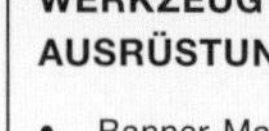

WERKZEUG UND AUSRÜSTUNG

- Banner-Material
- Sprühfarbe/Acrylfarbe
- Pinsel
- Skalpell/Messer
- Seil
- Stift
- Nadel und Faden
- Plastikflaschen

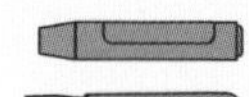

SKALPELL/MESSER

Wenn du einen großen Banner Drop planst (mehr als 2 oder 3 Meter), musst du einige gerade oder geschwungene Schlitze in den Stoff schneiden, damit der Wind durch das Material wehen kann und deine Installation nicht weggeweht wird.

- So ein Messer ist Männersache. Total.

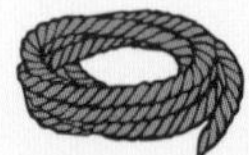

SEIL

Du solltest dein Banner mit einem Seil befestigen (in manchen Fällen sind auch Kabelbinder sehr praktisch). Je größer dein Banner ist, desto dicker sollte das Seil sein. Synthetikseil (auf eine Rolle gewickelt) ist ausreichend und billig. Auch Kletterseile sind prima, unglaublich fest, aber auch richtig teuer.

- Suche im Baumarkt deines Vertrauens.
- Besitzt dein Freund eine Yacht?
- Klettergeschäfte verkaufen starke Seile in unterschiedlicher Dicke. Die meisten Verkäufer sind selbst Kletterer und können dich gut beraten – oder mitmachen.

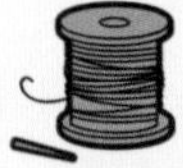

NADEL UND FADEN

Wenn du ein großes Banner gestaltest, solltest du die Seile festnähen, damit das Banner gerade hängt. Mit einer dünnen Nadel und dünnem Faden bist du allerdings mehrere Wochen beschäftigt. Spare also Zeit und nimm eine dicke Nadel.

- Ganz in deinem Inneren liebst du bestimmt Handarbeiten. Begib dich also in ein Handarbeitsgeschäft und kaufe Nadel und Faden.
- Überzeuge deine Oma oder deinen Opa, dir Nadel und Faden zur Verfügung zu stellen.

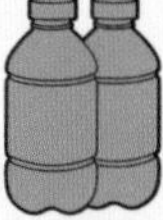

PLASTIKFLASCHEN

Ein großes Banner, das sehr hoch hängt, solltest du unten mit Wasserflaschen beschweren. Befülle die Flaschen mit Wasser oder Sand, aber befestige sie richtig – denn du willst ja niemanden auf dem Gewissen haben.

- Ist das eine Frage?

LOS GEHT'S

In dieser schrittweisen Anleitung lernst du, wie einfach es ist, ein großes Banner an einem gut sichtbaren Dach in der Stadt aufzuhängen.

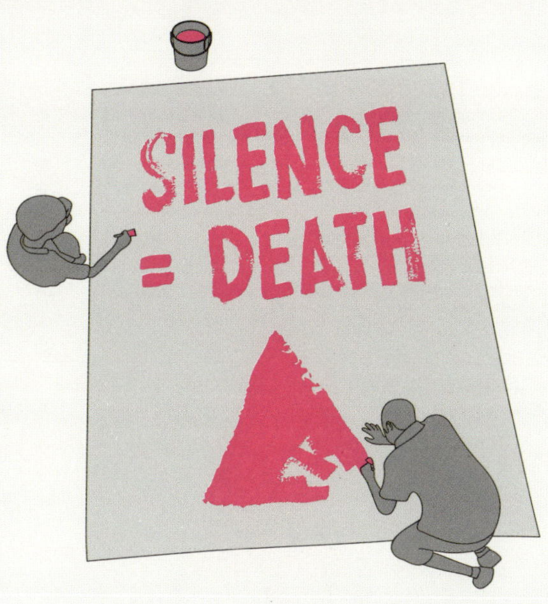

1 Arbeite im Team am Design deines Kunstwerks oder am Slogan für das Banner.

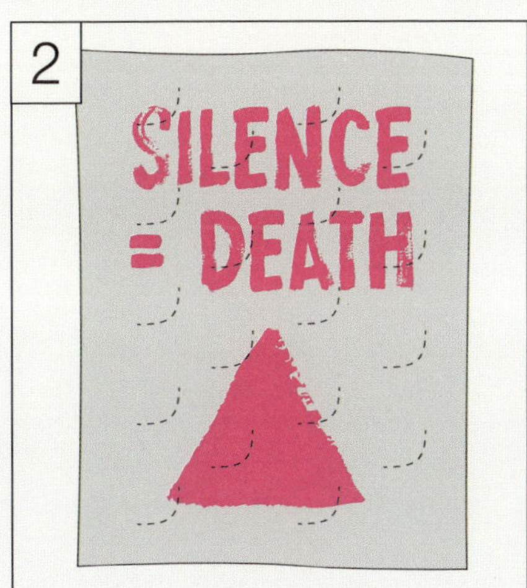

Schneide kleine, u-förmige Schlitze in den Stoff, damit der Wind durch das aufgehängte Banner wehen kann (anderenfalls hättest du nur ein sehr großes Segel produziert).

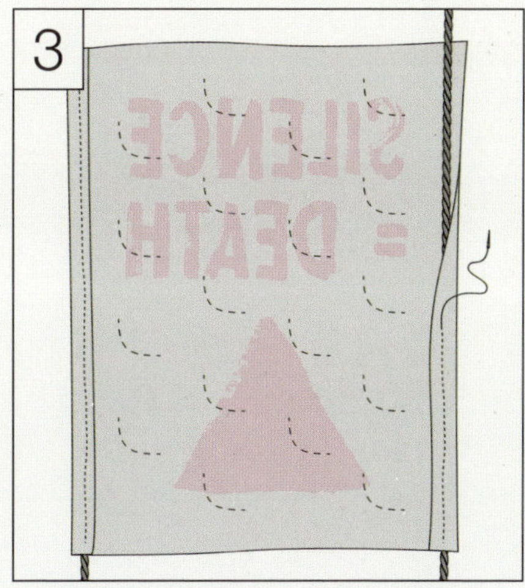

Falte die Seitenkanten des Banners um, lege ein Seil in die Falte und nähe sie zu. Stich mit der Nadel durch Stoff und Seil, damit sich das Banner leicht entrollt. Lasse an der Oberkante ein längeres Stück Seil überstehen, an dem du das Banner aufhängen kannst.

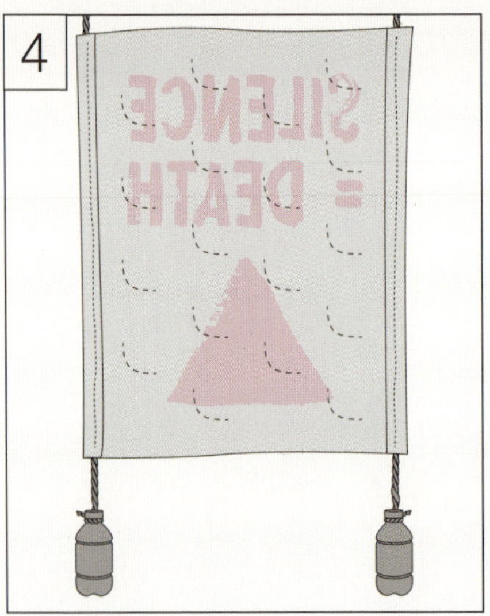

Befestige die befüllten Flaschen an den Seilenden.

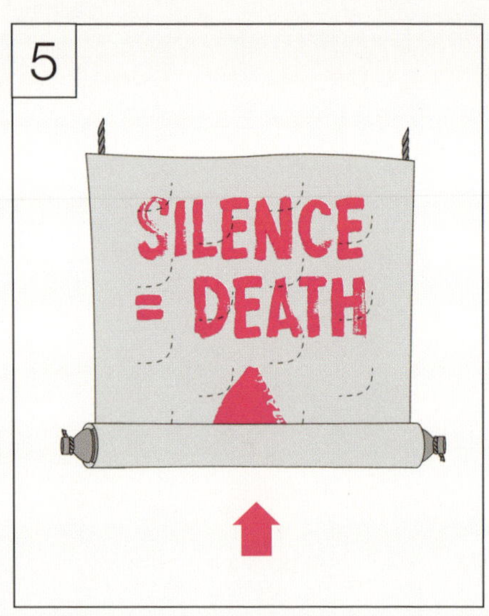

Rolle das Banner mit den eingelegten Flaschen von unten auf. Das Bild muss innen liegen.

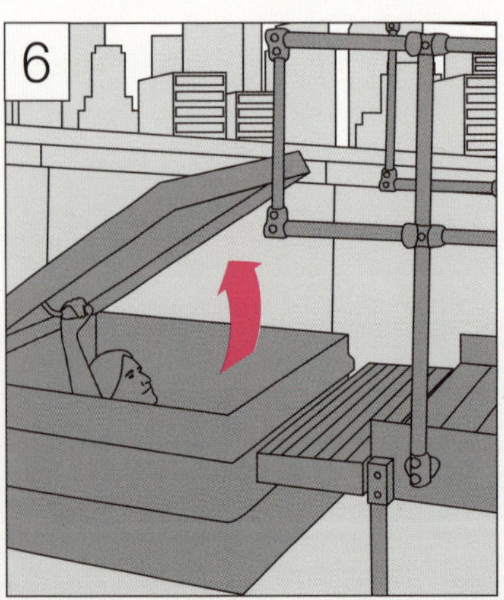

Begib dich zum Zielort.

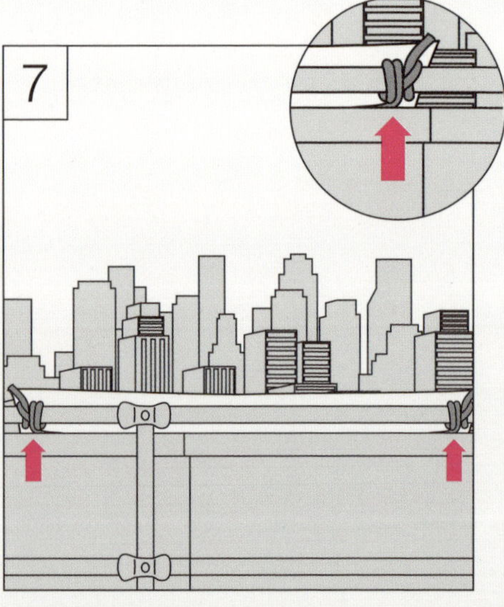

Befestige das Banner.

8

Lasse es herunterfallen.

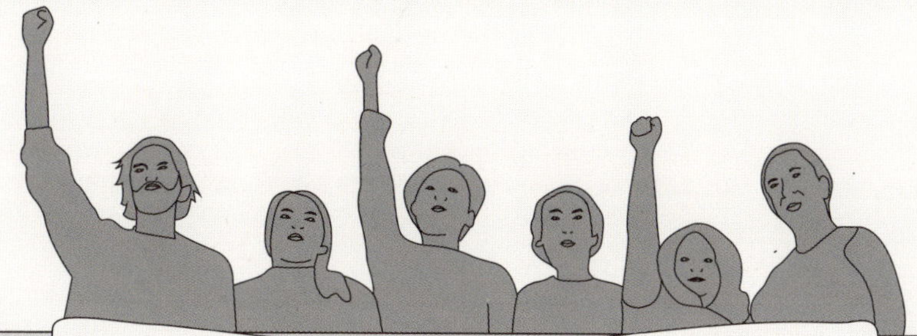

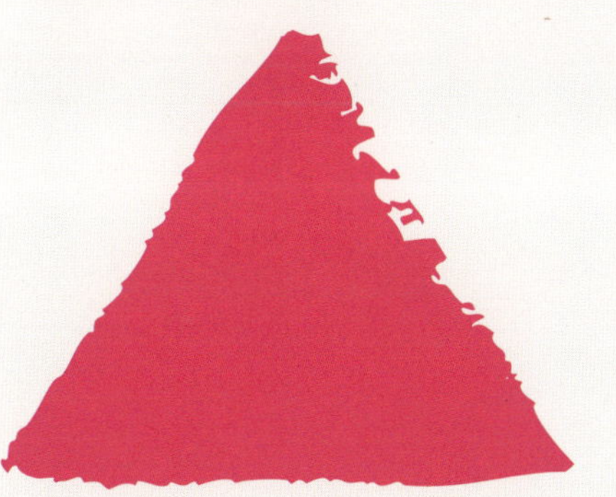

EXTRA-TIPPS

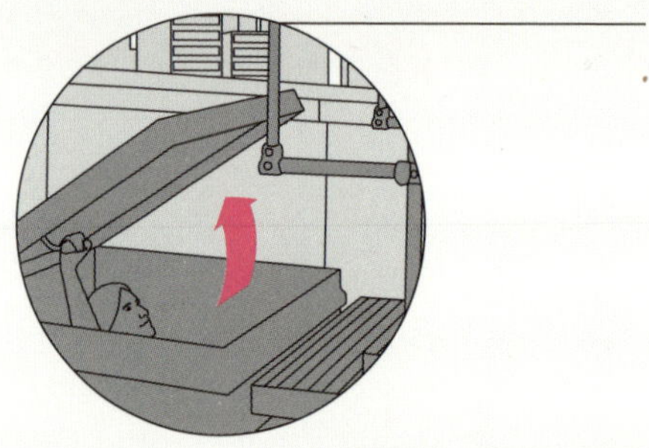

WO HÄNGT DAS BANNER?

Wo möchtest du das Banner aufhängen? An einer Brücke, einem Dach oder einem Kran? Damit bestimmst du die Größe und Aufhängung des Banners. Die Botschaft muss von unten gut sichtbar sein und das Banner muss gut befestigt sein. Suche so viele Aufhängepunkte wie möglich und überlege, ob du das Banner mit Wasserflaschen beschweren musst, damit es gerade hängt (zwei Flaschen, die richtig an den unteren Ecken des Banners befestigt sind, reichen aus).

DAS BANNER BEFESTIGEN

Dein Banner muss gut befestigt sein. Das ist besonders wichtig für große Banner oder solche, die an einem Dach aufgehängt werden. Verwende dazu Seil oder Kabelbinder oder beides. Der Wind kann dein Banner schnell in ein Segel verwandeln. Schließlich soll niemand wie ein Windsurfer vom Dach wegfliegen, ohne dass du das mit dem Handy aufnehmen kannst. Das wäre blöd.

DEIN KUNSTWERK VERGRÖSSERN

Zeichne deine endgültige Skizze in ungefähr den gleichen Proportionen wie für das Banner auf Papier. Falte das Papier in Viertel oder Achtel. Damit erhältst du ein Gitter als Referenz zum Vergrößern. Skizziere das Bild mit Kreide oder Bleistift auf dem Bannermaterial. Nimm dir viel Zeit dazu, achte auf die Proportionen und vergrößere das Bild richtig, bevor du Farbe aufträgst.

BANNER HERSTELLEN

Suche dir einen Ort, an dem du ausreichend Platz hast, um das Banner glatt auf den Boden zu legen. Nur so kannst du deinen Slogan oder dein Symbol richtig vergrößern. Es nervt, wenn du für den letzten Buchstaben keinen Platz mehr hast, skizziere das Bild daher zuerst. Trommle ein paar Freunde zusammen, damit ihr gemeinsam die Farbe auftragen oder die Buchstaben aus farbigem Stoff ausschneiden könnt. Die Farbe sollte immer einen deutlichen Kontrast zur Hintergrundfarbe des Banners bilden.

WETTER

Viele Orte draußen, die sich prima für ein Banner Drop eignen würden, sind nur unter Gefahr zugänglich, vor allem, wenn Flure, Treppen oder Geländer nass sind. Auch über den Wind musst du dir Gedanken machen. Schneide kleine Schlitze in dein großes Banner, damit der Wind durchwehen kann und das Banner für dein Foto auch gerade hängt. Und denke daran, dass sich wasserbasierte Farben und Regen nicht gut vertragen. Schaue also auf den Wetterbericht, bevor du deine Aktion startest.

SYMBOLE

Mache dich ein wenig schlau über die geschichtliche Bedeutung von Symbolen, Slogans und Zeichen. Vielleicht kannst du sie für dein Banner Drop aktualisieren, umwandeln oder verspotten. Denke über den Kontext deines Banners nach: Handelt es sich bei deiner Aktion um politischen Protest oder um eine surreale Idee? Passe deine Botschaft entsprechend an.

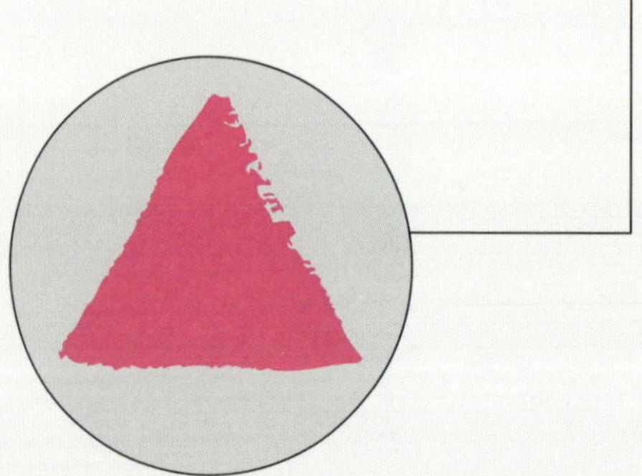

DEINE BOTSCHAFT

Banner sind sehr wirksam, wenn sie im richtigen Kontext eingesetzt werden. Belebte Umgebungen oder Bereiche mit vielen Passanten sind hervorragend. Mit einem Banner kannst du auch gut auf die Auswirkungen einer Veranstaltung oder Aktion hinweisen, die in der Nähe stattfindet. Wenn dein Banner sich auf den Standort bezieht, wenn es zum Beispiel an einem Gebäude oder an einem Ort aufgehängt wird, auf das oder den sich die Botschaft bezieht, muss deine Botschaft das Problem klar und auf lustige oder verständliche Weise aufzeigen.

SLOGANS

Die meisten bekannten Protestslogans mit hohem Verbreitungspotenzial sind lustig oder ironisch. Beispiele sind »Keine Kohle für die Kohle!« oder »Rettet die Erde! Sie ist der einzige Planet mit Schokolade!« oder »Es gibt keinen Planet B«. Der Kapitalismus hat viel Gutes bewirkt, aber auch sehr viel kaputt gemacht. Die Menschen wissen das. Und das ist eine sehr traurige Situation – betrachte sie daher mit Spaß oder Ironie.

DO:

- Deine Botschaft muss kurz und klar sein. Sei nicht zu intelligent oder kompliziert. Kunst sollte nicht den Quatsch produzieren, der keinen interessiert.
- Nimm ausreichend Kabelbinder mit, um das Banner zu befestigen. Mit den übrigen Bindern kannst du deinen Freund fesseln, wenn er auf dem Dach ausrastet.
- Schneide Schlitze in dein Banner, damit der Wind durchwehen kann. Wenn du auf einem Dach stehst und das Banner aufhängst, kann das sonst ganz schön gefährlich werden.
- Erlerne die Kunst des Schlösserknackens, um an außergewöhnliche Ort zu gelangen. Elektronische Schlagschlüssel eignen sich prima.
- Suche in der Stadt und in Gebäuden nach Stellen, zu denen du leicht Zutritt hast.

DON'T:

- Begib dich nicht unnötig in Gefahr.
- Spiele nicht den Helden: Wenn dein Banner wegfliegt, lasse es los.
- Hänge dein Banner nicht verkehrt herum auf. Das ist uncool.
- Verwende keine Lackfarbe für dein Werk oder deinen Slogan. Sie braucht lange zum Trocknen und lässt sich nur schwer aus Kleidern auswaschen oder von Oberflächen wegwischen.
- Befestige das Banner nicht an den Hosen deines Freundes.
- Male nicht auf Kunststoff- oder Synthetikmaterial, ohne die Farbe vorher an einer kleinen Stelle auszuprobieren. Die Farbe könnte brechen oder ausflocken, wenn du das Banner aufrollst.

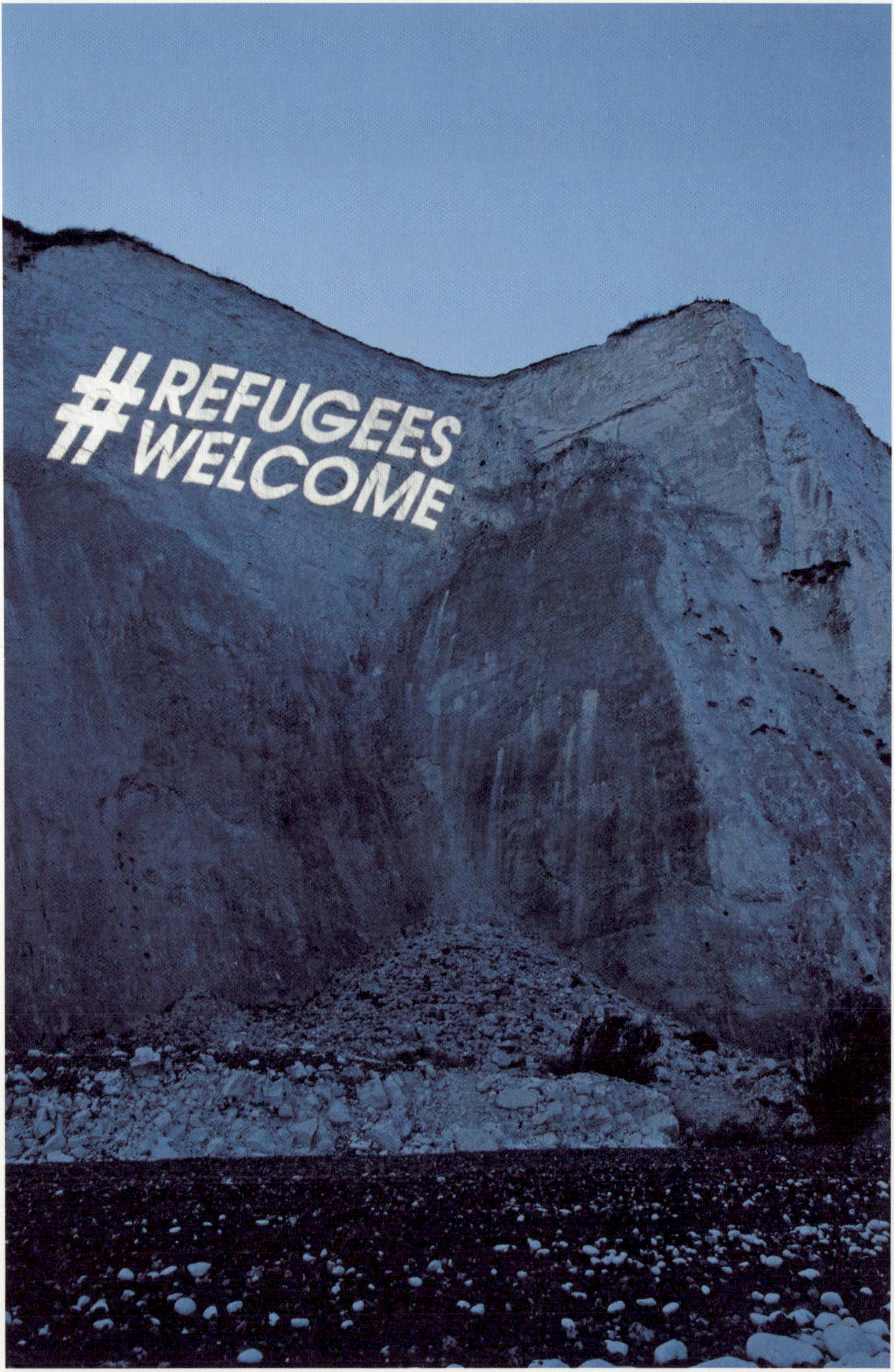

#REFUGEES
#WELCOME

Guerilla-Projektionen

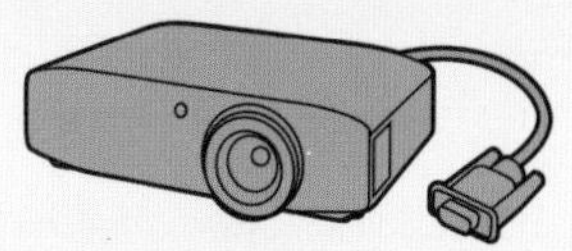

Ungenehmigte Projektionen im Freien in städtischer Umgebung werden »Guerilla-Projektionen« oder von einigen Künstlern auch »Projection Bombing« genannt.

Guerilla-Projektionen sind nach der illegalen Kunstform benannt, bei der Künstler oder Aktivisten ohne Genehmigung an Zielen in der Stadt Aktionen durchführen, deren Folgen sie hinterher wieder beseitigen. Der Name stammt aus der Guerilla-Kriegsstrategie (der »kleine Krieg«) in Lateinamerika, bei der Kämpfer ohne Vorwarnung aus der Umgebung auftauchen, den Feind angreifen und dann, ohne gefasst zu werden, wieder im Dschungel verschwinden. Diese Taktik wurde für Fälle entwickelt, in denen der Feind für einen Mann-zu-Mann-Kampf zu stark war. Man nutzte die genaue Kenntnis der unmittelbaren Umgebung, um ihn mit einem Überraschungsangriff zu schädigen. Mit deiner Kunst gehst du genauso vor, aber du greifst niemanden an und deine Waffe ist deine Kunst. Der einzige, wenn auch geringe Nachteil ist, dass dein Militärkonvoi aus dem alten Ford Fiesta der Mutter deines Freundes besteht.

In diesem Kapitel lernst du die transformative Macht kennen, die entsteht, wenn du einen Digitalprojektor, ein paar Freunde und viel freie Zeit hast. In der schrittweisen Anleitung erfährst du, was du mit ein bisschen Fantasie und Mut auf die Beine stellen kannst und wie du deine digitale Kunst in die Öffentlichkeit bringst.

Seit die Menschheit zum ersten Mal mithilfe einer Flamme einen Schatten auf einer Wand erzeugt haben, sind projizierte Bilder für die Menschen auf der ganzen Welt faszinierend. Die Schattenspiele aus China oder Indien waren Jahrtausende lang eine beliebte Form des Geschichtenerzählens. Und mit dem Aufkommen großer Bildschirme – Fernsehen, Kino und in letzter Zeit mobile Geräte – ist unsere Faszination für die Bildprojektion noch weiter gestiegen. Heute kannst du Projektoren in vielen Länder für recht kleines Geld kaufen. So verbreiten sich gut durchdachte und gut ausgeführte Guerilla-Projektionen online und in den Medien rasend schnell und können viel Wirbel verursachen. Eine zugängliche, vertraute und doch subversive Kunstform, die im öffentlichen Raum große Wirkung erzielt.

Künstler und Aktivisten, die eine Guerilla-Projektion im öffentlichen Raum durchführen, werfen ihre Bilder meist an die Gebäudewände kultureller, politischer oder kommerzieller Institutionen und stellen mit ihren Kunstwerken, Botschaften oder Slogans die Praktiken, Regeln oder Aktionen dieser Institution infrage. Nicht alle Guerilla-Projektionen werden im öffentlichen Raum installiert. Manchmal reisen die Künstler oder Aktivisten an bestimmte Orte, um ihrer Botschaft mehr Ausdruck zu verleihen. Damit sind Projektionen, die sich direkt auf ihren Standort beziehen, eine mächtige Waffe im Kampf gegen die Phänomene des Internets.

2016 projizierte die Kampagnen-Organisation Global Justice Now gemeinsam mit dem Projektionskünstler Feral X den Schriftzug »Refugees welcome« auf die legendären Weißen Felsen von Dover in Großbritannien – kurz bevor eine rechtsnationale Vereinigung ihre Proteste gegen Migration startete.

Die folgende Anleitung beschreibt Guerilla-Projektionen, die durch Versuch und Irrtum entstanden sind, aber sehr gut funktionieren. Aber bitte sei vorsichtig: Du arbeitest im Freien mit Strom! Aus diesem Grund empfehlen viele Künstler, ein Auto zu verwenden; das vereinfacht die Aktion, weil du eine Stromquelle (die Autobatterie) nutzen und mehrere Spots in der Stadt schneller erreichen kannst. In der Anleitung verwenden wir einen Projektor mit 2500 Lumen, aber es gibt viele andere Projektortypen, die du verwenden kannst, vom kleinen, tragbaren LED-Projektor bis hin zu einem großen Projektor, den du auf dem Fahrradanhänger oder im Auto transportieren musst. Doch egal, für welchen Projektor du dich entscheidest, ist die Ausstattung immer ähnlich.

GEGENÜBER: In Zusammenarbeit mit den Aktivisten von Extinction Rebellion projiziert der Künstler Joanie Lemercier 2019 das bekannte Symbol »X« auf den Sitz des House of Parliament in London, Großbritannien.

UNTEN: Aktivisten projizieren 2018 eine verheerende Botschaft auf einen der Kühltürme des Kraftwerks Bobov Dol (630 MW) in Bulgarien.

GEGENÜBER UNTEN: Der Künstler Robin Bell projiziert 2018 seine kreative Antwort auf Donald Trumps Beschreibung von Haiti und afrikanischen Ländern als »shithole countries« auf den Trump Tower in New York.

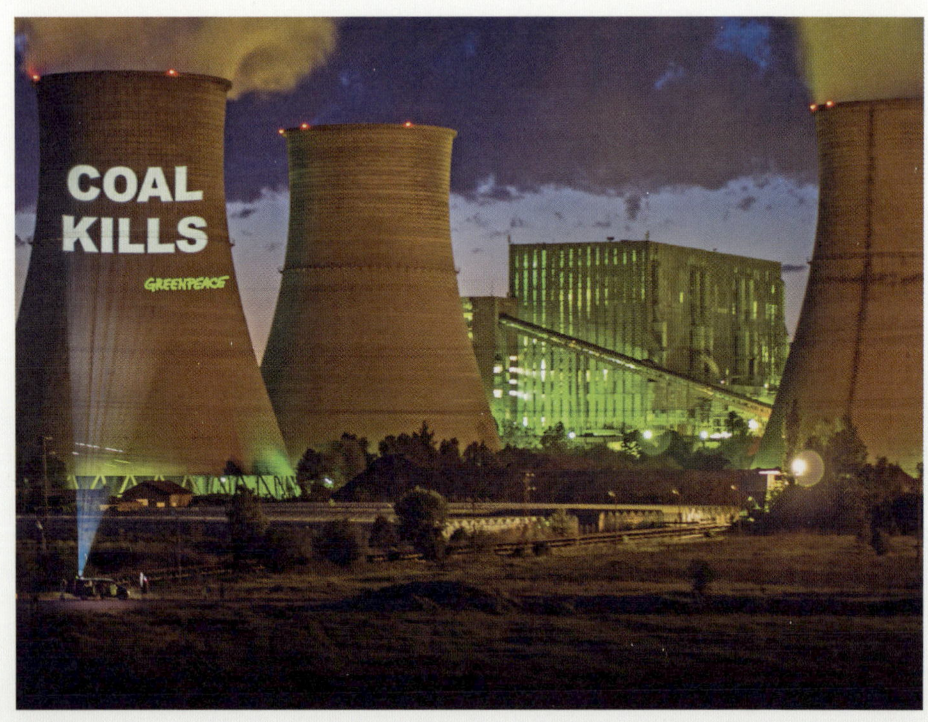

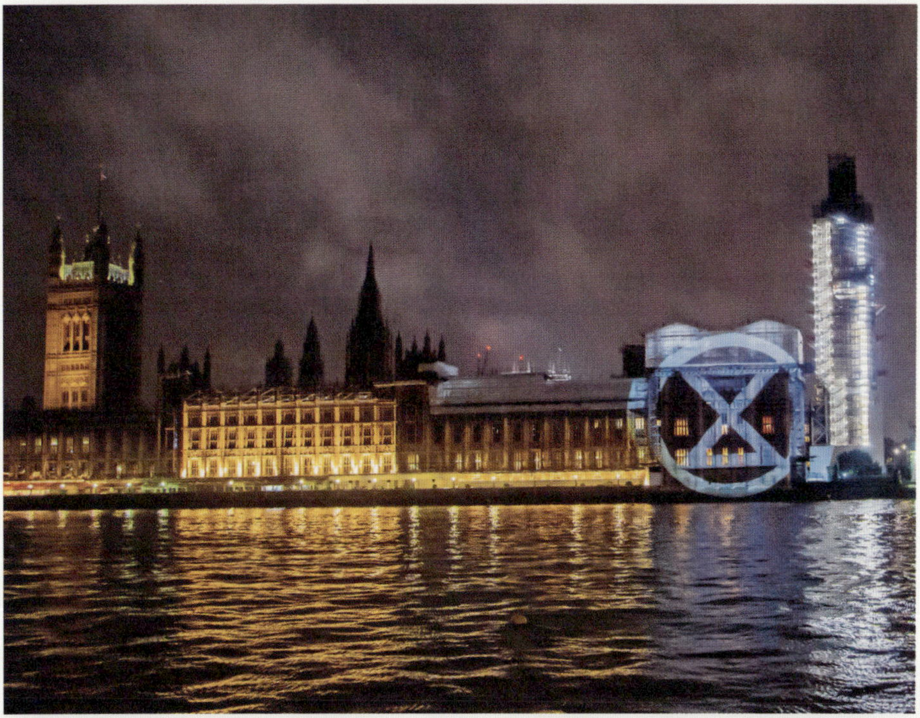

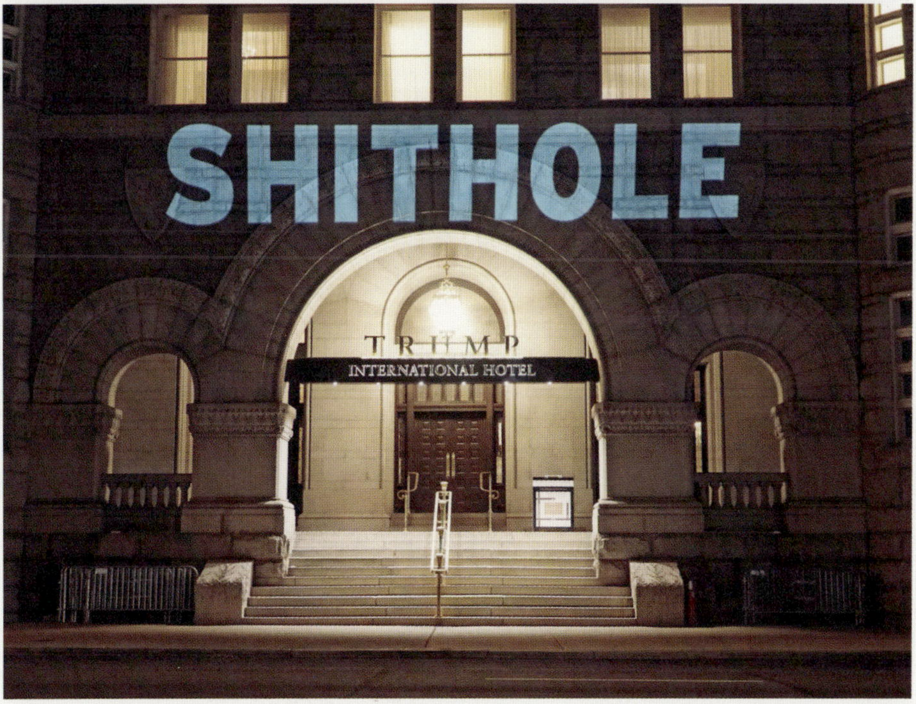

DEIN ZUBEHÖR UND WO DU ES BEKOMMST

WERKZEUG UND AUSRÜSTUNG

- Digitalprojektor
- Stromquelle
- Stromwandler
- HDMI-Kabel
- Laptop
- Auto

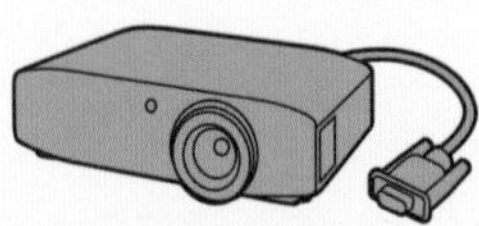

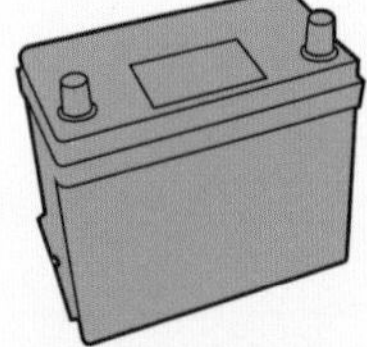

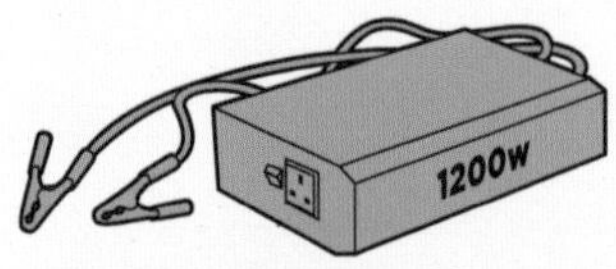

DIGITALPROJEKTOR

Digitalprojektoren gibt es in allen Typen und Größen wie Sand am Meer (die bekanntesten sind LCD- und DLP-Projektoren). Je mehr Geld du ausgibst, desto besser ist das Produkt. Das wichtigste Kriterium ist aber die Helligkeit des Projektors, die in Lumen gemessen wird. Für Außenprojektionen solltest du einen Projektor mit mindestens 2000–2500 Lumen haben.

- Gebrauchte Projektoren sind billiger. Suche online danach.
- Wenn du Kunst studierst, kannst du im Ausstattungsraum der Hochschule nachschauen.
- Die reichen Eltern eines Freundes haben bestimmt einen Projektor, mit dem sie ihre Yoga-Stunden streamen. Leihe ihn dir einfach nach dem Workout aus.

STROMQUELLE

Ein Projektor benötigt Strom, um dein Kunstwerk zu projizieren. Eine Autobatterie ist die perfekte Stromversorgung. Alternativ funktioniert auch ein tragbarer Stromgenerator. Die Arbeit mit Strom ist gefährlich! Lies dir daher bitte die Anweisungen in der schrittweisen Anleitung genau durch.

- Wenn du ein Auto hast, sind alle Probleme gelöst. Verwende einfach die Autobatterie.
- Wenn du kein Auto hast, kaufe dir eine Schiffsbatterie (Kosten: ca. 90 Euro) und stelle sie in deinen Fahrradanhänger.

STROMWANDLER (MIT KABELN)

Wenn du den Strom für den Projektor aus deiner Autobatterie nimmst, brauchst du einen Stromwandler. Er wandelt den Strom aus der Batterie von 12 Volt Gleichstrom (Autobatterie) in 220 Volt Wechselstrom (Projektor) um. Stromwandler gibt es in unterschiedlichen Größen. Je leistungsstärker dein Projektor ist, desto mehr Watt muss dein Wandler erzeugen. Für einen Projektor mit 2000–2500 Lumen solltest du einen Wandler mit 600–1200 Watt haben.

- Stromwandler erhältst du online oder im Geschäft für Autozubehör.
- Die Eltern deines Freundes haben vielleicht einen Stromwandler in der Garage stehen, den sie gekauft und nur einmal benutzt haben.
- Höre dich um. Großväter sind gesetzlich dazu verpflichtet, mindestens drei Stromwandler in der Garage aufzubewahren. Vielleicht hast du ja Glück.

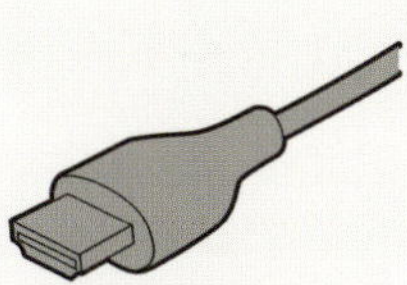

HDMI-KABEL

HDMI-KABEL gibt es einfach überall und sie sind normalerweise im Lieferumfang eines Projektors enthalten. Wenn du einen supermodernen Laptop hast, brauchst eventuell einen Adapter für den Kabelanschluss.

- Meist im Lieferumfang des Projektors enthalten.
- In jedem Haushalt gibt es eine Kiste mit einer Sammlung von alten Ladegeräten und Kabeln, die dein Vater auf keinen Fall wegwerfen will.
- Wohltätigkeitsgeschäfte sind nicht wirklich Geschäfte, sondern wahre Archive für solche Kabel.

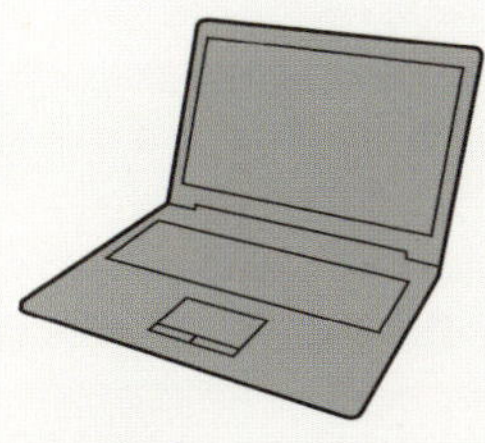

LAPTOP

Jeder Laptop eignet sich gut, solange er sich an deinen Projektor anschließen lässt. Er sollte jedoch so leistungsfähig sein, dass du die Datei, die du projizieren möchtest, anzeigen und ausführen kannst.

- In manchen Jugendzentren kann man Laptops ausleihen. Du solltest jedoch nicht erzählen, dass du damit um 1 Uhr nachts eine Guerilla-Projektion installieren möchtest.
- Überzeuge einen Freund, der einen Laptop besitzt, mitzumachen.

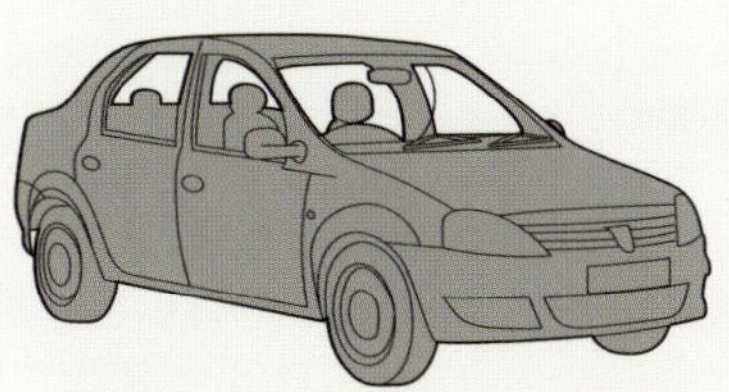

AUTO

Mit einem Auto hast du eine Stromquelle für den Projektor und kannst einfach zu verschiedenen Spots in der Stadt fahren. Alternativ kannst du auch ein Fahrrad mit Anhänger verwenden, um die Autobatterie oder einen kleinen Generator zu transportieren. Je einfacher, desto mehr Erfolg wirst du haben.

- Kaufe ein Auto.
- Wenn du selbst kein Auto hast, überzeuge einen Freund mitzumachen.
- Wenn dein Freund keinen Bock hat, miete einen Kleintransporter.
- Wenn das alles in die Hose geht, überzeuge deine Mutter oder deinen Vater mitzukommen. Es gibt nichts Tolleres, als gemeinsam mit Familienmitgliedern gegen das Gesetz zu verstoßen.

LOS GEHT'S

In dieser Anleitung zeigen wir dir alles, was du für eine Guerilla-Projektion mit einer Autobatterie tun musst.

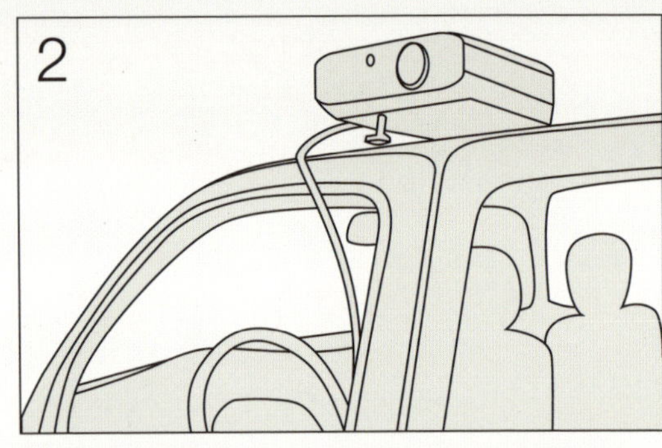

Stelle den Projektor auf das Autodach und führe die Kabel durch das geöffnete Fenster der Vordertür.

1

Besorge dir die nötige Ausrüstung, bevor du loslegst. Denke auch an Ersatzkabel, Snacks oder alles andere, was du brauchst. Überprüfe, ob alle Geräte funktionieren.

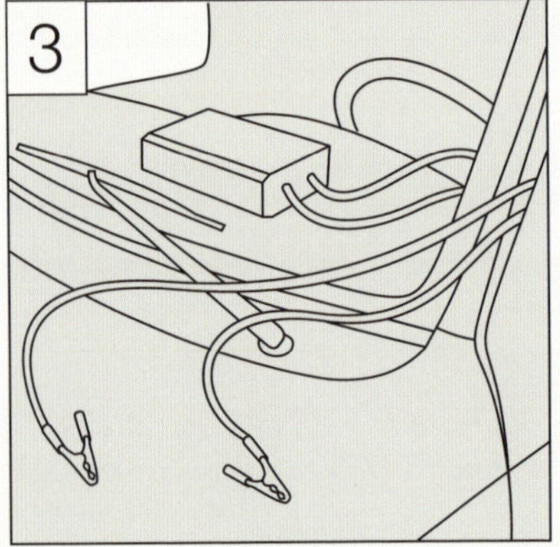

Führe die Kabel des Stromwandlers durch den Türspalt zur Motorhaube.

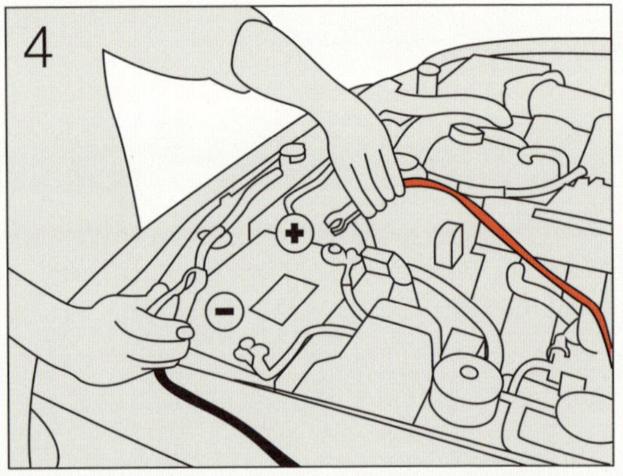

Öffne die Motorhaube und ziehe die Kabel darunter durch. Schließe zuerst das rote Kabel des Wandlers an den Positivanschluss der Batterie. Danach verbindest du das schwarze Kabel mit dem Negativanschluss der Batterie.

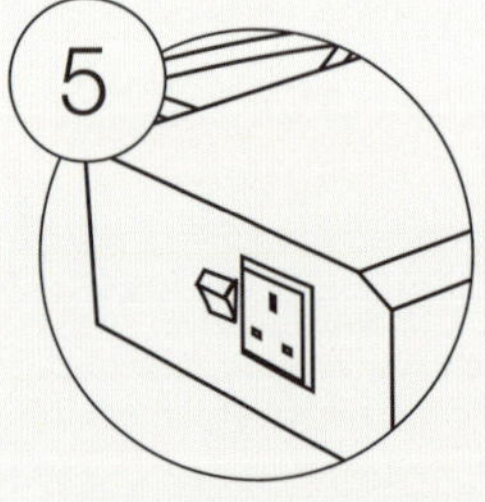

Schalte den Stromwandler am Netzschalter ein. Ein grünes Licht leuchtet und der Ventilator springt an. Wenn eine rote Leuchte blinkt und ein Signalalarm ertönt, trenne die Kabelverbindungen und prüfe, ob alles ordnungsgemäß angeschlossen war. Wiederhole die Schritte solange, bis sich die grüne Leuchte einschaltet.

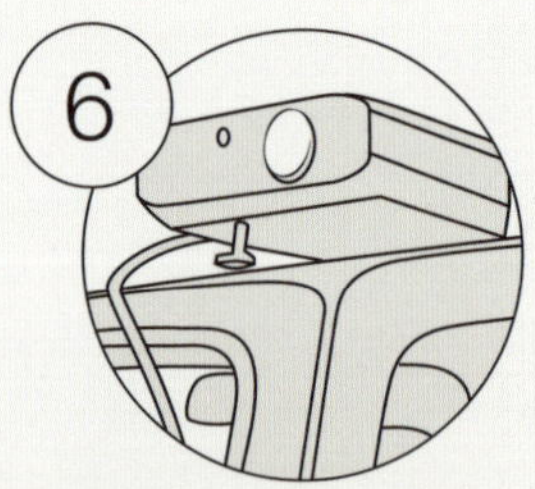

Lasse die Linsenabdeckung auf dem Projektor, wenn du ihn hochfährst.

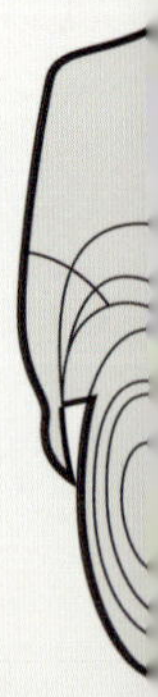

7

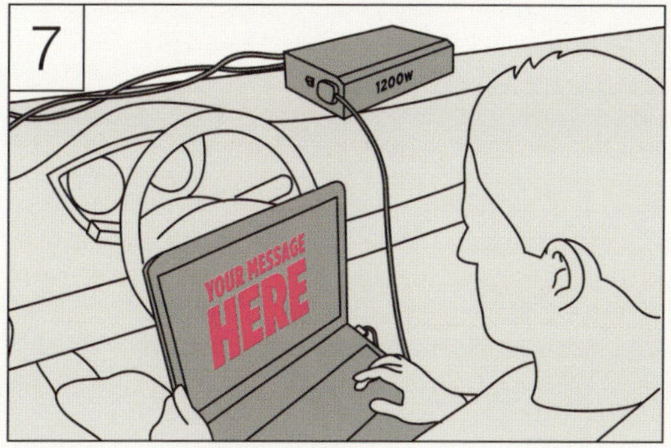

Öffne deinen Laptop und zeige dein Kunstwerk im Vollbildmodus an.

8

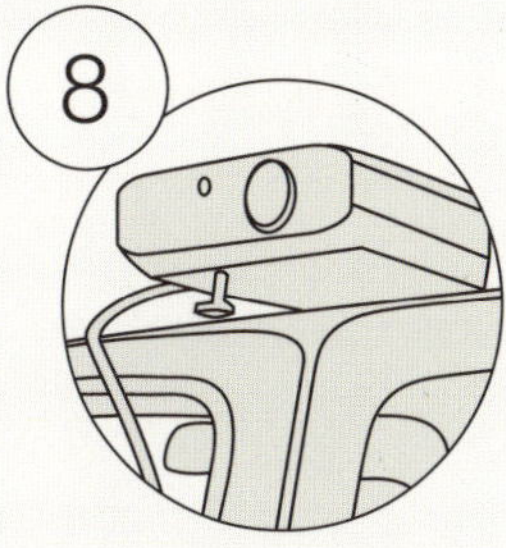

Entferne die Linsenabdeckung. Überprüfe die Projektionsgröße deines Werkes auf der Oberfläche und vergrößere oder verkleinere sie, sodass sie auf die Fläche passt.

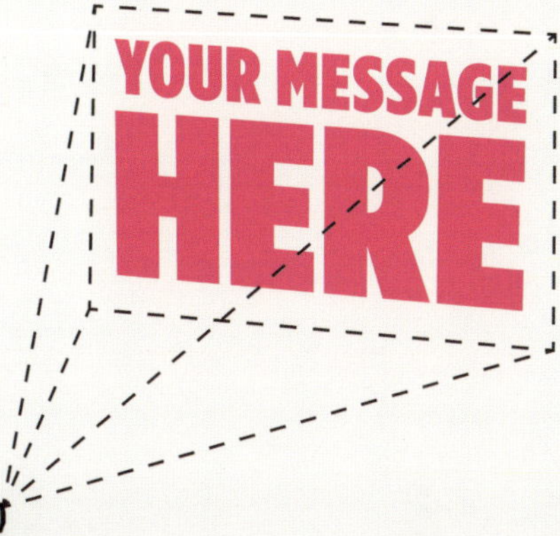

9

Genieße deine erste Guerilla-Projektion. Fotografiere oder filme das Ergebnis.

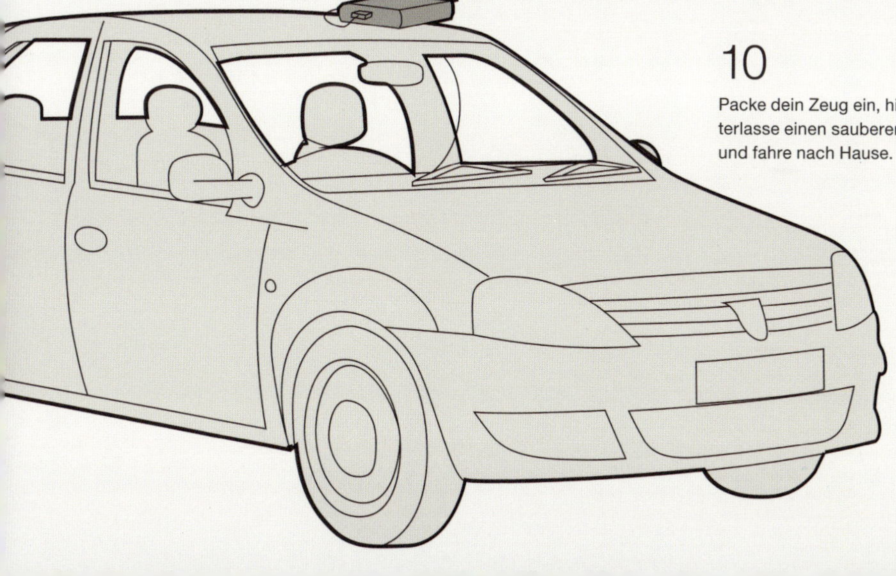

10

Packe dein Zeug ein, hinterlasse einen sauberen Ort und fahre nach Hause.

EXTRA-TIPPS

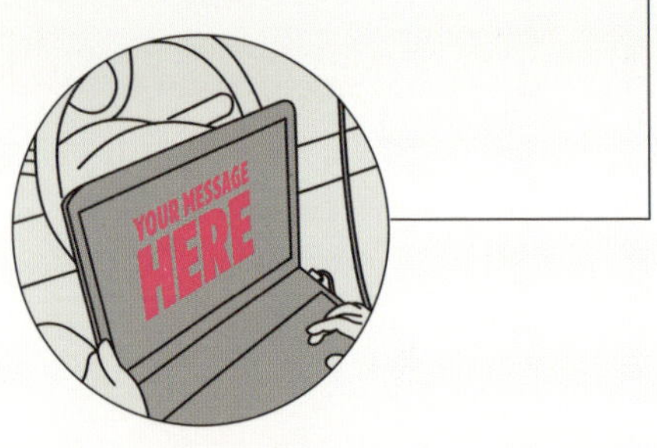

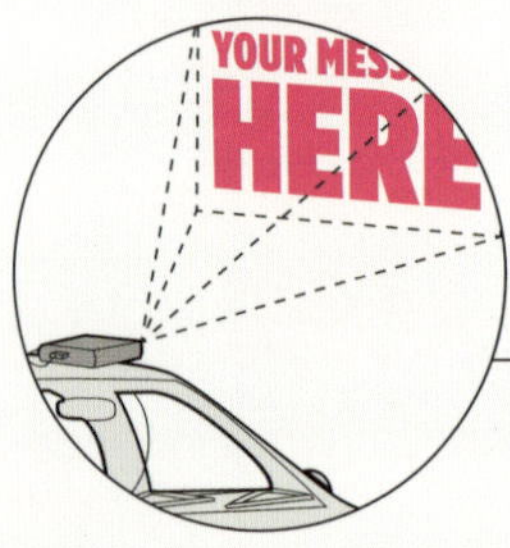

DEIN KUNSTWERK

Vor allem Bilder mit Text, Logos oder Grafiken eignen sich gut. Erzeuge einen schwarzen Hintergrund für dein Bild (Schwarz-Weiß-Projektionen sind am wirkungsvollsten). Auch ein Film oder eine Animation sieht als Projektion auf einem Gebäude klasse aus.

BATTERIE LADEN

Achte darauf, dass deine Batterie vollständig geladen ist, bevor du dich zu einer Guerilla-Projektion aufmachst. Autobatterien laden sich beim Fahren in der Regel automatisch auf. Überprüfe den Ladezustand der Batterie immer ganz genau, denn keiner will der Idiot sein, der vergessen hat, die Batterie zu laden, wenn du mit deinen Freunden gerade dabei bist, einen kreativen Unfug in der Stadt zu verzapfen.

EINE GEEIGNETE LOCATION FINDEN

Wie bei jeder guten Guerilla-Aktion solltest du einen Ort finden, der zu deiner Idee passt. Die besten und wirkungsvollsten Projektionen werden an Orten installiert, die die Botschaft unterstreichen. Aber eine Projektion auf ein Hochsicherheitsgebäude musst du sehr, sehr sorgfältig planen!

DISPLAY-EINSTELLUNGEN

Stelle deine Anzeige auf dem Laptop für die Projektion auf »Vollbild« ein, sodass sie möglichst groß ist und alle anderen Dokumente auf deinem Bildschirm ausgeblendet werden. Erhöhe die Kontrasteinstellungen des Projektors, eventuell musst du auch die Größe des Bildes auf dem Laptop anpassen. Passe alle Einstellung solange an, bis die Projektion perfekt ist.

LICHTVERSCHMUTZUNG

Suche nach einer Oberfläche, in deren Nähe sich keine anderen Lichtquellen befinden. Deine Projektion soll nicht um die Aufmerksamkeit konkurrieren. Das ist besonders wichtig, wenn du einen Projektor mit lediglich 2000 Lumen verwendest.

HELLE OBERFLÄCHE

Die meisten Projektionen sind weiß und das hat seinen guten Grund. Suche nach Gebäuden mit einer hellen Oberfläche, denn je dunkler die Oberfläche ist, desto näher muss dein Projektor an der Wand stehen – und damit wird dein Bild kleiner.

FREIER PROJEKTIONSBEREICH

Wenn du den Projektor auf das Autodach stellst, hast du meist einen guten Projektionsbereich. Bäume sind deine Feinde – zumindest bei deiner Guerilla-Projektion. Das gleiche gilt für Sträucher, Bushaltestellen und Funkmasten.

PARKEN

Wo du parkst, hängt davon ab, ob deine Mission legal ist und wie viel Zeit du hast. Achte darauf, dass du immer gut wegkommst, wenn du die Aktion abbrechen musst.

WER SOLL DEIN WERK SEHEN?

Überlege dir, welches Ziel deine Guerilla-Projektion hat. Vielleicht erreichst du deine eigentliche Zielgruppe ja eher nach der Aktion und online. So brauchst du gar nicht so viele Zuschauer, die dein Kunstwerk in der Öffentlichkeit sehen.

DO:

- Teste deine Ausrüstung und die Projektion in Ruhe zu Hause, im Studio oder wo auch immer, bevor du zum Projection Bombing aufbrichst. Alles sollte perfekt vorbereitet sein.
- Achte auf die Lebensdauer der Glühbirne des Projektors, den du anschaffen möchtest. Neue Glühbirnen sind oft teuer, daher sollte im Projektor eine möglichst neue Birne (weniger als 300 Nutzungsstunden) installiert sein.
- Finde den richtigen Abstand zwischen Projektor und Wand. Der hängt von der Leistungsfähigkeit des Projektors und der Größe deines Bildes ab. Ein Projektor mit weniger als 2000 Lumen projiziert nur kleinere Bilder.
- Lade deinen Laptop auf, bevor du aufbrichst. Deine Freunde werden zu Recht sauer sein, wenn du das vergisst.
- Schaue dir dein Ziel genau an. Je nachdem, auf was für eine Oberfläche du projizieren möchtest, musst du eventuell einen neuen Spot finden, auf dem dein Bild die maximale Wirkung entfaltet.
- Der Stromwandler muss ausgeschaltet sein, bevor du die Batteriekabel anschließt. Wenn er bereits eingeschaltet ist, könnten er oder der Projektor beschädigt werden.
- Recycle alte Batterien. Autobatterien geben relativ schnell den Geist auf, vor allem, wenn sie nicht regelmäßig benutzt werden oder längere Zeit entladen sind.

DON'T:

- Lutsche nicht deine Finger ab, bevor du die Kabel an die Autobatterie anschließt.
- Wähle kein Gebäude mit vielen Fenstern aus. Das sieht nicht gut aus und deine Freunde werden enttäuscht sein.
- Bringe keinen Freund mit, der Selbstmord per Stromschlag begehen möchte. Das mag ja spektakulär sein, aber es gibt bessere Orte dafür als die Öffentlichkeit.
- Lasse den Projektor nicht fallen, vor allem nicht, wenn die Birne eingeschaltet oder heiß ist – das kommt noch schlechter. Achte darauf, dass keine Kabel hängenbleiben.
- Kaufe nicht den billigsten Stromwandler. Die Qualität der etwas teureren Produkte ist deutlich besser.
- Lasse dich nicht vom Sicherheitspersonal erwischen. Wir wissen alle, dass Sicherheitsleute ihre Macht gern ausspielen und kein angenehmer Umgang sind. Am besten, du bleibst gelassen, sprichst sie höflich an und nutzt diese zusätzlichen Minuten für deine Projektion, damit dein im Busch versteckter Freund schnell ein Foto schießen kann, das du später online teilen kannst.

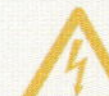

WARNUNG:
Der Umgang mit stromführenden Elementen ist gefährlich. Sei intelligent und befolge die Sicherheitshinweise!

Auf keinen Fall darfst du bei Nacht und Regen eine Projektion installieren. Gerät Wasser in Kontakt mit Strom, entsteht ein Stromschlag, der für dich und deine Freunde lebensgefährlich sein kann und bei den verwendeten Geräte zu erheblichen Schäden führen kann.

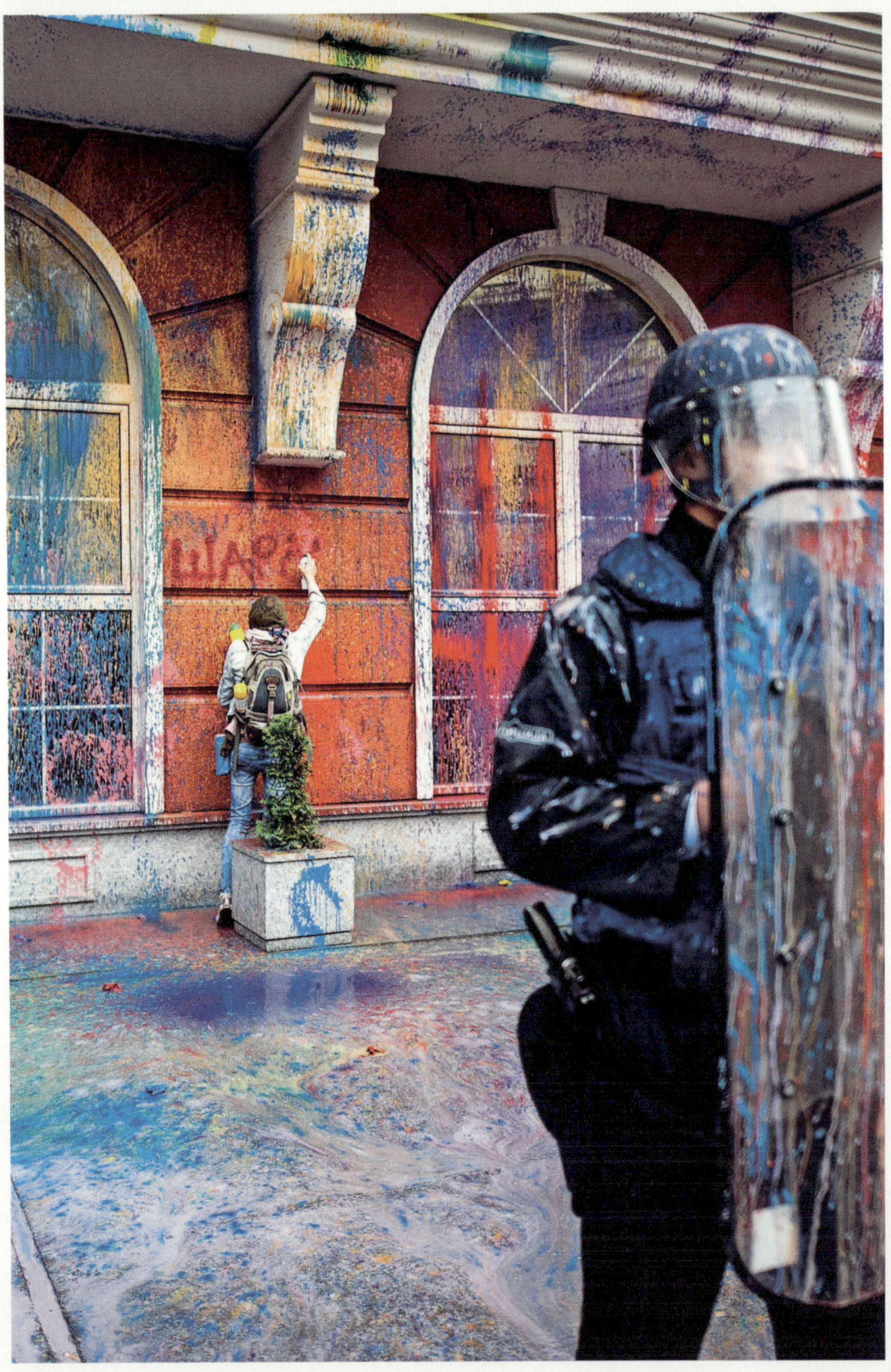

Projektile

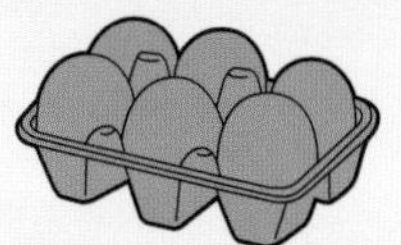

In diesem Handbuch möchten wir dir auch zeigen, wie du Projektile für deine Kunst im öffentlichen Raum nutzen kannst. Projektile können alle erdenklichen Größen und Formen haben. Mit Glitter, Farbe oder Erbsen gefüllte Ballons, Pfeile oder mit Farbe befüllte, skulpturale Geschosse – sie alle werden im Rahmen des Kunstwerks zerstört. Viele Künstler und Aktivisten nutzen Projektile, die die feine Grenze zwischen Kunst und Vandalismus überschreiten, um ihre Meinung öffentlich kundzutun. Sie werden häufig auf bestimmte Ziele geworfen, wie zum Beispiel Strukturen, Symbole oder Menschen. Die Kunst dieser Aktionen liegt im Abwerfen/Handeln/Zerstören sowie in ihrem ästhetischen Ergebnis. Projektile sind – ob als Kuchen im Gesicht eines korrupten Politikers oder als Angriff auf Unternehmenssymbole – eine vielseitige Form von Street Art, mit du der deine Meinung ausdrücken kannst.

Im Mai 1986 versammelten sich über 100.000 Studenten auf dem Platz des Himmlischen Friedens in Peking, um ihren Unmut über die autoritäre, kommunistische Regierung Chinas zu äußern. Auch drei junge Männer, Yu Dongyue (22 Jahre), Lu Decheng (26 Jahre) und Yu Zhijian (25 Jahre), aus der Provinz Hunan reisten nach Peking, um an den Studentenprotesten teilzunehmen. Unterwegs klauten sie 20 Eier von einem Pfannkuchenverkäufer, leerten diese Eier und befüllten sie mit roter, blauer und gelber Farbe. Ihr Ziel war ein riesiges Portrait von Mao Tse-tung, dem früheren chinesischen Kommunistenführer und Gründer der Volkrepublik China. Das am Eingang zum Platz des Himmlischen Friedens installierte Portrait war ein mächtiges politisches Propagandainstrument: Jeder, der den Platz betrat, musste unter dem herrischen Blick des Führers hindurchgehen. Die Studenten aus Hunan hängten auf jeder Seite des Portraits ein Seiden-Banner mit den Aufschriften »Fünftausend Jahre Diktatur sind hier zu Ende!« und »Von heute an hat der Personenkult ein Ende« auf. Außerdem warfen sie ihre Farbbomben zum Zeichen ihres Unmuts und Widerstands gegen den autoritären Kommunismus. Das bis dahin makellose, 6 Meter große Portrait wurde mit Farbe bespritzt, die symbolisch für das Blut stand, das während Maos Kulturrevolution vergossen wurde, bei der Millionen »unreiner« Chinesen ermordet wurden. Die drei Dissidenten haben ein Symbol verunstaltet und damit eines der bedeutendsten Beispiele politischer Kunst erschaffen. Doch sie mussten einen hohen Preis zahlen: Die Männer wurden schnellstens verhaftet, gefoltert und später der »Sabotage« und »konterrevolutionären Propaganda« angeklagt. Ihr Protest wurde mit 16 Jahren Gefängnis bestraft.

Im Mai 2016 riefen Protestierende in der Republik Mazedonien die »bunte Revolution« aus. Der Ärger der Öffentlichkeit über ausschweifende Korruption und zahlreiche von der Regierung genehmigte Straferlässe für kriminelle Unternehmen hatte einen Siedepunkt erreicht. Bürger warfen mit Farbe gefüllte Ballons auf Gebäude, Monumente und Polizisten des Überfallkommandos.

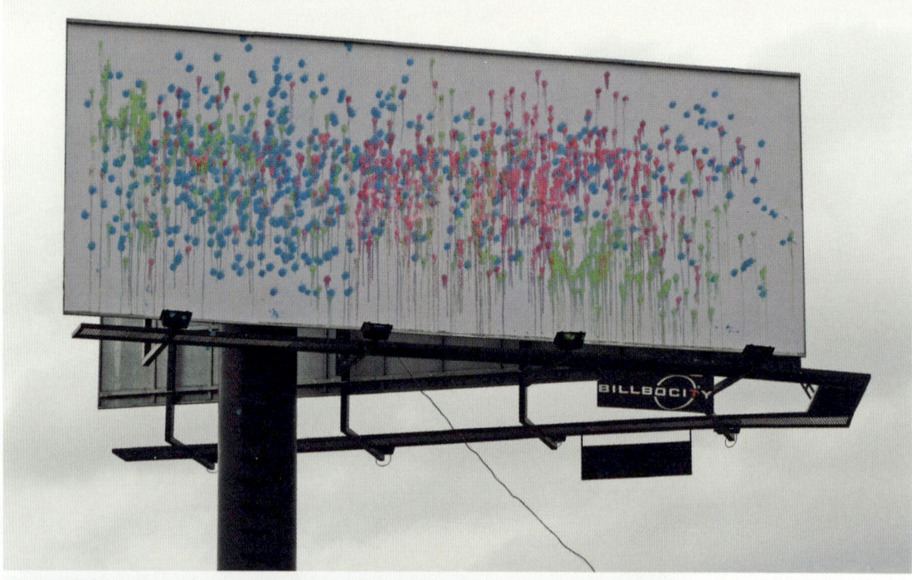

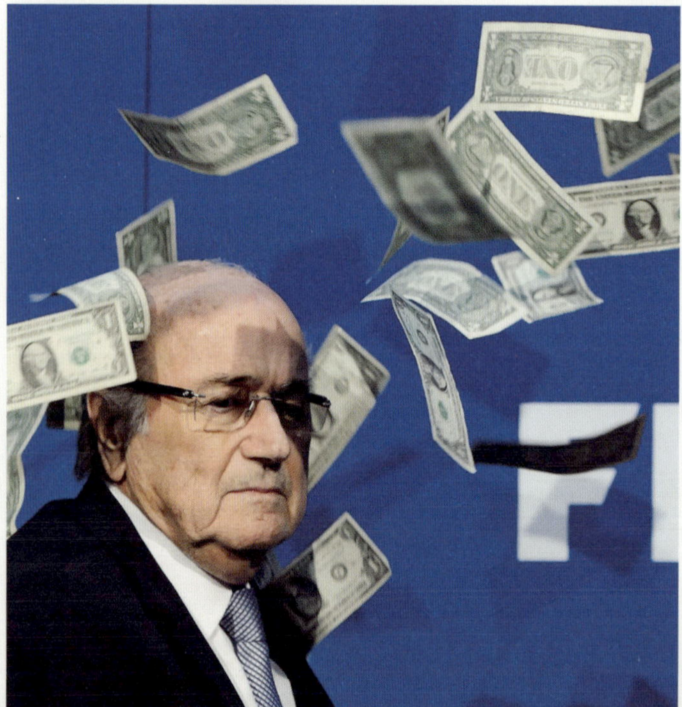

OBEN: Der ehemalige Graffiti-Künstler Epos 257 hat zwischen 2009 und 2014 in Prag ausgediente Werbetafeln mit einer Paintball-Waffe zu abstrakten Kunstwerken gemacht.

LINKS: Der britische Comedian Lee Nelson (nicht auf dem Foto zu sehen) wirft im Juli 2015 Banknoten auf den Ex-FIFA-Präsidenten Sepp Blatter (gegen den damals ein Ermittlungsverfahren wegen seiner Beteiligung an zahlreichen Bestechungsfällen bei der FIFA lief) auf dem Weg zu einer Pressekonferenz.

RECHTS: Die Aktivistin Josephine Witt wirft 2015 bei einem Vortrag eine Aufsehen erregende Glitterbombe auf Marco Draghi, den damaligen Präsidenten der Europäischen Zentralbank. Dabei ruft sie den Slogan, der auch auf ihrem T-Shirt steht: »Schluss mit der Diktatur der EZB«. Witt wurde sehr schnell vom Sicherheitspersonal festgehalten und lächelte, als sie abgeführt wurde.

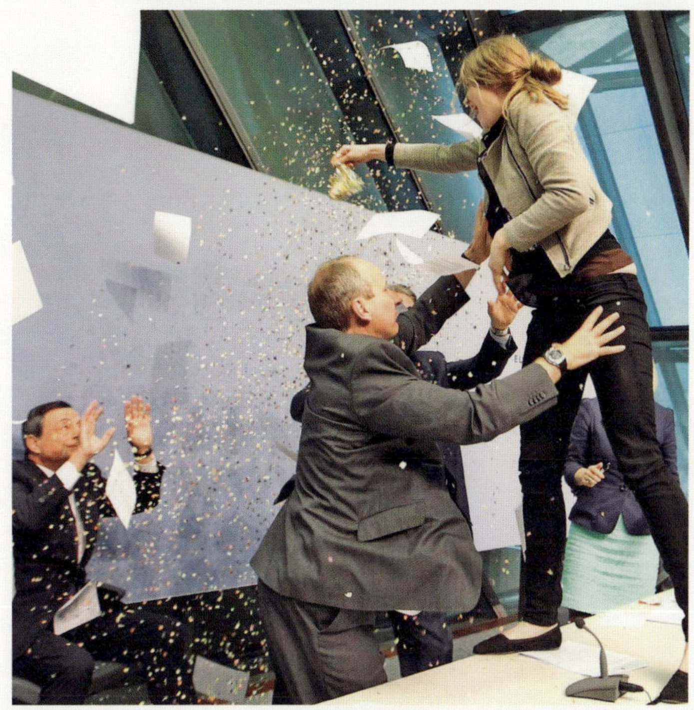

Dieses am Ende sehr tragische Beispiel zeigt jedoch deutlich, welche Macht die symbolische Geste eines Projektils haben kann.

Im Allgemeinen werden Projektile, mit denen politische oder künstlerische Statements abgegeben werden, als Vandalismus diskreditiert. Doch im Grunde können wir aus dieser Kunstform sehr viel lernen. Der destruktive Akt des Vandalismus kann vonnöten sein, um die Normen und Regeln einer Gesellschaft zu hinterfragen und anzuklagen. Zur Hochzeit der Frauenrechtsbewegung im Jahr 1914 betrat eine einzelne Suffragette, Mary Richardson, die National Gallery in London und attackierte ein Gemälde einer nackten, liegenden Frau. Mit einem Fleischerbeil stach sie sieben große Schnitte in die Venus vor dem Spiegel von Diego Velázquez und protestierte damit gegen die Ungleichbehandlung von Frauen. Sie erklärte dazu: »Gerechtigkeit ist genauso ein Kriterium von Schönheit wie Farbe und Linien auf einem Gemälde.« Wenn Dinge mithilfe von Objekten verunstaltet, zerstört oder verschönert werden, gilt dies als eine Weiterentwicklung des Abstrakten Expressionismus (der Begriff bezeichnet Formen abstrakter Kunst, die in den 1940er und 1950er Jahren von amerikanischen Künstlern wie Jackson Pollock, Mark Rothko und Willem de Kooning entwickelt wurden). Dabei werden vor allem Techniken wie Pinselstriche oder Markierungen eingesetzt. Heute dagegen verwenden Künstler meist keinen Pinsel, sondern markieren einen Gegenstand mit einem Fleischerbeil oder mit Farbbomben. Genauso wie bei dem Gesetz, gegen das der Künstler damit verstößt, geht es um die Intention: Welches Ziel oder welchen Zweck verfolgt er?

Die Projektil-Kunst muss nicht unbedingt eine ernste oder bösartige Angelegenheit sein. Künstler und Scherzkekse werfen Erbsen, Glitterbomben und Bündel mit unechtem Geld auf Aktienhändler und korrupte Menschen, erregen damit riesiges Aufsehen und zeigen etwas sehr Wichtiges: Man muss das richtige Wurfgeschoss für den richtigen Moment oder die richtige Situation auswählen. Es ist sicher keine gute Idee, ein Fleischerbeil auf einen Politiker zu werfen, selbst wenn der ein echtes A… ist.

DEIN ZUBEHÖR UND WO DU ES BEKOMMST

WERKZEUG UND AUSRÜSTUNG

- Huhn
- Eier (4 Stück)
- Nadel
- Farbe
- Klebeband

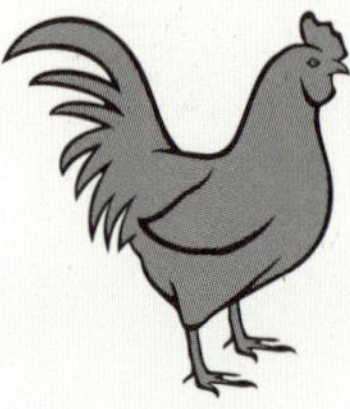

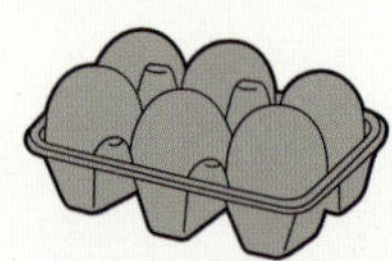

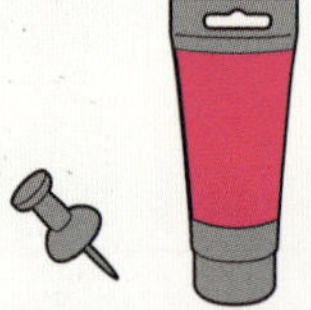

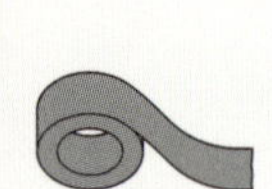

HUHN

Das Haushuhn ist eine Unterart des Bankivahuhns. Mit einer Gesamtpopulation von mehr als 19 Milliarden handelt es sich um eines der am weitesten verbreiteten Haustiere.

- Adoptiere ein Huhn von einem Bauernhof.

EIER

Eier werden vom Weibchen zahlreicher Arten gelegt. Dazu zählen Vögel, Reptilien, Amphibien, Fische und einige Säugetiere. Sie werden seit Tausenden von Jahren vom Menschen gegessen. Vogel- und Reptilieneier bestehen aus einer schützenden Eierschale, Eiweiß und Eigelb, letzteres ist von mehreren dünnen Membranen umgeben. Für die einen gelten Eier als guter Proteinlieferant; diese Menschen gelten für andere als Mörder. Manchmal finden sich Eier auch aufgeschlagen am Fenster des unbeliebtesten Lehrers.

- Eier liegen in der Regel im Kühlschrank.

NADEL/FARBE/KLEBEBAND

Sehr gängige Materialien, die überall zu finden sind. Steche das Ei mit einem Reißnagel oder einer anderen Nadel auf. Als Farbe nimmst du am besten eine Acrylfarbe und mischt sie mit etwas Wasser. Die Löcher im Ei klebst du mit Klebe- oder Paketband zu.

LOS GEHT'S

In dieser Anleitung erfährst du, wie du eine ungefährliche Projektil-Aktion vorbereitest, mit der du zum Beispiel deine Meinung über ein faschistisches Graffiti kundtun kannst.

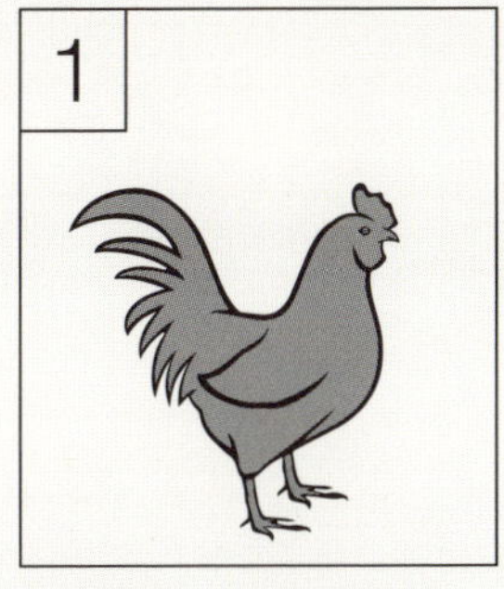

Finde ein Huhn. Baue einen Hühnerstall. Kaufe Futter und warte sechs Tage darauf, dass das Huhn ein Ei legt.

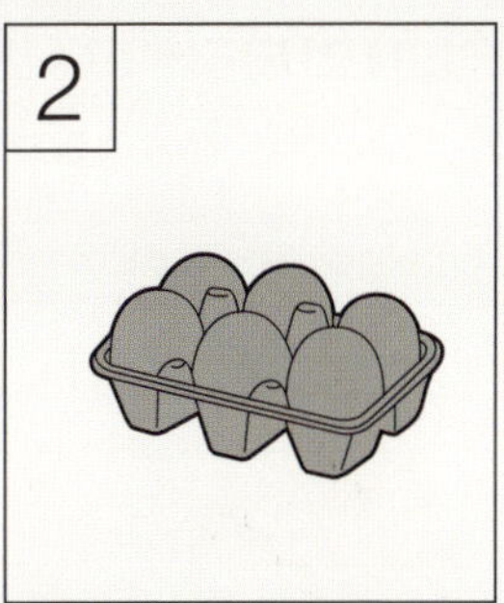

Das mit der Hühnerzucht kannst du dir auch sparen, wenn du einfach sechs Eier kaufst.

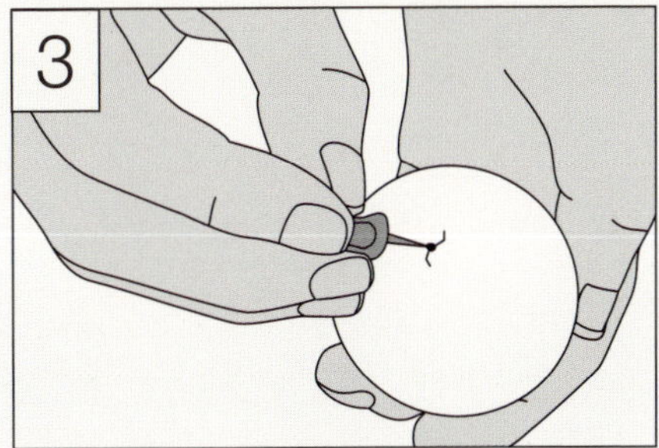

Steche mit einer Nadel ein kleines Loch oben in das Ei und weite dieses Loch auf eine Größe von 5 mm Durchmesser.

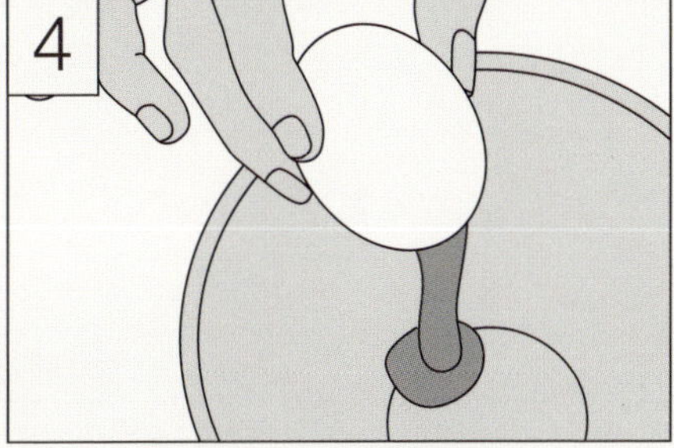

Zerstöre das Eigelb und lasse Eiweiß und Eigelb in eine Pfanne laufen. Bereite ein Omelett zu.

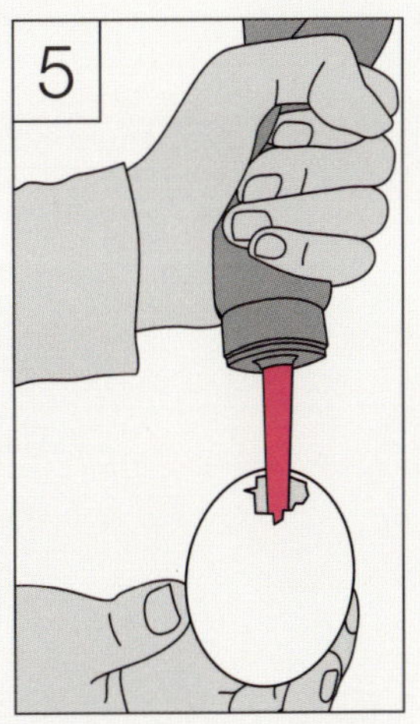

Befülle die Eierschale mit Farbe. Gehe genauso mit den anderen Eiern vor.

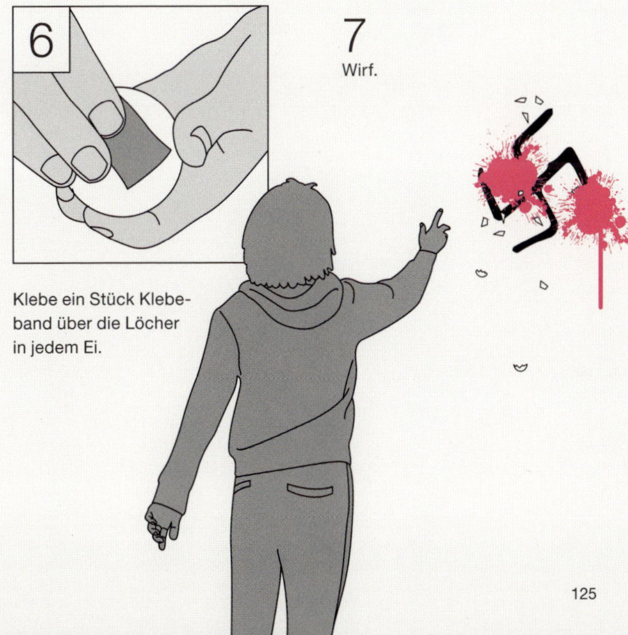

Klebe ein Stück Klebeband über die Löcher in jedem Ei.

7

Wirf.

EXTRA-TIPPS

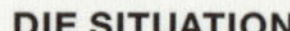

DIE SITUATION

Projektile sind die ideale Lösung, wenn du dein Statement schnell und einfach abgeben möchtest. Es ist wichtig, dass das Projektil genau zu deinem Statement passt. Denke über den Kontext und die Situation nach, in dem/der du deine Aktion startest. Wer oder was ist das Ziel oder wer könnte zuschauen oder dabei sein?

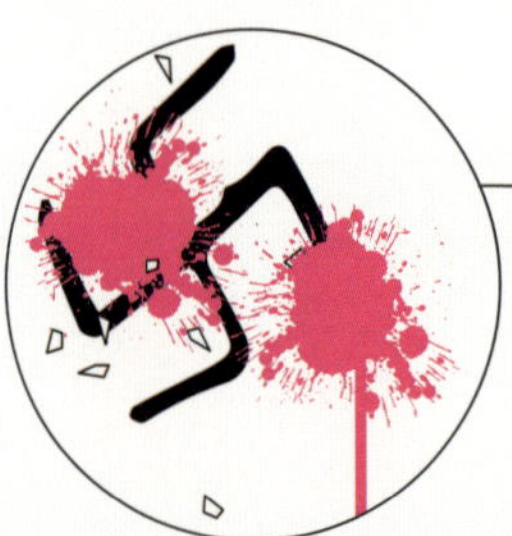

FARBE

Gibt es eine symbolische Farbe, die du in deine Eier füllen könntest? Hebt sich deine Farbe auf dem Hintergrundbild oder der Oberfläche hervor?

FARBARTEN

Acrylfarbe kann mit Wasser verdünnt werden, damit sie besser fließt. Lackfarbe muss mit Farbverdünner gemischt werden, aber sie ist haltbarer und beschädigt Kleidung, Haut und Augen. Deine Farbe muss dick genug sein, damit sie an der Stelle kleben bleibt, auf die du dein Projektil wirfst. Ein paar Tropfen sehen aber auch cool aus. Experimentiere mit der Farbdicke ein bisschen herum und finde heraus, was am besten passt.

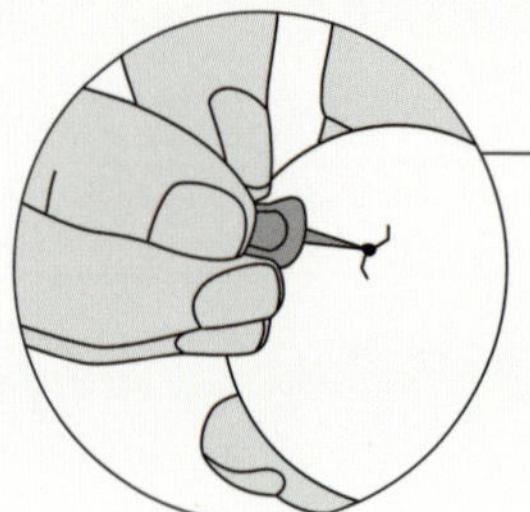

EIN LOCH STECHEN

Das Loch im Ei lässt sich mit jedem scharfen Gegenstand stechen. Beginne mit einem sehr kleinen Loch, das du dann auf etwa 5 mm Durchmesser vergrößerst, damit es groß genug ist, damit Eigelb und Eiweiß aus dem Ei herauslaufen, aber auch klein genug, damit du es wieder verkleben kannst. Wenn das Ei leer ist, befülle es mit Farbe und klebe das Loch zu. Das machst du solange, bis du ausreichend Eier für deine Aktion hast. Wenn du keine Eier nehmen möchtest, kannst du auch Wasserbomben oder Kondome verwenden.

GESETZESBRUCH

Wenn du etwas Hartes oder Schweres auf einen Menschen wirfst, verletzt du den anderen und bekommst viel Ärger. Aus diesem Grund verwenden viele Künstler und Spaßvögel Glitter, Spielgeld oder leichte Gegenstände.

DO:

- Verwende helle Farben für mit Farben gefüllte Projektile.
- Verschönere Straßen und Polizisten.
- Was auch immer du tust: Es sollte lustig sein.
- Probiere unterschiedliche Projektile aus.
- Suche nach Situationen mit viel Publikum und Medienaufmerksamkeit. So erzielst du die beste Wirkung.

DON'T:

- Passe auf, dass keine Eier in deiner Tasche zerbrechen. Packe sie sorgsam, aber einfach ein, damit du sie schnell auspacken und auf dein Ziel werfen kannst.
- Sei nicht geizig. Plane eine große Aktion!
- Übe keine Rache an deinem ätzenden Lehrer. Vergiss den einfach und mache dein Ding!
- Verletze keine Menschen mit deinen Projektilen.

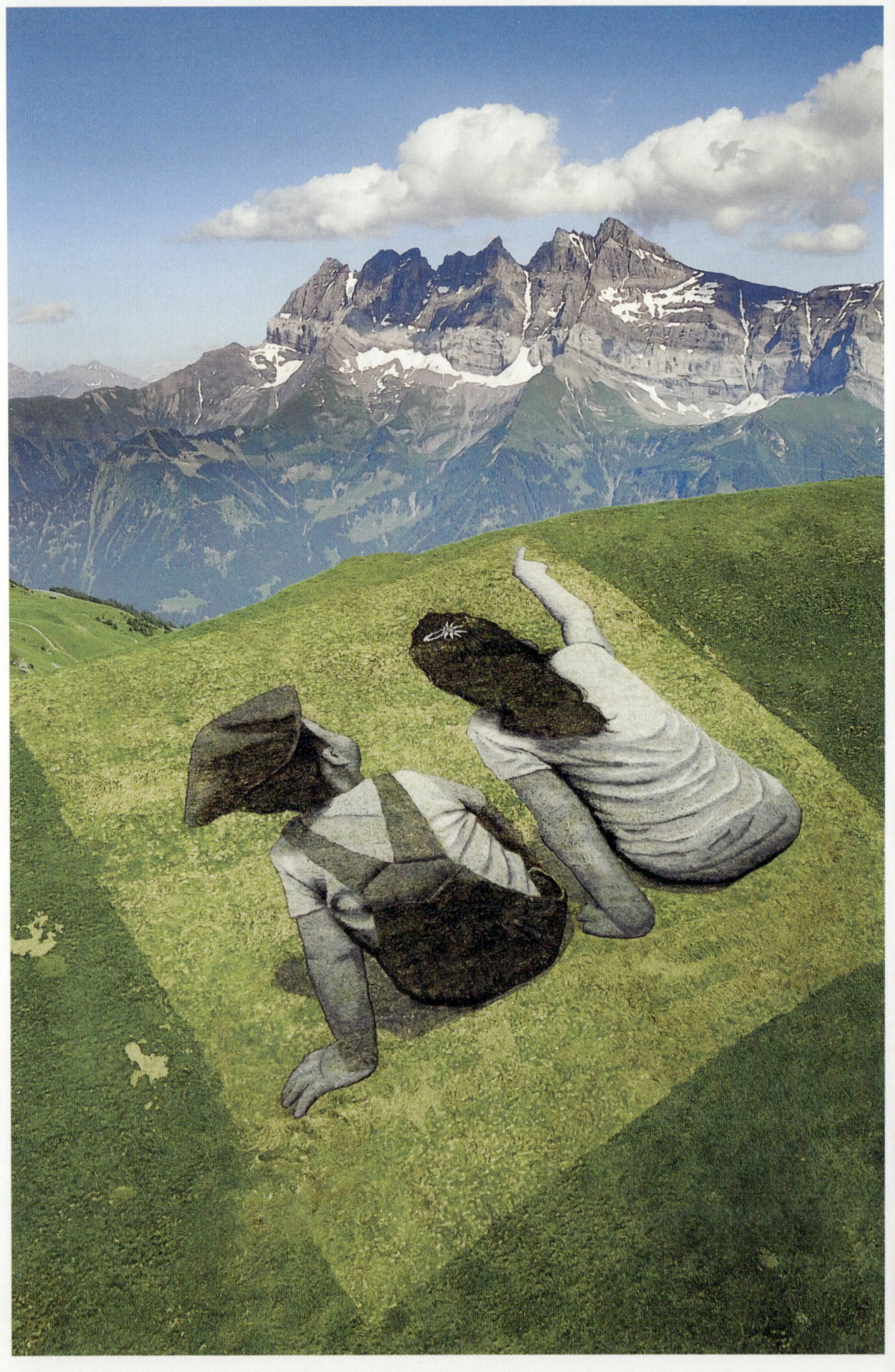

Aerial Street Art

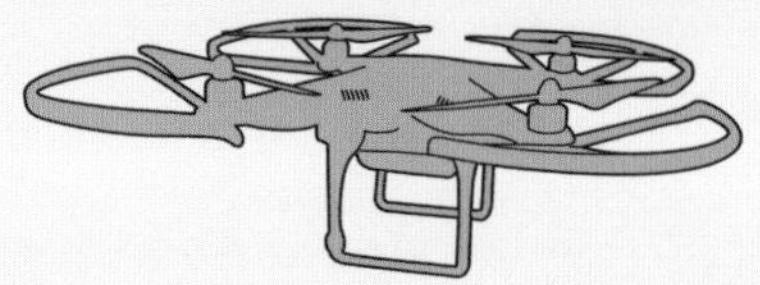

Im Sand der Atacama-Wüste in Chile sind diese Worte zu lesen: »ni pena ni miedo«, was soviel heißt wie »keine Scham, keine Angst«. Geschrieben wurden sie von Raúl Zurita, einem chilenischen Dichter, der unter der Diktatur Augusto Pinochets Anfang der 1990er Jahre gefoltert wurde. In diesem Leid träumte Zurita davon, »Gedichte in den Himmel, auf Berge, in die Wüste zu schreiben.« Und 1993 erfüllte er sich diesen Traum und kratzte seine kreative Form des Widerstands mithilfe eines Bulldozers in den Sand der Atacama-Wüste – ein Gedicht, dass sich über 3 Kilometer dieser einzigartigen Landschaft erstreckte. Es handelt sich um das zweitgrößte Graffiti und Landschaftskunstwerk der Welt (zum größten kommen wir später). Zurita ist mit seinem Gedicht einer der Künstler, die wie die alten Kulturen den Himmel nach neuen Perspektiven absucht – ganz nach dem Beispiel des Ikarus. Die Street Artists von heute entstammen der Generation von Google Earth und haben damit Zugang zu Drohnen, mit denen sie gigantische Werke aus der Luft aufnehmen können, die auch aus dieser Perspektive erst ihre wahre Kraft entwickeln. Damit sprengen sie jegliches Großformat der Street Art.

Der Schweizer Street Artist Saype kombinierte Landschaften mit Graffiti und legte damit den Grundstein für eine neue Form der Street Art. Er malt seine großformatigen Bilder mit zu 100 Prozent biologisch abbaubaren Farben, die er selbst in seinem Atelier herstellt.

Zurita setzte mit seiner Aktion eine lange Tradition von aus der Vogelperspektive zu erkennenden Kunstwerken in Lateinamerika fort. So ist Peru Heimat der berühmtesten Werke der »Luftbilder« der Nazca-Kultur aus den Jahren 200 v. Chr. bis 500 n. Chr. Die Nazca zeichneten Hunderte von gigantischen Geoglyphen, die vor allem Tiere wie Vögel, Fische, Lamas, Jaguars und Affen darstellten. Für diese Bilder bewegten und entfernten sie bestimmte Steine aus dem Wüstensand, sodass der darunterliegende helle Sand zum Vorschein kam und die Konturen der Bilder zeichnete. Viel später schufen unbekannte Bildhauer im England des siebzehnten Jahrhunderts den Cerne Abbas Giant, einen 55 Meter hohen, nackten Riesen mit einer Keule in der Hand und einem großen, erigierten Penis, der in die Wiesen eines kalkhaltigen Hügel geritzt wurde. Man geht davon aus, dass er eine keltische Gottheit darstellt und es wird behauptet, dass er in der anderen Hand einen abgetrennten Kopf hielt. Er galt als das lächerlichste männliche Luftbild, das je erschaffen wurde.

Das größte aus der Luft zu erkennende Kunstwerk (und Graffiti) befindet sich in einem Wald in Smithville, Texas. Der texanischer Grundbesitzer Jimmie Luecke fällte bestimmte Bäume in seinem Wald und »schrieb« damit seinen Nachnamen über etwa 5 Kilometer des Waldes. Da das Bild sogar aus dem Weltraum zu erkennen ist, nutzen die Astronauten der NASA dieses Tag, um die Auflösung ihrer Fotografien aus dem Weltall zu kalibrieren.

Das Künstlerpaar Christo und Jeanne-Claude schuf in den 1980er Jahren monumentale Kunstinstallationen in Landschaften der ganzen Welt:

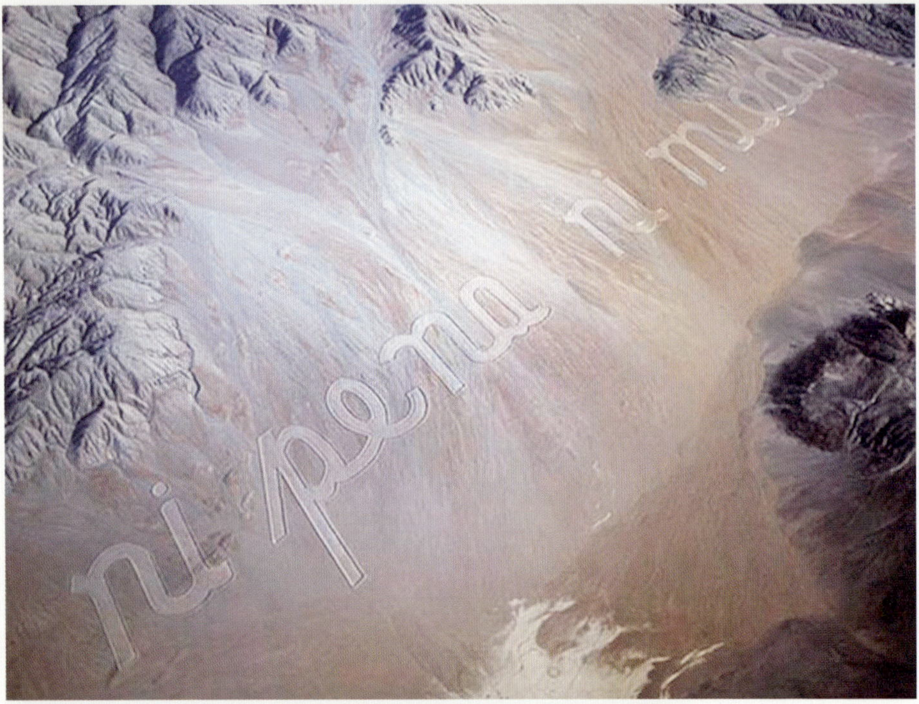

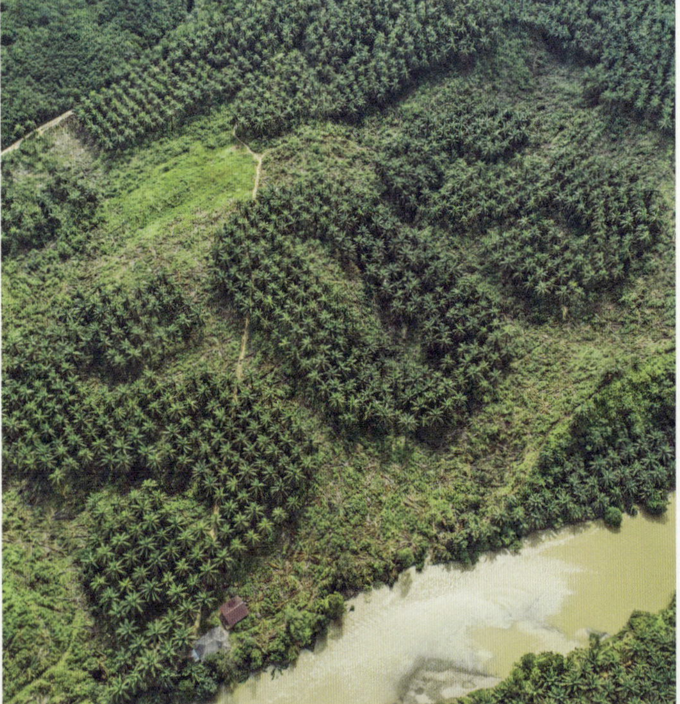

OBEN: Raúl Zuritas schrieb sein Gedicht 1993 in den Sand der Atacama-Wüste in Chile.

LINKS: Der litauische Künstler Ernest Zachearevic arbeitete im Januar 2018 mit dem Orang-Utan-Informationszentrum und der Orang-Utan-Gesellschaft von Sumatra zusammen und fällte einen gigantischen SOS-Notruf in eine Palmenplantage in Indonesien. Damit machte er auf die Abholzung der indonesischen Wälder und die Gefahren für diese bedrohte Tierart aufmerksam.

GEGENÜBER: Dieses ca. 0,5 Hektar große Portrait in Belfast, Nordirland wurde in vierwöchiger Arbeit vom kubanisch-amerikanischen Künstler Jorge Rodríguez-Gerada und einer Gruppe Freiwilliger aus über 1.000 Tonnen natürlichen Materialien wie Erde, Sand und Steine erschaffen.

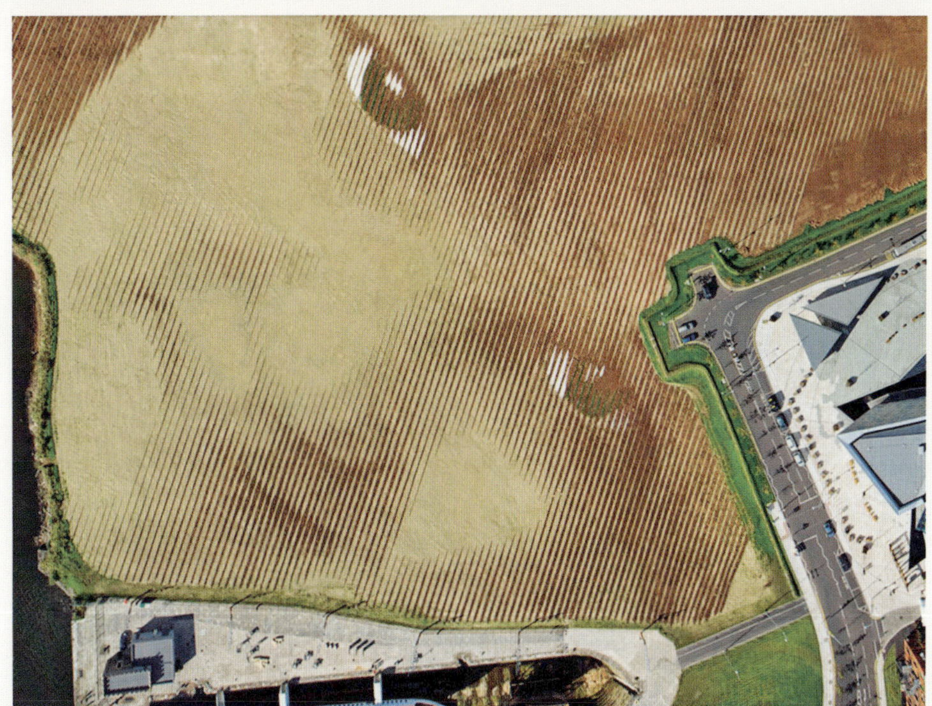

Sie wickelten Küstenstreifen, Strukturen und sogar ganze Inseln in Hunderte, oft sogar Tausende Quadratmeter Stoff ein. Mit ihren Arbeiten formten sie ganze Umgebungen – in der Stadt und auf dem Land. Der Künstler »nutzt vorübergehend einen Teil einer Umgebung und provoziert den Zuschauer damit, die ganze Umgebung mit neuen Augen und neuem Bewusstsein zu betrachten und wahrzunehmen«, so Christo.

In den letzten Jahren hat sich die Drohnentechnologie weiterentwickelt und verbreitet. Damit können Künstler die Leinwand einer Stadt aus einer völlig neuen Perspektive sehen. Werke und Installationen, die vom Boden aus meist nicht erkennbar sind, werden dank immer höher fliegender Drohnen erst möglich und werden damit immer größer, komplexer und wirkungsvoller. Street-Art-Künstler wie Ella & Pitr, Jorge Rodríguez-Gerada, eL Seed, Saype, JR und Ashekman entwickeln die »Land Art« der 1960er und 1970er Jahre weiter, lassen die traditionellen Praktiken der Street Art auf vertikalen Oberflächen hinter sich und erkunden die Möglichkeiten horizontaler Flächen in der Stadt. Damit entsteht ein neuer Ansatz der einen völlig anderen Blick auf Strukturen und Räume in der Stadt wirft. Für ein solches Kunstwerk benötigst du lediglich eine Drohne, eine große ebene Fläche, ein bisschen Ausrüstung und den Wunsch, deine vorgefasste Auffassung von Street Art über den Haufen zu werfen.

DEIN ZUBEHÖR UND WO DU ES BEKOMMST

WERKZEUG UND AUSRÜSTUNG

- Drohne (und Kamera)
- Farbe
- Verlängerbare Stil/langer Stock
- Farbrollen
- Kunstwerk

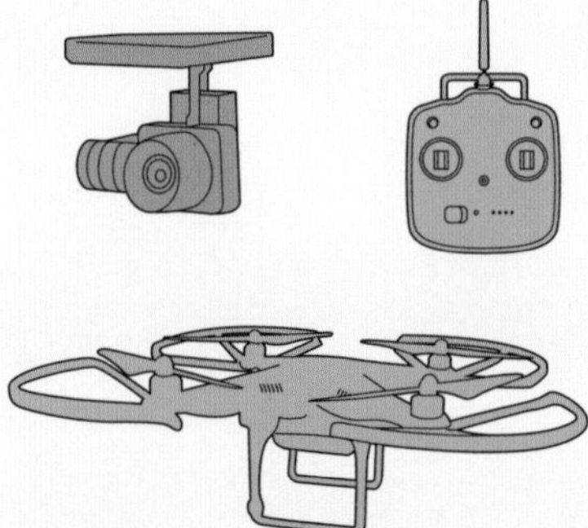

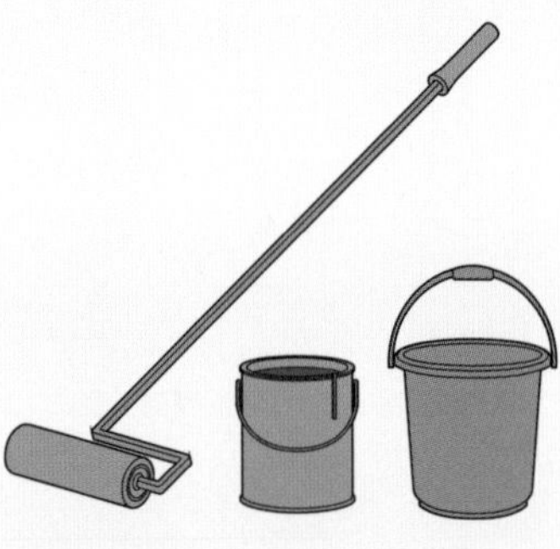

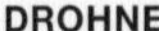

DROHNE

In den letzten Jahren sind die Preise für einfache Drohnen extrem gefallen. Du benötigst eine Drohne, an deren Unterseite du eine kleine, hochauflösende Kamera befestigen kannst. Einfache Drohnen mit einer 720-Pixel-Kamera kosten etwa 115 Euro. Eine Investition, die sich lohnt.

- Überzeuge einen befreundeten Fotografen, dass er wirklich hinter dem Mond ist, wenn er keine Kameradrohne kauft, und arbeite mit ihm zusammen.
- Vielleicht bringt dir ja der Weihnachtsmann eine Kameradrohne?

FARBE/FARBROLLEN

Da die meisten Aerial-Street-Art-Werke richtig groß sind, ist es am besten, wenn du dein Bild mit Emulsionsfarbe malst. Je nachdem, wie groß dein Werk werden soll, brauchst du zehn bis hundert Liter Farbe. Suche daher nach billiger Farbe und verschwende nicht so viel. Achte bitte auch auf den Umweltschutz: Woraus besteht deine Farbe? Wie lange hält sie? Wohin geht sie, wenn sie sich mit der Zeit auswäscht?

- Gehe zu einem Künstlerbedarfsgeschäft vor Ort, das ist besser als die großen Ketten.
- Manche Unternehmen sammeln die Farbabfälle oder -reste von Lieferanten und verkaufen sie zu niedrigen Preisen. Suche online nach billigen Angeboten.

LOS GEHT'S

Du brauchst also nur eine Drohne, ein bisschen Farbe und Farbrollen sowie die folgenden schrittweisen Anleitungen, um ein einfaches, aber wirkungsvolles Kunstwerk auf einem Dach anzufertigen und damit die Stadt von oben zu hacken.

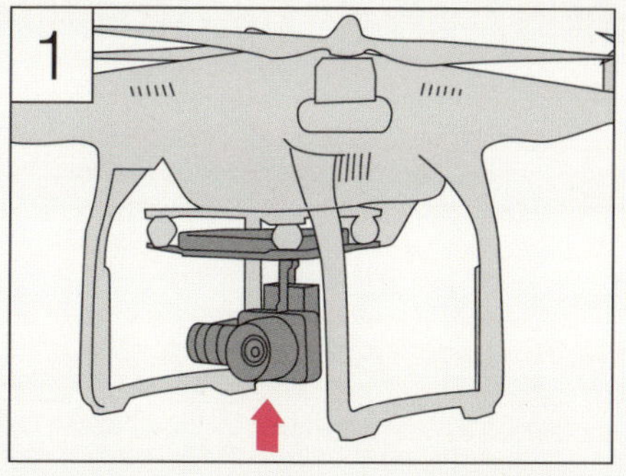

Befestige die Kamera an der Unterseite der Drohne.

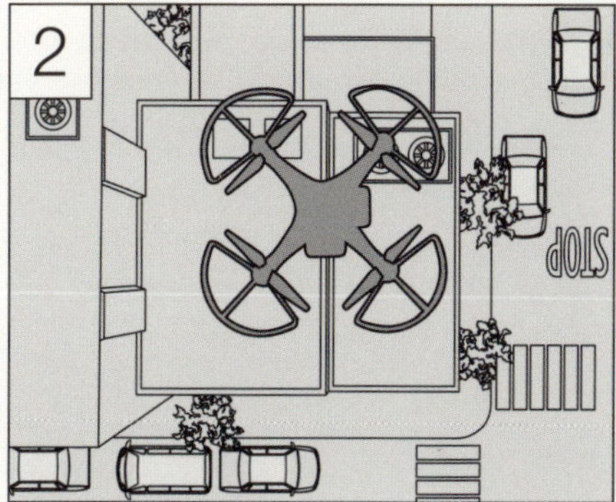

Suche nach einer passenden Stelle in der Stadt (zum Beispiel ein Dach).

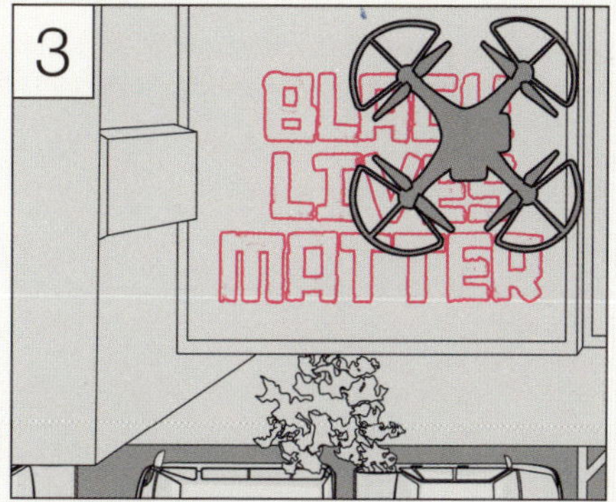

Markiere deine Skizze und überprüfe das Gesamtbild mithilfe der Drohne.

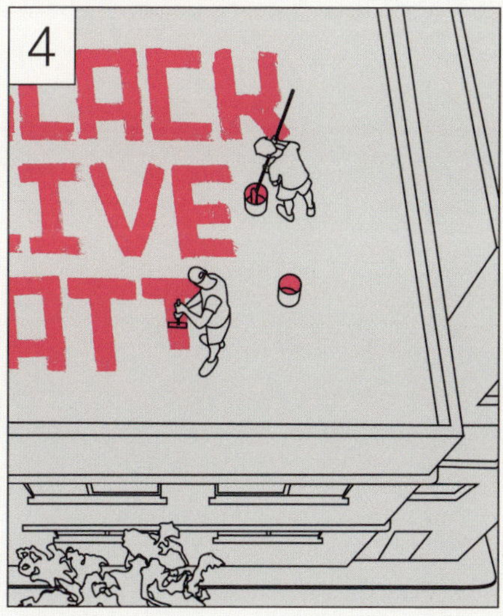

Korrigiere die Konturen und stelle das Werk fertig.

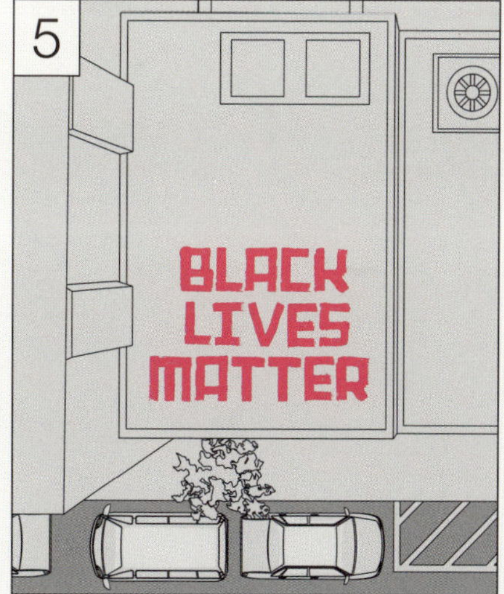

Fotografiere dein Kunstwerk aus der Vogelperspektive mit der Drohnenkamera.

EXTRA-TIPPS

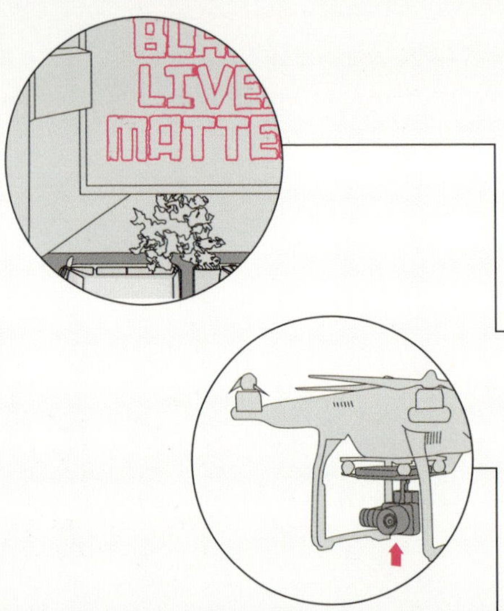

EINEN SPOT AUSWÄHLEN
Viele Künstler gehen an verlassene Gebäude und Orte, um ein horizontales Kunstwerk anzufertigen. Jede ebene, unbenutzte Fläche ist geeignet. Seit Kurzem malen die Künstler auch sehr große Werke in ländlichen Gegenden, wo sich viele flache Grünflächen finden, auf denen du dich austoben kannst. Wo auch immer du dein Kunstwerk installierst, achte darauf, dass du ausreichend Zeit hast, es fertigzumachen. Es nervt nämlich, wenn du abhauen musst und das Bild erst halb fertig ist.

MATERIAL AUSWÄHLEN
Viele Street-Art-Künstler verwenden Farbe, aber andere experimentieren mit Naturmaterialien, die billig und gut zu bekommen sind. Entweder fügst du dem Ort neue Materialien (zum Beispiel Farbe) hinzu oder du entfernst Material, das an dem Ort vorhanden ist (zum Beispiel Getreide, Gras, Erde, Steine) und erstellst so ein Negativbild deines Werkes. Entscheide dich für das Material, mit dem du dein Ziel am besten erreichst.

KOSTEN
Wenn du dein Bild mit Farbe malst, verwendest du am besten Emulsionsfarbe (Innen- und Außenwandfarbe), weil sie am günstigsten ist. Reine Außenwandfarbe ist haltbarer, sodass dein Bild länger zu sehen ist. Suche nach der preiswertesten Farbe, die du bekommen kannst.

DEIN KUNSTWERK VERGRÖSSERN
Es ist nicht ganz einfach, ein Bild auf einer großen Fläche zu malen. Du kannst dein Kunstwerk vorher über eine Karte von einem kostenlosen Online-Kartenanbieter legen, damit du erkennst, ob das Bild an den Ort passt. Orientiere dich dabei an Dingen auf der Oberfläche rund um dein geplantes Bild (eine Markierung, eine Bank, ein Baum oder andere Objekte). An solchen Referenzpunkten kannst du gut erkennen, bis wohin die Konturen reichen sollten.

DEIN KUNSTWERK SKIZZIEREN
Wenn du alles genau geplant hast, befestige einen Pinsel oder eine kleine Farbrolle am Ende eines Besenstils. Dieser Stil muss so lang sein, dass du den Boden und alle Stellen erreichst, ohne dich stark zu bücken oder im Rücken durchzubrechen. Außerdem ist die Skizze dann schneller fertig. Tauche die Rolle in die Farbe und male die Konturen. Sende deine Drohne in die Luft, um zu sehen, ob alle Linien richtig und fertig sind. Du musst sie sicherlich mehrmals anpassen und erneut kontrollieren, bis die Skizze perfekt ist.

DIE DROHNE FLIEGEN
Der erste Drohnenflug geht meistens in die Hose. Übe den Umgang mit dem Controller und der Kamera erst einmal, damit du die Drohne nicht an einer Wand zerschredderst, wenn du deine Bilder online stellen möchtest.

FLUGBESCHRÄNKUNGEN
In den meisten Ländern darf mein eine Drohne nur an bestimmten Orten und bis zu einer bestimmten Höhe fliegen. In der Nähe von Flughäfen sind Drohnen zum Beispiel verboten. Aber für das Foto muss deine Drohne nicht sehr hoch fliegen, das sollte also kein Problem sein. Trotzdem solltest du die lokalen Bestimmung vor deiner Aktion online nachlesen, damit dir kein Polizist die Drohne wegnehmen kann.

WETTER
Drohnen mögen keinen Regen. Auch nasse Farbe, vor allem wenn sie auf dem Boden aufgetragen ist, ist kein Freund von Regen. Schaue daher nach dem Wetterbericht, bevor du aufbrichst. Das ist besonders wichtig, wenn du mehrere Tage benötigst, um dein Bild fertig zu malen.

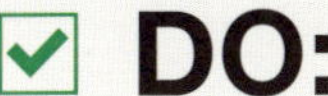

DO:

- Kaufe eine preiswerte Drohne. Natürlich ist eine teurere Version cooler und leichter, aber du solltest dein Geld nicht zum Fenster herauswerfen.
- Skizziere dein Kunstwerk mit einem an einem Stil befestigten Pinsel oder einer Farbrolle.
- Suche in der Stadt nach verborgenen Orten. Sie sind eine spannende Location für dein Kunstwerk.
- Der Spot sollte ruhig sein, damit du dein Werk ungestört fertigstellen kannst.
- Nimm dir für die Skizze ausreichend Zeit und male die richtigen Proportionen, bevor du das Bild und den Hintergrund mit Farbe gestaltest.
- Nimm einen Freund zur Unterstützung mit.
- Male ein richtig großes Bild. Wenn das Bild gut in die Umgebung passt, wird die Luftaufnahme klasse und du erzielst eine erstklassige Wirkung.
- Prüfe, ob es an dem Ort, an du dein Werk installieren möchtest, Flugbeschränkungen für Drohnen gibt.

DON'T:

- Mache dein Bild am Anfang nicht zu groß. Du solltest dich erst einmal an diese Art der Arbeit gewöhnen und eine gute Technik entwickeln.
- Stalke keine Privatleute mit deiner 4K-Kamera. Das macht die Polizei schon alle naselang und das ist gruselig genug.
- Beeile dich nicht mit deiner Skizze. Sie muss ganz genau gezeichnet sein, bevor du Farbe aufträgst.
- Fliege deine Drohne nicht in die Nähe von Strommasten oder andere Hindernisse. Das könnte ganz schön schlecht für dich oder andere ausgehen.
- Lasse deinen Freund nicht die Drohne fliegen, wenn er high ist.

RECHTLICHE HINWEISE

Einleitung

In Europa, den USA und einigen Ländern Asiens haben es Street Artists relativ leicht: Diese Kunstform hat wie ein Meteorit eingeschlagen und ist so beliebt, dass sie an bestimmten Stellen in der Stadt toleriert wird. In einigen Städten werden von der Stadtverwaltung sogar Wände und Plätze freigegeben, auf denen die Street Artists ihre Kunst legal ausüben können (mehr dazu später in diesem Kapitel). Doch wenn du ein illegales Kunstwerk angefertigt hast, solltest du die rechtlichen Konsequenzen – für dich und deine Crew – kennen. Daher findest du hier einige Ratschläge und Anleitungen über die Situation, in die du dich begibst. Obwohl diese Informationen aus zuverlässigen Quellen und von Juristen stammen, darfst du sie nie und nimmer als in Stein gemeißelte und endgültige Ratschläge verstehen. Du musst selbst herausfinden, welche rechtlichen Konsequenzen dir drohen, wenn du Street Art in deiner Stadt oder in deinem Stadtteil schaffst.

In einigen Ländern des Nahen Ostens, Afrikas und Asiens ist das Leben für Street Artists aufgrund von Zensur und anderen Einschränkungen ziemlich schwer. Das betrifft vor allem Kunstwerke, bei denen es um religiöse, politische oder moralische Themen geht. Einige Regime und auch religiöse Institutionen tolerieren keine anderen Meinungen, und jeder Versuch, diese auf künstlerische Weise auszudrücken, zieht schwerwiegende Folgen nach sich. Das heißt nicht, dass du es nicht versuchen solltest. Aber es bedeutet, dass du die Risiken kennen und deine Aktion genau planen musst, damit du nicht von den Sicherheitsdiensten oder der Polizei festgenommen wirst. Das Recht auf künstlerische Freiheit ist ein strittiges Dauerthema. Sei dir also der Gefahren bewusst, bevor du deine Aktion startest.

Sachbeschädigung und unbefugter Zutritt

Die rechtlichen und persönlichen Risiken beim Hacken einer Stadt hängen größtenteils davon ab, in welchem Land du lebst oder in welchem Land du deine Street-Art-Ideen auslebst. In den meisten europäischen, asiatischen, afrikanischen sowie nord- und südamerikanischen Ländern sind Graffiti und Street Art verboten. Sie gelten als Sachbeschädigung und können mit einer Freiheitsstrafe belegt werden.

Wenn du auf oder in ein Gebäude kletterst, um an einem coolen Ort zu arbeiten, dann gilt das in den meisten Fällen als unbefugter Zutritt. Es ist ein zivilrechtliches Delikt (nicht illegal, aber »rechtswidrig«) und der Eigentümer kann Schadensersatzansprüche erheben oder eine einstweilige Verfügung erwirken, wenn der Künstler erkannt wird. Das ist zwar ziemlich unwahrscheinlich, da ein solches Verfahren für den Eigentümer mit erheblichem Aufwand und Kosten verbunden ist, aber du solltest besonders aufpassen, nicht geschnappt zu werden, vor allem, wenn du den Spot verlässt. Je nach Land kannst du viel Ärger bekommen, wenn du von einem Sicherheitsdienst oder der Polizei erwischt wirst.

Die Art der Strafe für Street Art hängt davon ab, auf welcher Wand oder Oberfläche, in welcher Stadt oder welchem Stadtteil und wie viel du gearbeitet hast. Wenn du erwischt wirst, kannst du mit Strafen von einer Bußgeldzahlung vor Ort bis hin zu einer Gefängnisstrafe belegt werden. Diese droht jedoch eher Wiederholungstätern, die viel Sachbeschädigung verursacht haben, und wird meist für Graffitis auf Zügen verhängt. Wenn du für die Verunstaltung von Eigentum oder für Sachbeschädigung festgenommen oder angeklagt wirst, beläuft sich die Strafe meist auf eine kleinere Geldstrafe und/oder einige Wochen oder Monate Sozialstunden. Das hängt davon ab, wie umfassend dein Kunstwerk ist. Die meisten Street Artists unterschätzen anfangs die potenziellen Konsequenzen ihrer Aktionen. Du solltest daher mit anderen Künstlern sprechen und dich über die möglichen Folgen informieren. Aber falls du erwischt oder verhaftet wirst, heißt das nicht unbedingt, dass du auch bestraft wirst. Die Polizei kann dich verwarnen und aus Mangel an Beweisen – oder weil sie keine Lust auf den ganzen Papierkram hat – wieder laufen lassen.

Allgemeine Erklärung der Menschenrechte – Freie Meinungsäußerung

In einigen Ländern ist das Recht auf freie Meinungsäußerung gesetzlich verankert und in anderen unterliegen bestimmte Formen von Kunst und kreativem Ausdruck der Zensur. In der Allgemeinen Erklärung der Menschenrechte der Vereinten Nationen ist das Recht auf freie Meinungsäußerung seit 1948 in Paragraf 19 verankert. Doch je nach juristischem, moralischem und politischem Kontext entspricht das in vielen Ländern nicht der Realität.

Sehr mächtige Staaten oder religiöse Institutionen verstoßen regelmäßig gegen die Menschenrechte. So kann auch die Freiheit, Kunstwerke zu erschaffen, die sich mit politischen, ethnischen oder religiösen Themen beschäftigen, sehr eingeschränkt sein. Wenn du in so einem Land von der Polizei oder einem Sicherheitsdienst geschnappt wirst, drohen dir Verhaftung, Schläge oder Schlimmeres. Die Gründe für diese Verstöße gegen die Menschenrechte sind häufig politischer, religiöser, kultureller oder moralischer Natur, können aber auch zum Schutz wirtschaftlicher Interessen vorgebracht werden.

Die Gefahren für dich hängen zudem von der Form der Street Art und dem Inhalt deines Werkes oder deiner Installation ab. Dein Risiko ist in Ländern wie zum Beispiel Saudi-Arabien und Nigeria sehr hoch, aber auch in einigen europäischen Ländern solltest du die Gefahr nicht unterschätzen: Im tief katholischen und papstgläubigen Italien haben der Staat und die religiösen Institutionen versucht, Künstler zu verfolgen, die subversive Aktionen an religiösen Symbolen durchgeführt haben. Informiere dich genau und überlege gründlich, welche Situationen du mit deiner Kunst bewusst suchst oder meidest.

Unabhängig davon, ob das Recht auf freie Meinungsäußerung in deinem Land gesetzlich verankert ist, solltest du deine Rechte und die Gesetze, gegen die du eventuell verstößt, genau kennen. Wenn du nicht direkt bei der Ausführung deiner Aktion erwischt wirst, kann die Polizei nur schwer nachweisen, dass du schuld bist. Häufig muss die Polizei aus finanziellen Gründen entscheiden, ob es wirklich im »öffentlichen Interesse« ist, gegen die Künstler zu ermitteln. Korrupte Unternehmer, Politiker, Rassisten und Mörder sind für die Gesellschaft eine größere Bedrohung. Aus diesem Grund sollte die Polizei sich um deren kriminelle Taten kümmern und Künstler wie dich ziehen lassen. Und auch, damit mehr Kunst in die Straßen kommt, an der sich die Menschen erfreuen können. Doch natürlich solltest du immer davon ausgehen, dass die Polizei der Sache nachgeht, und das auch immer genau einplanen. Nur dann kannst du die Straßen deiner Stadt in Ruhe hacken.

Schweigerecht

Dieses Rechtsprinzip garantiert, dass jeder Mensch sich weigern kann, auf Fragen von Strafverfolgungsbeamten und Gerichtsmitarbeitern zu antworten. In vielen Ländern der Welt wird das Schweigerecht auch »Miranda-Warnung«, Auskunftsverweigerungsrecht oder Rechtsmittelbelehrung genannt. Es schützt dich gesetzlich vor der Polizei und davor, dich selbst bei einer Vernehmung zu belasten.

In über 100 Ländern hast du bei einer Festnahme durch die Polizei das Recht, dich nicht selbst zu belasten und bei einer Vernehmung zu schweigen. Leider gibt es für Frauen oder Transgender in einigen Ländern weniger Schutzmaßnahmen.

Achte auch darauf, dass die Polizisten bestechlich sein oder dich austricksen könnten, wenn du festgenommen wirst. Kämpfe um deine Rechte, aber schweige bei einer Vernehmung. Besuche die Website: *https://www.loc.gov/law/help/miranda-warning-equivalents-abroad/miranda-equivalents-map.pdf*

Auf dieser Website findest du eine Liste der Länder, in denen dein Schweigerecht auf die eine oder andere Weise gültig ist. Die Website enthält eine Weltkarte, in der der Status des Schweigerechts für die einzelnen Länder farblich markiert ist.

Und wenn das Schweigerecht in deinem Land nicht gilt?

Schütze dich und andere Street Artists ganz besonders. Suche für das Land im Internet nach »Miranda warning« und informiere dich über die neuesten Gesetze und dein Schweigerecht. Du musst deine Rechte kennen, bevor du deine Aktion startest. Informiere dich ganz detailliert und sprich mit anderen, damit die Polizei deine Rechte auch befolgt.

BELASTE DICH NICHT SELBST

- Winde dich irgendwie aus der Situation heraus. Wenn das nicht möglich ist, erfinde eine gute Entschuldigung oder Geschichte. Gebe auf keinen Fall zu, dass du eine Straftat begangen hast.
- Überlege, wie viel die Polizei tatsächlich weiß. Haben sie dich auf frischer Tat ertappt?
- Kannst du deine Farbe und anderes Zeug loswerden, ohne das die Polizei das mitbekommt?
- Kannst du fliehen? Willst du dieses Risiko eingehen?
- Verstecke Speicherkarten und Telefone, bevor dich die Polizei festnimmt, und hole sie später ab.
- Mache der Polizei das Leben schwer – alle Beweise müssen schnellstens verschwinden.

Was kannst du tun, wenn du erwischt wirst?

Wenn du mit der Polizei in Konflikt gerätst, bleibe ruhig, sei dir deiner Rechte bewusst, aber lasse die Situation nicht eskalieren. Manchmal findet die Polizei dein Kunstwerk auch toll und lässt dich laufen. Und manchmal haben Sicherheitskräfte nur Angst um ihren mies bezahlten Job und markieren zuerst einmal den dicken Mann. Aber nach ein paar freundlichen Worten von dir lassen sie dich vielleicht einfach laufen.

Achte auf deine Sicherheit und die Sicherheit deiner Freunde

Polizei und Sicherheitsdienste sind bestenfalls nervig, schlimmstenfalls können sie dir schwere Probleme bereiten. Das hängt davon ab, wo du bist und welche Hautfarbe, welches Geschlecht oder welche Religion du hast. Überlege dir, bevor du deine Aktion startest, immer mit deiner Crew zusammen einen Plan, wie ihr mit der Polizei umgeht. Bitte andere, die diese Erfahrung bereits gemacht haben, um Tipps.

Wenn du mit deiner Kunst eine politische Botschaft verbreitest und dich in einem Land mit eingeschränkter Meinungsfreiheit befindest, solltest du deine Guerilla-Aktion sehr vorsichtig planen. Versuche, mit deinen Freunden zusammenzubleiben. Wenn du einen Freund hast, der Anwalt ist, ist das sehr praktisch. Außerdem kann das auch lustig sein, denn die Polizei kennt die Gesetze, die sie vertreten muss, meist nicht so richtig, und muss dann erst bei Kollegen nachfragen. Mache dir einen Spaß aus der Situation und versuche, ein bisschen Zeit zu gewinnen, um dein Werk abzuschließen.

Informiere dich über deine Rechte, bevor du deine Aktion startest

Finde vorab heraus, ob die Polizei dich per Gesetz aufhalten darf. Und wenn ja, wie lautet diese Gesetz?

Sei nicht aggressiv, sondern bleibe gelassen und freundlich. Aber auch selbstbewusst.

Notiere Namen, Dienstnummer und Rang des Polizisten.

Verlange für alles, was sie dir wegnehmen, einen Beleg.

Brauchst du Schmiergeld?

IIn Ländern, in denen Korruption gang und gäbe ist, musst du die Polizisten vielleicht bestechen, damit sie dich gehen lassen.

Für diese Situation solltest du immer ein bisschen Bargeld dabeihaben.

Biete einen Betrag und sage, dass du nicht mehr hast.

Erzähle, dass du keine Kreditkarte besitzt (du darfst auch keine bei dir tragen).

Was kannst du tun, wenn du verhaftet wirst?

Falls du festgenommen wirst, heißt das noch lange nicht, dass du angeklagt und einer Straftat überführt wirst. Häufig musst du vor Ort ein Bußgeld bezahlen und kannst dann gehen – das hängt von der Gesetzgebung ab.

Wenn dich die Polizei zur Wache mitnimmt, macht dir das bestimmt Angst. Dabei wird sie dich entmutigen, damit du dich schlecht fühlst. Bleibe gelassen und denke daran, dass du Rechte hast.

Manchmal nimmt dich die Polizei nur mit zur Wache, um dir einen Schrecken einzujagen, und lässt dich später wieder laufen. Gib den Polizisten keinen Grund, dich unsympathisch zu finden, aber liefere ihnen auch keine Informationen, die dich belasten. Vielleicht haben sie ja gar keine Beweise gegen dich.

Auf der Wache wird dich die Polizei durchsuchen, weshalb du alles Zeug loswerden solltest, bevor du geschnappt wirst. Wenn du auf frischer Tat ertappt wurdest, wirst du möglicherweise zu einem Bußgeld oder einer anderen Strafe verurteilt. Aber vielleicht hast du auch Glück und der zuständige Polizist hat keine Lust auf den ganzen Papierkram und lässt dich einfach gehen.

Auf diese Dinge solltest du ganz besonders achten, wenn du auf der Polizeiwache bist:

1. Die Polizei ist meist verpflichtet, dich über deine Rechte aufzuklären. Achte darauf, dass das auch wirklich geschieht. Zu diesen Rechten gehören:
   - das Schweigerecht
   - das Recht auf kostenlose Rechtsberatung oder einen Anwalt
   - das Recht auf einen Dolmetscher, falls du die Sprache vor Ort nicht sprichst
   - das Recht, über die Gründe für deine Verhaftung oder Inhaftierung informiert zu werden
   - das Recht, eine Person darüber zu informieren, dass du verhaftest wurdest
2. Sage der Polizei GAR NICHTS. Lasse dich auf keinen Fall auf einen Smalltalk ein. Das kann eine Falle sein, denn du belastest dich im Gespräch schnell selbst. Deine Worte sind der einfachste Beweis, der gegen dich verwendet werden kann.
3. Wenn du auf der Polizeiwache verhört wirst und das Recht hast, die Auskunft zu verweigern, dann mache davon Gebrauch. Beantworte keine Fragen der Polizei. Man stellt dir diese Fragen, um mehr Beweise zu bekommen und dich überführen zu können. Außerdem wirst du schnell in die Enge gedrängt oder gezwungen, dich selbst zu belasten. Wenn du einmal anfängst zu sprechen, ist es schwer wieder aufzuhören. Fange also gar nicht erst an. Damit ist die Polizei gezwungen, den Fall richtig zu untersuchen und das kostet Zeit und Geld, denn es muss ein Beweis vorliegen, der dich überführt.

Polizeiwachen eignen sich hervorragend für Unterdrückung jeder Art. Du wirst bei einer Festnahme also sehr unschöne Erfahrungen sammeln, die je nachdem, wo du verhaftet wurdest und wie demütigend die Situation war, lange nachwirken können. Außerdem ist das Essen mies und die Zimmer haben nicht einmal ein Sofa – und erst recht kein Fernsehen. Wenn du freigelassen wirst, suche bei deinen Freunden Unterstützung. Erzähle ihnen von deinem Erlebnis, sprich dich aus, überlege, wie das passieren konnte, und lerne daraus, wie du diesen Mist in der Zukunft vermeiden kannst.

Erlaubt vs. nicht erlaubt

Die Wurzeln von Street Art finden sich in der Schaffung unzulässiger Kunst im öffentlichen Raum, um Konformität anzuklagen, die Gesellschaft infrage zu stellen und dafür zu sorgen, dass Kreativität und Kunst für alle zugänglich sind. Deine ersten Erfahrungen mit deiner eigenen Street Art können sehr intensiv sein. Daher solltest du dich auf erlaubte, also sichere und gefahrenfreie Wände konzentrieren, an denen du üben kannst, bevor du dich an größere Werke und Aktionen in der Stadt machst. Auf dieser Website findest du eine globale Karte mit legalen Wänden an über 1.500 Stellen in über 50 Ländern:

www.legal-walls.net

Online anonym bleiben

Die meisten Street-Art-Werke können rechtlich völlig unbedenklich online und in sozialen Medien geteilt werden. Das hängt aber natürlich von dem Land ab, in dem du deine Kunst anfertigst, und von der Aktion, die du durchführst. Vor allem, wenn du U-Bahn-Züge anmalst oder bestechliche Beamte »neckst« und Fotos davon teilst oder mit deinen Freunden über die Aktionen sprichst, solltest du online einige Vorsichtsmaßnahmen ergreifen.

So ist zum Beispiel Tor (die Abkürzung von »The Onion Router«) ein guter Open-Source-Browser, mit dem du online anonym bleibst. In diesem getesteten und empfohlenen Browser kannst du gut nach einem Standort oder einem bestimmten Thema suchen, dass heikel oder von einer Regierung verboten sein könnte und auf der Liste der Website steht, die von digitalen Überwachungsprogrammen kontrolliert werden. Hier kannst du auch eine Website mit illegalem Inhalt aktualisieren oder Dateien online teilen, ohne dass du – wie bei allen anderen Browsern – nachverfolgt wirst und identifizierbare Daten auf deinem Computer gespeichert werden.

Die Tor-Software schützt dich, indem deine Informationen über ein verteiltes Netzwerk von Relais geleitet werden, die von Freiwilligen auf der ganzen Welt betrieben werden: Damit kann niemand deine Internetverbindung überwachen und erkennen, welche Websites du besuchst. Gleichzeitig können die von dir besuchten Websites deinen physischen Standort nicht erkennen und du kannst Websites öffnen, die in anderen Ländern gesperrt sind. Sehr gute Sache! Der Tor-Browser ist mit Microsoft Windows, Apple MacOS und GNU/Linux kompatibel und du musst keine Software installieren. Er kann von einem USB-Stick aus ausgeführt werden und umfasst einen vorab konfigurierten, eigenständigen Webbrowser, der deine Anonymität schützt.

Hinweis zur Verschlüsselung

Wenn du in einem Hochrisikoland arbeitest, solltest du deine E-Mails und Anhänge mit einer Open-Source-Verschlüsselungssoftware verschlüsseln. Solche Software ist kostenlos und wurde von anderen Aktivisten und Technologie-Freaks auf ihre Sicherheit getestet. Du würdest doch auch keinen Brief ohne Umschlag per Post verschicken. Gehe also online genauso vor, um dich und die Leute in deinem Netzwerk zu schützen.

Die bessere Lösung ist aber immer noch, Bilder persönlich auf einem verschlüsselten USB-Stick zu übergeben.

Im Internet findest zu zahlreiche Tutorials, die dir erklären, wie du E-Mails, Computer und USB-Sticks verschlüsselst. Meine Empfehlung: »Information Security for Investigative Journalists«, ein kostenloses Handbuch zum Herunterladen, das vom Centre for Investigative Journalism (Zentrum für investigativen Journalismus) bereitgestellt wird.

DEINE ARBEIT DOKUMENTIEREN

Einleitung

Jetzt kann es losgehen. Du hast deine Crew zusammengestellt, dein Kunstwerk entworfen und die Ausrüstung vorbereitet. Nun solltest du noch darüber nachdenken, wie du deine Installation dokumentierst. Da wir im Zeitalter der digitalen Netzwerke leben, wird sich deine Installation in sozialen Medien am schnellsten verbreiten. Wenn du in dem Gewusel auf Instagram oder in anderen Netzwerken hervorstechen möchtest, musst du auf jeden Fall Bilder höchster Qualität posten. Daher solltest du dir, bevor du deine Hacking-Aktion startest, Gedanken darüber machen, welche Bilder du wie aufnehmen möchtest. Wenn du dein Werk in einer gefährlichen Situation installierst (zum Beispiel in einem Land mit strengen Einschränkungen der Freiheit oder einem Hochsicherheitsbereich) musst du die rechtlichen Vorgaben für Fotografen beachten (siehe Seite 141), damit du dein Foto auch wirklich schießen kannst, ohne Ärger zu bekommen.

Tipps zum Fotografieren deiner Installation

- Hochauflösende Bilder sind ein Muss. Bevorzuge Farbbilder, aber gut Schwarz-Weiß-Fotos können auch sehr aussagekräftig sein. Die Bildeinstellungen sind wichtig. Nimm dir Zeit, damit alle Einstellung passen. Schieße Fotos aus unterschiedlichen Winkeln.

- Dein Publikum muss erkennen, was auf dem Bild passiert, das Foto muss also aussagekräftig ein. Da die wichtigen Details müssen erkennbar sein, solltest du auch Nahaufnahmen machen. Nimm die Perspektive des Betrachters ein, denn nur, weil du weißt, was passiert, wissen es noch lange nicht alle.

- Plane genau, wann du Fotos aufnehmen möchtest – direkt, wenn das Werk vollbracht ist oder zu einem späteren Zeitpunkt? Vielleicht kann dich ein Freund unterstützen, der sich gut mit Fotografien auskennt.

- Wenn dein Kunstwerk einen kleinen Text enthält, sollte der auch lesbar sein. Denke daher an eine Nahaufnahme.

- Fotografiere auch Menschen aus dem Publikum und wie sie auf dein Kunstwerk reagieren. Wenn Menschen auf dem Bild zu sehen sind, werden auch die Größe und der Kontext deiner Arbeit deutlicher. Und wenn die Polizei auftaucht, solltest du auch sie fotografieren.

- Wenn sich deine Installation auf den Standort selbst bezieht, muss auch der Hintergrund auf dem Foto erkennbar sein. Er sollte nicht verschwommen sein, damit das Publikum erkennt, warum du diesen Standort gewählt hast.

- »Live-Fotos« von Menschen in Aktion sind klasse. Wenn möglich, sollten aber keine Gesichter erkennbar sein, wenn aber doch, so solltest du sie unscharf machen.

- Fotografiere deine Installationen bei Tag und bei Nacht, denn Street Art wirkt bei Nacht besonders gut!

- Wenn du eine Digitalkamera benutzt, denke an eine Ersatzbatterie oder eine Powerbank. Es wäre schade, wenn die Batterie leer und dein Werk noch nicht fertig ist.

- Wähle die passende Kamera für deinen Job aus. Manche Smartphones verfügen über hochauflösende Kameras, die gute Fotos machen, wenn das Licht passt und du nicht heranzoomen musst. Für Fotos von Dächern und aus großer Entfernung, solltest du jedoch eine Spiegelreflexkamera mit einer guten Linse verwenden. Dein Foto soll schließlich perfekt werden!

Tipps zum Filmen deiner Installation

Wenn du online möglichst viel Aufmerksamkeit mit deinem Kunstwerk erzielen möchtest, solltest du es filmen. Mit einem gut geschnittenen Video profilierst du dich online sehr gut und sprichst ein großes Publikum an. Mithilfe dieser praktischen Tipps kannst du den Verlauf deiner Arbeit hochwirksam dokumentieren:

- Überlege dir gut, welche Details des Arbeitsprozesses du veröffentlichen möchtest. Manches sollte sicher dein Geheimnis bleiben, aber mit ein paar Tipps zu deinen Praktiken und Techniken und deinen Kontaktdaten (natürlich nur zu deiner Online-Identität) ziehst du dein Publikum besser an.

- Erstelle nur kurze Videos. Es werden jeden Tag so viele Inhalte online gestellt, dass die Aufmerksamkeitsspanne der Zielgruppe nur kurz ist. Dein Film sollte daher interessant und kurz sein – maximal 1–3 Minuten.

- Erzähle eine spannende Geschichte. Denke dir eine Story für dein Video aus, dem die Zuschauer leicht folgen können. Wenn du in einer Gruppe arbeitest, demonstriere auch den Gruppenprozess. Überlege dir vorher genau, welche wichtigen Aspekte der Arbeit du dokumentieren möchtest, und erstelle eine Liste der Bilder und Einstellungen, die du benötigst. Wenn du dein Video im Vorhinein genau durchplanst, wird der Inhalt besser und du sprichst eine größere Zielgruppe an.

- Du musst keine teure Kamera besitzen, um ein Video zu filmen. Lerne *deine* Kamera und ihre Funktionen genau kennen und nutze ihre Stärken. Ein einfaches Video mit dem Smartphone ist völlig ausreichend. Achte jedoch darauf, dass es aussagekräftig ist und verschiedene Blickwinkel zeigt.

Hinweis zu deiner Sicherheit

Videos sind hervorragende Beweismittel, die gegen dich verwendet werden können, wenn du geschnappt wirst. Beachte das auch, wenn du andere Menschen aufnimmst, die Street Art gestalten. Da einige Länder und Orte recht gefährlich für Künstler sind, ergreife zusätzliche Vorsichtsmaßnahmen für den Fall, dass du erwischt wirst: Es empfiehlt sich, mehrere SD-Karten zu haben, die du verstecken und später abholen kannst. Oder du hast einen Freund, der schnell mit der Speicherkarte wegläuft. Weitere Tipps für Künstler, die in Ländern mit hohem Risiko arbeiten, findest du auf den Seiten 137–138.

INDEX

Seitenzahlen, die *kursiv* formatiert sind, beziehen sich auf Abbildungsunterschriften.

BILDNACHWEISE

Der Autor und der Verleger bedanken sich bei folgenden Organisationen und Personen für die Bereitstellung der Bilder in diesem Buch. Wir haben uns bei jedem Bild bemüht, die Rechteinhaber zu nennen. Sollten uns jedoch Fehler unterlaufen sein oder ein Rechteinhaber nicht genannt sein, wird der Verleger diese in den folgenden Auflagen des Buches gern aufnehmen.

SEITE 6, Luna Park. **SEITE 8**, © Henry Chalfant/ARS, NY and DACS, London 2019. **SEITE 9**, Os Gemeos. **SEITE 10**, Amy Scaife/Liberate Tate. **SEITE 11**, Ella & Pitr. Frankreich, 2018. **SEITE 12**, Ashekman. **SEITE 13**, Berlin Kidz. **SEITE 14**, JR-art.net. **SEITE 15**, Ezmosis. **SEITE 16**, Nils Mueller. **SEITE 17**, 1UP. **SEITE 18** Fred Dott/Greenpeace (Mitte), Lana Sator (unten). **SEITE 19**, Fred Dott/Greenpeace. **SEITE 20**, Brandalism. **SEITE 21**, Ian Teh, The Laboratory of Insurrectionary Imagination. **SEITE 22**, Banksy. **SEITE 23**, Brad Downey. **SEITE 24**, 1UP. **SEITEN 26–27**, Beshoy Fayez. **SEITE 28**, Blu, Agf/Shutterstock. **SEITE 30**, © Don McCullin/Contact Press Images. **SEITE 31**, Nikolas Georgiou/Alamy Stock Photo. **SEITE 42**, Thiabult Camus/AP/Shutterstock. **SEITE 44**, Banksy. **SEITE 50**, Anonymous/AP/Shutterstock. **SEITE 52**, Tatyana Fazlalizadeh. **SEITE 53**, Philippe Vermès. **SEITE 60**, Vermibus. **SEITE 62**, Mobstr. **SEITE 63**, Thrashbird. **SEITE 76**, Hecho en Casa/Millo. **SEITE 78**, AptArt (oben), Public Delivery (unten). **SEITE 79**, Juan Rivera. **SEITE 84** und **SEITE 85** (oben) Magda Sayeg. **SEITE 86** Bournemouth News/Shutterstock (oben), Marc Bruxelle/Alamy (unten). **SEITE 87**, Marianne Jørgensen. **SEITE 92**, Space Hijackers. **SEITE 94**, Jorge Bernal/AFP/Getty Images. **SEITE 95**, Billy Talen, 2015. **SEITE 100**, MPI/Getty Images. **SEITE 102**, Zed Nelson. **SEITE 103**, Mannie Garcia/Greenpeace (oben), Wermke & Leinkauf (unten). **SEITE 110**, Jess Hurd/Global Justice Now. **SEITE 112**, Greenpeace. **SEITE 113**, Anthony Jarman/Joanie Lemercier (oben), Robin Bell (unten). **SEITE 120**, Robert Atanasovski/AFP via Getty Images. **SEITE 122**, EPOS 257 (oben), Arnd Wiegmann (unten). **SEITE 123**, Marcus Golejewski. **SEITE 128**, Saype. **SEITE 130** Raúl Zurita (oben), Ernest Zacharevic (unten). **SEITE 131**, Jorge Rodríguez-Gerada.

DANKSAGUNG

In diesem Buch sind das Wissen und die Taktiken zusammengeführt, die neugierige und kreative Köpfe über Jahrzehnte entwickelt haben. Sie alle haben sich geweigert, die Möglichkeiten und das Potenzial der Stadt – und des Lebens – so hinzunehmen, wie sie von den »Mächtigen« präsentiert werden. Dieses Buch ehrt die Stimmen, die ihre Kreativität in den Straßen auf der Welt mit großem Wissen und Mut verbreitet und geteilt haben. Sie haben uns damit gezeigt, dass eine andere Welt möglich ist, solange wir nur mutig genug sind, dies zu fordern – Straße für Straße.

Persönlich geht mein Dank an Pamela, Derek und Lucy Francis, Ebony Murphy, Sally Duncan, Matt Bonner, Chelsea Edwards, Alex Coco, Joe Webster, Ruth Daniel, John Jordan, Isa Fremaux, Dan Glass, Ben Parry, Peter Kennard, Pedro Inoue, EPOS 257, Paul Insect und Banksy für ihre Unterstützung, Ermutigung und Inspiration.

Robbie, Thomas, Renaud und Craig haben meine Fantasie angeregt und mir beigebracht, an die Macht von Kunst im öffentlichen Raum zu glauben. Sie haben mich dabei unterstützt, gemeinsam mit anderen den Traum von einer Welt jenseits des Kapitalismus lebendig zu halten. Danke dafür!

INFORMATIONEN ZUM AUTOR

Bill Posters ist ein preisgekrönter Künstler, Autor und Agitator. In den letzten zehn Jahren arbeitete er mit anderen Künstlern und Aktivisten an den größten gesetzeswidrigen Street-Art-Projekten der Welt. Gemeinsam mit Gruppen aus der ganzen Welt erkundet er, wie Menschen mithilfe von kreativem Aktivismus und Kunst soziale, ökologische und politische Ungerechtigkeit anklagen und überwinden können. 2019 erhielt sein proaktives Projekt »Spectre«, ein KI-generiertes Fake von Mark Zuckerberg und anderen berühmten »Influencern«, weltweites Lob von den Medien und wird erfolgreich in Facebook, Instagram und Youtube verbreitet.